河北省高等学校人文社会科学重点研究基地
河北师范大学基层治理研究中心资助项目（HHJZ2016）

A STUDY ON THE
MODERNIZATION
OF TOWNSHIP GOVERNANCE

乡级治理现代化研究

范拥军 ◎ 著

中国社会科学出版社

图书在版编目(CIP)数据

乡级治理现代化研究／范拥军著 . —北京：中国社会科学出版社，
2018.6

ISBN 978-7-5203-1932-4

Ⅰ.①乡…　Ⅱ.①范…　Ⅲ.①农村-群众自治-现代化-研究-中国
Ⅳ.①D638

中国版本图书馆 CIP 数据核字（2018）第 004758 号

出 版 人	赵剑英	
责任编辑	任　明　刁佳慧	
责任校对	赵雪姣	
责任印制	李寡寡	

出　　版	中国社会科学出版社	
社　　址	北京鼓楼西大街甲 158 号	
邮　　编	100720	
网　　址	http：//www.csspw.cn	
发 行 部	010-84083685	
门 市 部	010-84029450	
经　　销	新华书店及其他书店	

印刷装订	北京君升印刷有限公司
版　　次	2018 年 6 月第 1 版
印　　次	2018 年 6 月第 1 次印刷

开　　本	710×1000　1/16
印　　张	16
插　　页	2
字　　数	234 千字
定　　价	80.00 元

凡购买中国社会科学出版社图书，如有质量问题请与本社营销中心联系调换
电话：010-84083683

序　言

国家治理现代化是国家现代化的重要标志和保障。纵观世界各国政治社会发展历程，其就是一部从君权走向民权、从人治走向法治、从传统管理走向现代治理的政治社会发展史。人类走过农耕文明，进入工业化、信息化和全球一体化时代，国内外经济、政治、文化、社会、生态文明相互依存、相互融合、相互制约的程度日益加深，国家在经济宏观调控、政治生态培育、思想文化传播、社会秩序维护、社会保障体系构建、生态环境保护、国防建设、世界经济危机应对等方面发挥的作用越来越重要，政府为社会守夜人的理念和实践正在发生变化。为此，推进多元、民主、法治、负责、公正、廉洁、务实、高效的国家治理体系和治理能力现代化建设，科学处理政府和市场、政府和社会、经济发展与环境保护以及中央政府与地方政府、政府各部门之间的关系，提升国家整合社会资源、促进经济发展、培育社会文化、维护社会和谐、建设生态文明的能力，实现国家经济、政治、文化、国防、信息现代化，成为当今国家竞争力的核心要素和实现国家现代化的关键环节。这一点也被近代以来发达国家的兴衰更替所证明，影响荷兰、西班牙、葡萄牙、英国、法国、德国、日本、美国等大国崛起和世界文明重心流转的因素众多，国家治理体系和治理能力的优劣强弱，无疑是其中之一。

实现国家治理现代化是中华民族伟大复兴的必然要求。中共十八届三中全会提出的全面深化改革的总目标，就是完善和发展中国特色社会主义制度，推进国家治理体系和治理能力现代化。这是实现中华民族伟大复兴的必然要求，也是实现社会主义现代化的应有之义。改革开放初期，针对"文化大革命"发生的惨痛教训，邓小平就明确提出了改革党和国家领导制度的重要性，反复强调领导制度、组织制度问题更带有根本性、全局性、稳定性和长期性，并在重点推进经济体制改革的同时，尝试着进行了党和国家领导制度的改革，初步形成了中国特色社会主义制度架构体系，开辟了中国特色社会主义道路，为促进中国改革开放事业向纵深发展提供了基本制度保障。以习近平同志为核心的党中央，为了实现中华民族的伟大复兴，清醒地认识到："今天，摆在我们面前的一项重大历史任务，就是推动中国特色社会主义制度更加成熟更加定型，为党和国家事业发展、为人民幸福安康、为社会和谐稳定、为国家长治久安提供一整套更完备、更稳定、更管用的制度体系。"① 可见，只有不断推进国家治理体系和治理能力现代化，才能实现中华民族的伟大复兴，才能增强中国特色社会主义道路自信、理论自信、制度自信和文化自信。

乡级治理现代化是国家治理现代化的重要组成部分。建设现代化的国家治理体系和治理能力，是一项恢宏庞大的系统工程：横向上涉及经济、政治、文化、社会、生态各领域的制度构建，涉及党政关系、党法关系、政法关系、政府与市场、政府与社会之间运行机制的完善；纵向上既包括高层政府治理体系的完善和治理能力提升，也包括乡级政府在内的基层治理体系的完善和治理能力提升。"这项工程极为宏大，必须是全面的系统的改革和改进，是各领域改革和改进的联动和集成，在国家治理体系和治理能力现代化上形成总体效应、取得总体效果。"② 可见，推进国家治理现代化需要左右协调、上下联动、同步推进。在幅员辽阔、农耕文明源远流长的中国，至今仍有7亿人口生活在农村，乡级政府作为党和国家与农村社会联系的桥梁纽带，上承各级党政机关，下连7亿农民，党和国家的涉农政策都要通过乡级政府来贯彻和落实。以乡级政府为核心的乡级治理体系和治理能力能否实现现代化，关系到农业现代化和美丽乡村建设的成败，进

---

① 《习近平：坚定制度自信不是要固步自封》，2014年2月17日，新华网（http://news.xinhuanet.com/politics/2014-02/17/c_119373758.htm）。

② 同上。

而影响到国家现代化能否如期实现。所以说，没有乡级治理现代化，就没有国家治理现代化。

农村社会变革呼唤乡村治理现代化，要求乡级治理体系和治理能力必须适应生产力发展。在新型城镇化、工业化、信息化迅速发展的历史进程中，农村正在经历着由传统经济向现代大农业发展的历史性变革，农村生产力得到空前发展，机械化、电气化、自动化、信息化在农村已经较为广泛地应用，这为乡级治理现代化提供了有利条件，也提出了挑战。农村新的生产关系正在形成，新型合作社、家庭农场、种粮大户等新型经济组织迅速发展，现代服务体系和各种社会组织已成萌芽发展之势，新的生产关系呼唤新的治理形态。同时，农村人口结构变化重大，人口流动深刻地影响着乡级治理；农村新的社会阶层正在形成，其参与乡级治理的愿望较高；农民素质显著提升，其民主意识、参与意识、法治意识不断增强。农村经济社会正在经历全面而深刻的变革，要求依据民主、法治、公正、公开、透明的原则，通过民主协商、合作互动、激励引导、规范约束等方式，有效利用人、财、物、信息和时空等要素，尽快构建乡级政权机关、非政府组织、经济组织和农民等主体共同参与的乡级现代治理体系，提高乡级治理能力，提供乡域优质公共产品。

本书作者以马克思主义治理理论和中国共产党最新治理理念为指引，在对中国传统治理经验和理论扬弃的基础上，吸收现代国内外国家治理研究成果，结合对农村的深入调查和对乡镇干部的深度访谈，剖析了新型城镇化进程中农村治理环境的深刻变化及其对乡级治理现代化的诉求，以及目前乡级治理滞后于乡域经济社会发展的表征及原因。在此基础上，对乡级治理现代化的制度构建和路径选择进行了探讨。一是提出了乡级治理体系现代化的制度构建，包括完善乡级现代多元治理机制，搭建多元共治平台；科学界定乡级政府职能，强化公共服务和社会管理职能；建立权力清单和责任清单，完善信息共享机制；建立有效的监督制衡机制，畅通群众监督渠道；构建科学合理的考评机制，让群众成为考评乡级干部的主体；畅通群众利益表达机制，依法维护群众的话语权；完善乡级权力民主生成和运行机制；依法界定县乡政府间权责，实现权责法定；理顺乡级政权机关与农村党支部和村委会的关系，构建现代国家和社会良性互动关系。二是分析了提升乡级治理能力现代化的路径选择，包括提升乡级干部的学习能力、决策能力、执行能力、组织协调能力和依法治理能力；提升建设具有历史记忆、地域特点、民族风情的特色小镇的能力；推进农业现代化发展的能力；推进农村民主政治建设的能力；建设农民精神文化家园的能力；应对乡村突发事件，促进乡村社会和谐的能力；提升保障和改善民生的能力；加强乡村生态环境保护，建设一村一品、一村一景、一村一韵的魅力村庄的能力。总体来看，本书以实现最基层政府、社会、市场良性互动为切入点，以完善乡级治理主体、治理结构、治理方式、治理机制为着力点，以提升治理能力为落脚点，以推进乡级治理体系和治理能力现代化为目标，具有一定的理论和实践价值。

张继良①

2017 年 8 月 18 日

---

① 序言作者系河北师范大学法政学院原院长、教授、博士生导师，兼任河北省政协理论研究会副会长、河北省宪法学研究会会长、河北省教育厅基层治理研究基地主任、河北省人大常委会立法专家顾问、河北师范大学学术委员会委员等职。

目　录

导　论

　　郡县治则天下安，为政之道必先田市，这是中国历史上的治理法则。农村承载着历史、文化、经济、社会、民生、生态厚重的内涵，是民族存续的根脉、国家发展的根基、人民的衣食之源。农业、农村、农民问题关系党和国家事业发展全局：没有农民的小康，就没有全面小康；没有农村的稳定，就没有全国的稳定；没有农业的现代化，就没有整个国民经济的现代化；没有乡级治理的现代化，就没有国家治理的现代化，解决"三农"问题始终是党和国家的工作重心。党的十九大报告提出实施乡村振兴战略，强调农业农村农民问题是关系国计民生的根本性问题，必须始终把解决好"三农"问题作为全党工作重中之重，要坚持农业农村优先发展，按照产业兴旺、生态宜居、乡风文明、治理有效、生活富裕的总体要求，建立健全城乡融合发展体制机制和政策体系，加快推进农业农村现代化。本书以马克思历史唯物主义为指导，以实证研究为基础，梳理农村治理的历史变革，找出其发展的内在规律。在此基础上，深入调查分析了在新型工业化、信息化、城镇化、农业现代化发展的历史进程中，农村生产力、生产关系、人口结构、社会阶层、乡村文化的新变化及其对基层治理的诉求，剖析乡级治理体系和治理能力的现状及其滞后性的表征。同时，借鉴国内外的一些治理经验和治理理论，科学构建适应农村现代化发展的乡级现代治理体系，探索提升乡级治理能力现代化的路径选择，有利于推进国家治理能力和治理体系现代化发展，有利于促进农业现代化发展和美丽乡村建设。

第一节　乡级治理现代化研究的背景及价值

在农耕文明源远流长的中国，农村始终是我们的根基，中国革命以农村包围城市而取得胜利，中国改革从农村破冰。历史雄辩地证明：中国要强，农业必须强；中国要美，农村必须美；中国要富，农民必须富。乡级政权是美丽乡村建设的领导者和组织者，乡级政权机关是国家与农村社会联系的桥梁纽带，具有基础性、直接性、复杂性和广泛性特征。乡级治理是国家治理的基础，没有乡村治理现代化，就没有国家治理现代化。在新型工业化、信息化、城镇化迅猛发展的历史背景下，深入研究乡级治理现代化既是农业现代化发展的内在要求，也是实现国家治理现代化的必然要求，具有重要的理论价值和实践价值。

一　乡级治理现代化研究的背景

农业、农村、农民问题关系党和国家事业发展全局。农业是安天下、稳民心的战略产业，在新的历史条件下，如何促进"三农"发展，已经成为一个重要的历史课题。农村正在经历着从小农经济到现代大农业的历史性变革，以及由此带来的农村生产方式、生活方式、人口结构、社会阶层、思想意识等方面的深刻变化，这一变革要求构建乡级现代化治理体系，培育现代治理能力。目前乡级治理理念、治理方式、治理结构、治理能力严重滞后于农村经济社会发展，在一定程度上制约了农村经济社会的发展，促进乡级治理现代化是农村生产力发展的内在要求。而笔者本人生长在农村，对农村有深厚的感情，并在乡镇政府工作六年，亲历了乡镇治理的困境，同时20多年来对乡村治理持续关注和研究，取得了一些研究成果。正是在这样的背景下，促使笔者开展乡级治理研究。具体缘由如下。

（一）乡级治理的根基作用

乡村承载着历史、文化、社会、经济、生态厚重的内涵，乡村是民族存续的根脉，是国家发展的根基。农业是人类的衣食之源，农民是人民的衣食父母，农村是农民安身立命之地。乡村美则国家美，乡村富则国家富，乡村安则国家安，乡村稳则国家稳。没有农业现代化，就没有国家现代化；没有乡级治理的现代化，也就没有国家治理的现代化。乡级政府作为党和国家与农村社会联系的桥梁纽带，上承各级党政机关，下连7亿农民，具有基础性、直接性、广泛性等特点。基础性是指，乡镇政府处在党的执政体系和国家政权机关这个金字塔的最底层，是党和国家联系社会的纽带，具有基础性作用。基础不牢，地动山摇，其行政效能直接关系党的执政地位的巩固和国家政权的稳定。直接性是指，乡镇政府直接和7亿农民打交道，上级政府的各项政策都要由乡级政府来落实，正所谓"上面千条线，下面一根针"，农村的经济发展、乡村社会管理、公共基础设施建设、农村社会保障等都需要乡镇政府直接去组织实施，农民的生产、生活和乡镇政府息息相关。广泛性是指，乡镇政府的数量多、分布广，据民政部统计，截至2013年底，"乡级行政区划单位40497个（其中区公所2个、镇20117个、乡11626个、苏木151个、民族乡1034个、民族苏木1个、街道7566个）"①。它们是国家政权大厦的基石，乡镇政权的这种地位和作用是其他组织无法替代的。乡级治理现代化是国家治理现代化的基石，深入研究基层政权的特点和执政规律，提高乡级治理能力，推进美丽乡村建设，促进农业现代化的发展，已成为一个重大的历史课题。

（二）乡村巨变呼唤乡级治理现代化

中国农村正在经历着传统小农经济的解体、现代大农业萌芽发展的历史性变革，农民正在打破存在几千年的小农思维方式、田园牧歌式的生产方式和生活方式。这必然带来很多新的历史性课题，需要新的治理方略。改革开放初期，乡级治理方略是放权让利，实施"无为而治"的策略，激活了农民生产的积极性。家庭联产承包责任制使农村劳动力得到极大释放，农民大丰收后无比喜悦，在大街上放电影以

---

① 《民政部发布2013年社会服务发展统计公报》，2014年6月17日，中华人民共和国民政部网（http://www.mca.gov.cn/article/zwgk/mzyw/201406/20140600654488.shtml）。

示庆贺，农村人成为城市人羡慕的对象。20 世纪 90 年代，中国的改革重心转移到城市，以家庭为单位的小农经济所能释放的生产力已到了饱和，农民靠土地增收的空间已经很小，随着物价上涨，农民生活已经非常困难。特别是 1994 年分税制的实施，使优质税源归为国税，县乡财政异常困难，在一些农业县农村税费成为县财政的主要收入来源，因此农业税费不断增加，很多农民的生活逐渐陷入了窘境，一些乡镇干部的身份沦为"催粮逼租"的"黄世仁"，农村群体性事件频发，农村干群关系异常紧张。2000 年 3 月，时任湖北省监利县棋盘乡党委书记的李昌平，振聋发聩地喊出了"农村真穷、农民真苦、农业真危险"，震惊了中央、惊醒了国人。党中央为应对农村的困境提出了"以城带乡、以工补农"的发展战略，采取了一系列措施。从减少农业税到 2006 年完全取消农业税费，并实施种粮、大型农机具购买等各种补贴，在农村建立和完善社会保障制度，推行义务教育免除学杂费制度。这一系列惠农政策的实施，使农村经济社会危机在一定程度上得到了缓解，促进了农村经济社会的发展。

近年来，随着新型工业化、信息化和城镇化的发展，城市工商业和服务业对劳动力的需求大幅增加，劳动力价格也在不断上涨，而另一方面农业生产成本不断提升，使得农民进城务工的收入远远高于在农村务农的收入。再加之农业机械化的普遍使用，农村剩余劳动力急剧增加，于是就出现了大规模的农民工，如此大规模的农民工在城乡之间流动是世界上其他国家从来没有的现象，在中国历史上也是首次出现，这给乡级治理乃至国家治理都提出了新的挑战。据国家统计局发布的《2014 年全国农民工监测调查报告》显示，根据抽样调查结果，2014 年全国农民工总量为 27395 万人，比 2013 年增加 501 万人，增长 1.9%，其中外出农民工 16821 万人、本地农民工 10574 万人，分别增长 1.3% 和 2.8%。[①] 大部分农村 90% 的青壮年劳动力外出打工，一些村出现了大规模土地撂荒，这对推进农业规模化、现代化经

---

① 《2014 年全国农民工监测调查报告》，2015 年 4 月 29 日，中国政府网（http：//www.gov.cn/xinwen/2015-04/29/content_ 2854930. htm）。

营提出了诉求。但是由于土地流转机制不完善，农民观念滞后、发展现代农业融资困难、农村新型职业农民培育滞后等因素，导致农村新型合作社、家庭农场、种植大户等农民新型经营主体发展缓慢，农村处在从传统农业向现代农业转型的困难时期。同时，由于农村青壮年大量外出务工，农村出现了留守老人、留守儿童、留守妇女等问题。在这样一个农耕文明的大国，一个 13 亿人要吃饭的大国，谁来种地、如何种地的问题，这关乎农村发展、关乎整个民族发展，拷问着执政者的智慧，考验着基层政府的治理能力，也拷问着每一个关心农村、农业、农民的知识分子，需要我们去调研、去思考，为推进基层治理现代化献计献策。

（三）亲历乡村治理的困境与忧思

1995 年笔者大学毕业后到 R 省 H 县 N 镇政府工作，刚到乡镇政府时做包村干部、乡镇信访办主任，后任副镇长，分管群众信访、民政等工作。在乡镇政府工作的六年期间，正是乡镇工作最困难的时期，乡级治理处于异化状态，乡镇干部的主要职责为税费征收和计划生育，戏称"催粮逼租、刮宫流产"。1996 年国家在农村的建设目标是小康村，而当时在一些地区小康村建设这一目标并没有给农村带来多少福音，在个别地方反而是灾难，因为小康村标准规定了各项达标指标，其中重要的一项是农民的年人均纯收入，即人均每年全部收入减去当年的生产性支出。1996 年 R 省制定的小康村年人均纯收入达标标准是 1680 元，而那个年代大多数农民人均纯收入几乎为零，很多家庭负债生活。所以，当时一些所谓的"小康村"的指标，是由乡镇干部虚假统计来完成的。于是就有人撰写对联对这一现象进行嘲讽，"上级压下级一级压一级层层加码，下级骗上级一级骗一级层层加水，横批：官运亨通"。如果单是虚假地向上级报数字，也不会对农民产生多大的危害，可是这里"吹牛"是要上税的，农民人均纯收入被"吹牛"后，还要按被"吹牛"的数字缴农业税费。当时国家规定地方政府向农民征收的税费不能超过上年人均纯收入的 5%，一些地方人均纯收入被"吹"到 1680 元后，一般县乡就要按此测算税费。对于生活极度困难的群众来讲，征收如此高的税费，引起了他们的强烈不满和抵制，干群关系十分紧张。笔者所工作的 N 乡镇群众集体进京上访事件每年都有几起，最多的是 2000 年有六起，干群械斗事件、镇干部被群众围攻、殴打事件时有发生。其中 2000 年 5 月，H 县 N 镇政府李庄、岳庄群众集体进京上访，笔者被派到苗庄任"维稳"工作组组长；6 月，王刘村群众将镇党委书记乘坐的"蓝鸟"车砸烂；7 月，一名副镇长带领几名刚从大学毕业的乡镇干部晚上到王庄村清理所谓未缴农业税费的"钉子户"时被打。一系列事件使笔者陷入深思，农村应该如何发展？乡级应该如何治理？这也成为其时困扰社会的一大难题。

由于笔者的性格不适应当时乡镇工作的性质和特点，带着对乡村治理的深深思考与忧虑，笔者于 2001 年考入黑龙江省委党校攻读硕士学位，研究方向是农村党的建设。在读硕士期间，笔者 20 多次到黑龙江、吉林、辽宁、河北、河南等省进行乡村调研，发现这些省农村治理的困境几乎相似。随着李昌平的《我向总理说实话》，陈桂棣、春桃的《中国农民调查》等关于农村方面著作的发表，笔者进一步认识到农村治理的困境是一个全国性问题，一些地方治理已经进入一个"恶性循环"状态，需要研究，也值得研究。为此，笔者的硕士毕业论文为《乡镇党政领导干部选拔制度改革探析》，深入分析了乡镇政府运行中存在的问题，并提出了创新乡镇政府治理的对策。硕士毕业后笔者到邢台学院社会科学教学部工作，重点研究方向为乡村治理，为了解乡村的新变化和存在的问题，笔者还坚持每年到一些乡村调研，密切关注乡村的变化，获取第一手资料。

（四）浓厚的乡土情怀

千百年来浓厚的家国情怀是每一个中华儿女心中不变的情感，实现民富国强是每一个知识分子的价值追求。作为一个生在农村、长在农村的人，笔者对家乡故土、乡村文化更有着深厚的感情。笔者的家庭在农村，和千千万万农村家庭一样，是一个勤劳、勇敢、善良的家庭。老父亲一直在家乡农村任教，一边教书、一边种地，可谓耕读世家。笔者从小就跟随父亲下地耕作，在田边树下乘凉，在河边玩耍，在池塘里抓泥鳅，坐在村头听老人讲故事，是农村的水、农村的土滋润成长，质朴的民风涵养了笔者对农村淳朴的感情，农民的生活习惯、农村的气息融入了笔者的血脉，"农民的土气"永远难以摆脱，这辈子也没想摆脱，为农村而呼、为农民而歌是情怀所致。

二　乡级治理现代化研究的价值

在亨廷顿看来，"得农村者得天下……农村的作用是个变数，它不是稳定的根源，就是革命的根源"①。"农村的兴衰治乱是一个国家稳定与否的基石和标志，国家的乱始于农村，农村的治必然带来国家的兴盛与安宁，这几乎是发展中国家政治发展的普遍规律。"② 邓小平强调："中国有百分之八十的人口住在农村，中国稳定不稳定首先要看这百分之八十稳定不稳定。"③ 中国是一个农耕文明大国，历史上的兴衰更替都与农村的治乱有关。同样，中国革命走农村包围城市的道路，中国改革肇始于农村。中国历史一再表明农村稳则国家稳、农村强则国家强。当前中国社会处于转型期，农村乡级治理问题十分突出，深入研究乡级治理现代化问题具有重要的学术价值和实践价值。

（一）乡级治理现代化研究的学术价值

十八届三中全会立足中国实际，前瞻未来发展，在深深把握中国改革发展的脉搏、敏锐洞察世界发展趋势的基础上，提出全面深化改革的总目标是完善和发展中国特色社会主义制度，推进国家治理体系和治理能力现代化。中国是一个农业大国，农村基层治理体系和治理能力在国家治理体系和治理能力中有着重要的战略地位。目前，农村基层治理的社会基础正在发生着历史性变革，在这样的历史背景下深入研究农村基层治理体系基本构成要素、历史、现状、运行机制以及农村基层现代治理体系构建等理论和实践问题，对于实现农村社会和

① ［美］塞缪尔·P.亨廷顿：《变化社会中的政治秩序》，生活·读书·新知三联书店1989年版，第267页。

② 张厚安、徐勇主笔：《中国农村政治稳定与发展》，武汉出版社1995年版，第12页。

③《邓小平文选》第3卷，人民出版社1993年版，第65页。

国家的长治久安、农业现代化、城镇化和城乡一体化、国家治理体系和治理能力现代化具有重大理论价值和应用价值。

首先，有利于深化对乡村治理的研究。郡县治，则天下安，为政之道，必先田市，这是中国历史的统治法则。在中国这样一个有数亿农民的农业大国，农民的命运便是中国的命运，谁掌握了农民的命运，谁便掌握了中国的命运。近代以来，随着中国民族危机加深，在社会科学界具有远见卓识的学派和学者都高度关注中国农民、农村问题，其中以梁漱溟、晏阳初为代表的乡村建设派，以王文藻、费孝通为代表的社会学派，以毛泽东、澎湃、陈翰笙为代表的马克思主义学派都把关注、研究的重点放在了农村，从农村探索救国救民和实现民族复兴之路，最终以毛泽东为代表的中国共产党人找到了一条农村包围城市的道路，成为毛泽东思想的重要组成部分。1949 年后，党和国家治理的艰辛探索同乡级治理息息相关，党和国家领导人对乡级治理给予了极大的关注，投入了很多精力，但是由于缺乏经验及认识上的偏颇，仍然出现"大跃进"和"一大二公"的人民公社等失误，国家政权几乎管控到生产队甚至一些家庭，农民的生产积极性受到极大的影响，阻碍了农村生产力的发展，给国家带来巨大的损失。可见，乡级治理的好坏直接关系到社会的稳定和谐和国家的兴旺发达。

改革开放首先从农村破土，随着家庭联产承包责任制的实施，乡级社会治理基础发生了深刻变革，乡级社会治理体系也必然发生相应的变革。政社合一的农村人民公社解体，乡镇政府重新确立，与之相适应的村级治理体系也发生了历史性变化，从生产大队的式微到村委会自发产生，再到村民自治得以法律确认和实践。这一系列的变革使很多学者把研究的目光投向农村广阔的田野，关注乡级治理的研究。在农村"希望的田野"上各派学术观点相互交锋、学术思想相互碰撞，不断丰富着乡村治理和国家治理理论。

21 世纪以来，农村社会从生产方式到生活方式等方面发生前所未有的变革，这给农村基层治理提出了新的历史课题，特别是十八届三中全会作出深化改革的决定，明确提出国家改革的总目标是实现国家治理体系和治理能力现代化。在这样的历史背景下，深入研究农村乡级治理体系，是对乡村治理理论的继承、丰富和发展。

其次，有利于深化对国家治理体系和治理能力的现代化研究。国家治理体系和治理能力涵盖国家社会治理的各个层面：一是在横向权力建构上涉及国家政权内部权力结构及其相互关系和运行机制，如党政关系、党法关系、政法关系、权力机关和党、政、法的关系，在纵向权力配置上涉及各级党委之间关系、各级权力机关的关系、各级行政主体之间的层级权力分配和运行机制；二是在国家治理职能设置上，包括改革发展稳定、内政外交国防、治党治国治军等各个方面；三是涉及国家和社会之间的关系，政府和市场之间的关系及其运行机制。因此，我们对国家治理体系和治理能力的研究既要顶层设计，从宏观上、系统上进行研究，也要从每一个子系统进行研究创新。而乡级治理体系是国家治理体系的"神经末梢"，可谓"麻雀虽小，五脏俱全"。正如徐勇教授指出，"只有深入到作为中国政治舞台基础的城市和乡村政治内部及其相互间的二元结构，才能科学地解析发生在中国政治舞台上扑朔迷离的景观"[①]。更为重要的是，基层政府改革创新风险小、接地气，其改革成功与否最容易检验，并且国家的改革方案必须通过基层落实和检验，因为检验改革成败的关键就是群众是否满意、是否受益、是否有获得感。

深入开展乡级治理体系现代化研究不但可以实现基层治理体系现代化，也可为顶层治理体系现代化研究提供理论借鉴和实践支持。"乡镇政府处在国家政权体系的最低层级，直接接触社会，开展管理和提供服务。就理解当代中国国家与社会之间的关系而言，乡镇是一个极为重要的观察视角。乡镇政府作为政权体系的重要一环，不仅是中国政府体系和政治体制的延伸和缩影，也是中国农村变迁、国家与社会关系变革的内在要素。"[②] 因此，研究乡级治理体系中的党委、政府、人大之间关系，县乡政府层级之间的权力划分、界定和运行机

---

① 徐勇：《非均衡的中国政治：城市与乡村比较》，中国广播电视出版社 1992 年版，第 6 页。

② 赵树凯：《乡镇治理与政府制度化》，商务印书馆 2010 年版，第 1 页。

制，以及乡级政府和农村新型社会治理主体之间的关系，乡级政权机关和村级管理机构之间的关系，乡级政权组织和农村群众之间的关系，构建科学合理、运行高效的现代乡级治理体系，并在乡级社会治理中进行实践检验，有助于我们从微观层面，更深刻、更具体地研究探讨政府内部权力的架构与运行，以及国家和社会、政府和市场的关系。同时，这也为我们探讨研究国家治理体系现代化奠定理论和实践基础。

（二）乡级治理现代化研究的实践价值

农业是安天下、稳民心的战略产业。改革开放 40 年以来最大的变革是城市，未来 40 年中国最大的变革应在农村。如果 40 年后依旧是 2.5 亿农民工候鸟般往返于农村和城市，农民年轻时到城市务工，年老到农村务农和抱孙子，农民依旧住在分散、落后的农村，农村依旧是以家庭为生产单位的小农生产，这种生活方式代代简单循环，只能意味着中国发展的迟滞或畸形，中国发展内生动力的丧失，中国整体小康、新型城镇化、城乡一体发展和农业现代化的发展战略目标落空，意味着中国没有实现国家治理体系和治理能力的现代化。未来 40 年要使农村实现农业生产现代化、农村建设城市化、农民生活市民化，把农村建设成现代美丽、富裕文明的社会主义新农村，实现城乡一体化，维护国家粮食安全，一个重要的环节就是基层治理体系和治理能力现代化。具体来讲，研究基层治理现代化在实践层面有以下几个方面重要意义。

第一，乡级治理体系现代化研究有助于统筹城乡发展。习近平总书记指出："城乡发展不平衡不协调，是我国经济社会发展存在的突出矛盾，是全面建成小康社会、加快推进社会主义现代化发展必须解决的重大问题。"[①] 乡级治理体系现代化有利于培养现代公民和新型职业农民，有利于促进农村经济社会发展，有利于维护农村社会的和谐稳定，有利于把乡镇政府所在地建设成为农村工商业的集聚地，建设成为医疗卫生、学校教育及其他公共服务设施齐全的现代化新型小

---

① 《习近平谈治国理政》，外文出版社 2014 年版，第 81 页。

城镇，成为现代农民的工作地和生活地，还有利于实现"望得见山、看得见水、记得住乡愁"的农村城镇化，真正推进城乡一体化发展。

第二，乡级治理体系现代化研究有助于提升党在农村执政的"合法性"。乡级政权组织在农村社会发展中扮演着重要角色，是党和政府联系农村社会的桥梁，代表着党和国家来行使公共权力，农村的政治、经济、文化、教育、民族宗教、社会事务无所不包，计划生育、社会治安、邻里纠纷、植树造林等无所不管，乡村社会的全面发展都有赖于基层干部去组织实施。同样，农民也主要是通过基层政权组织与国家发生各种关系，甚至在农民看来，基层干部就是他们眼中党和国家的代表。因此，基层治理在相当大的程度上关乎党和国家的权威及其合法性基础的建构。可以说，基层党政干部的行为关系党执政基础的巩固，关系着国家的稳定和繁荣昌盛。

第三，乡级治理体系现代化研究有利于发展农业现代化，实现国家粮食安全。把粮食安全上升为国家战略是新一届中央领导集体的战略抉择，是立足国情、粮情、世情的重要举措，粮食安全是与金融安全、能源安全并行的三大战略之一。粮食是重要的战略物资，粮食安全是国家安全的基础。中央强调必须把饭碗牢牢端在自己手上，要依靠自己保口粮，集中国内资源保重点，做到谷物基本自给、口粮绝对安全。粮食问题既是经济问题，也是政治问题。粮食安全的根本出路在于农业现代化，农业现代化的基础是规模经营，要实现规模经营既需要国家政策支持，引导资本向农村集聚，也需要乡级政府的协调、组织和提供现代服务，这就要求乡级治理现代化。

第二节　乡级治理现代化研究述评

乡级治理研究是一个古老而常新的历史课题，在一个 13 亿人口的农业大国，如何对乡级进行治理始终是治国理政的基础和研究的重点。近代以来，乡村建设派对中国农村进行了深入的调查研究，并开展了各种乡村建设实践，在乡级建设理论和实践方面均取得了一定的成绩。中国共产党在农村革命根据地进行了富有成效的治理，新中国成立后农村乡级政权研究和建设经历了艰辛探索和曲折发展，特别是改革开放以来，乡村治理研究成为政治学和社会学的一个重点和亮点，一些专家学者以政治学、社会学为学术背景，以实证研究为主要方法，深入调研分析乡级治理的发展历史、治理理念、治理主体、治理方式、治理结构等理论和实践问题，提出了完善乡级治理的一系观点和见解，具有重要的理论和实践价值。但是在新型工业化、信息化、城镇化、农业现代化不断发展的历史进程中，在小农经济向现代大农业转型发展新时期，农村治理面临着一些新情况、新问题。关于如何推进乡级治理理论和治理能力现代化，以适应农村的新变化，在这方面的研究较少。近代以来，一些国外学者也对中国的乡级治理进行了一定的调查研究，提出了一些观点看法，这些观点虽有偏颇，但也有值得借鉴的地方。

一　国内研究述评

探讨治国理论、总结治国经验，成经世致用之才是中国知识分子的价值追求。对基层治理的研究始终是中国知识分子关心和关注的重要内容，他们从乡村治理历史、治理方式、治理内容、治理困境、治理对策等方面进行了较为深入的研究，其中不乏真知灼见，对完善乡级治理具有重要价值。但是在新型城镇化背景下，如何推进乡级治理现代化仍是研究的薄弱环节。

（一）关于治理理论研究

在国内俞可平教授较早地对当代治理理论进行了较为全面、系统的研究。他指出：治理是为了维护公共秩序和公共利益，通过政府、社会团体、公民等多元社会主体的互动、协商和合作来管理公共事务的过程，其公权力运行是自上而下和自下而上的结合，其实质是官民共治；善治是为了实现公共利益最大化，通过有效的民主、协商、合作等方式进行的管理活动，其基本特征是合法性、透明性、责任性、民主、法治、高效、公正、廉洁等。俞可平教授的治理和善治理论在国内引起很大反响，自此国内学界、政界开始较为广泛地研究治理和善治理论，提出了一系列很有价值的观点。徐勇、娄成武、张建伟、王诗宗、李文星、杨庆等国内学者从治理主体、治理结构、治理方式、国家与社会、基层治理等层面进行了较为深入的阐述，提出了科学界定国家和社会的边界、培育公民社会的思想；谢庆奎等学者对地方政府改革进行了较为深入的研究，提出了改革行政管理体制，建设服务型政府的思想；俞可平、杨雪冬等学者对地方治理理论和善治、多层治理结构进行研究，提出地方政府应建立公开、公平、透明、廉洁的政府管理体制；薄贵利、林尚立等学者对中央与地方关系、政府间关系进行了深入研究，提出了要逐步实现依法治理、依规治理和政府间关系法治化、政府和社会间关系法治化；徐勇、罗春华、吕普生等学者提出理想选择主义和竞争合作主义，认为治理不是零和博弈，而是双赢和多赢。这些研究、著述对丰富我国治理理论，推进国家治理现代化发展具有一定的作用，为党的治理理论的形成和发展提供了理论基础。

在总结国内外治理经验和治理理论的基础上，党的十八届三中全会提出了建设国家治理体系和治理能力现代化的改革总目标。此后对治理体系和治理能力现代化的研究达到新高度，目前学界在国家治理体系现代化方面取得了一定的研究成果。如江必新认为，国家治理体系是党领导人民管理国家的制度体系，包括经济、政治、文化、社会、生态文明和党的建设等各领域的体制、机制和法律法规安排，是一整套紧密相连、相互协调的国家制度，并从治理理念、价值目标、治理重点、治理方法方式等方面进行了论述①；俞可平教授也认为，国家的治理体系是一个制度系统，包括政治、经济、社会、文化、生态等各个领域的有机整体；温宪元等学者认为国家治理体系重点是解决政府与市场、国家与社会以及政权机关内部的党政关系、党法关系、党群关系等；王浦劬教授深入分析了国家治理、政府治理和社会治理的含义及其相互关系。

总的来看，这一治国理政重大战略目标提出后，虽然一些学者提

---

① 江必新：《推进国家治理体系和治理能力现代化》，《光明日报》2013 年 11 月 15 日第 1 版。

出了一些观点和见解，但从理论上全面、系统、科学地研究治理体系的成果还不够深入、深刻，随着改革实践的不断深入，治理理论的研究将是我们未来几年、几十年社会科学重点研究的领域之一。

（二）关于乡村级治理研究

1. 改革开放前关于中国乡村治理的研究

在中国这样一个农耕文明源远流长的国家，农业始终是立国之本，对农村的治理自然是中国历史上各朝各代治理的基础和重点。中华民族崇尚大一统，自古即有"普天之下，莫非王土；率土之滨，莫非王臣"的传统观念，中央集权的封建皇权专制体制在中国延续数千年，与之相适应的是以乡里制度和保甲制度等为主要类型的乡村治理制度。乡里制度萌芽于传说中的黄帝时期，滥觞于井田制，至清末依然实行。保甲制度自宋代王安石变法后断断续续实行，直至 20 世纪上半叶才结束。在数千年的历史中，乡村治理模式屡经变迁，经历了几个较为明显的历史阶段，表现出不同的制度规定和具体实践，乡村治理组织称谓多变、功能各异，其自治色彩也各有不同，体现出不同的特点。随着中国古代封建集权制度的强化，传统的乡村治理越来越多地受到政权的干预和控制，其自治色彩逐步减弱，越来越不适应农村社会现实，最终在清朝末年为乡镇地方自治所取代。①

近代以来，东方农耕文明遭到西方工业文明的挑战，中国人在世界历史大潮中探索救亡图存之道，为实现民主振兴和发展奔走呼号，形成了各种流派，提出了各种观点和主张。20 世纪 30 年代出现了以梁漱溟、晏阳初、黄炎培、章元善、江恒源、许士廉为代表的"乡村建设派"。他们认为中西文化有别、各有所长，西方道路不可能完全解决中国农村和农民问题，提出只能弘扬中华文明，才能找到出路，并力图以乡村文化重建复兴已经凋敝的农村，进而改良中国。这些知识分子以济世救民之情怀，深入乡村、了解乡村、扎根乡村，他们或进行乡村改造，或兴办平民教育，或进行自治实验，同时著书立说阐

---

① 唐鸣等：《中国古代乡村治理的基本模式及其历史变迁》，《江汉论坛》2011 年第 3 期。

述自己的主张。一代大儒梁漱溟扎根邹平，实践乡村建设，著有《乡村建设理论》等，他认为中国是"伦理本位，职业分途"的社会政治文化生态，中国社会建设必须立足传统社会文化，借鉴西方优秀文化，从乡村开始，教育为本，弘扬传统，吸纳西学，涵化社会，复兴民族。平民教育家晏阳初著有《平民教育的真义》《农村运动的使命》等，他认为民众素质是国家民族振兴的基础，中国问题的根源在于民众的贫、愚、弱、私"四大病症"，要治疗中国社会这一沉疴顽疾，良方是兴办平民教育，开化民智、挖掘民力，并在定县开创平民教育实验，创建中国平民教育学院。社会学家李景汉利用普查法、个案法、抽样法等社会学调查方法对京郊挂甲屯、定县等地进行了详尽的调查，在此基础上著有《北平郊外之乡村家庭》《定县社会概况调查》《北京郊区乡村家庭生活调查札记》等。从历史传承、自然环境、政府治理、人口结构、卫生教育、农民生活、风俗文化等方面对农村进行了详尽、全面的描述。另一位社会学家、人类学大师费孝通著有《江村经济》《乡土中国》《乡土重建》等，对 20 世纪三四十年代的中国农村经济发展、家庭生活、风俗礼教、生育观念、基层治理等进行了调研，并提出中国农村的出路在发展农村工商业的著名观点。

　　1949 年后从农村走出的老一辈革命家、理论家，如毛泽东、刘少奇、邓小平、陈云、邓子恢、彭德怀、张闻天等为了发展农村经济、改善民生倾注了大量的心血，进行了广泛深入的调查研究，并就农村发展提出了各自的主张、见解和观点。从另一个层面上看，虽然中华人民共和国成立后初期党在农村治理的效果并不理想，但这一时期党对农村给予的关注、研究和实践探索超过此前历史上任何一个时期。从土地改革到农村社会主义改造，从初级合作社到高级合作社，从在党内农村问题上的纠"左"到反右，党的高层对农民问题的调研和探讨从未停止过。这一时期，由于反右倾和"文化大革命"等运动，学界对农村的研究较少。

　　2. 改革开放以来关于乡级治理研究

　　关于农村基层治理的研究随着农村改革的发展而不断深入。为解决温饱问题，20 世纪 70 年代中国改革从农村开始破冰，农村问题再次引起政界和学界的关注。20 世纪 80 年代"村民自治"在农村悄然兴起，被赋予了深远的政治意义。20 世纪 90 年代农村出现"农民真苦、农村真穷、农业真危险"的困境，被陆学艺老先生称为农村已经出现了"治理危机"，农村如何治理再次成为政界、学界关注的焦点。政界对"农村治理危机"的回应是在 2006 年废除农业税，开展新农村建设和农村综合改革，但新农村建设和农村综合改革步履维艰、收效甚微，需要深入研究探讨。在这样的大事件和大背景下，农村基层治理一直吸引很多学派和学者的持续研究，其研究重点和主要观点集中在以下几个层面。

（1）关于村级治理研究

在家庭联产承包责任制实施后，以生产大队为单位的村级组织失去了其组织生产的功能，同时生产大队对村级社会管理功能也逐渐弱化，在一些地方村级管理出现了真空，一些村盗窃、赌博现象严重，治安混乱。1980 年在广西宜山等地一些村群众自发选举产生村级管理组织，后定名为村委会。1981 年中共广西壮族自治区委对群众这一自发组织进行了深入的调研，并给予肯定。1982 年彭真等中央领导对村民委员会高度重视，在大量调研的基础上 1982 年《中华人民共和国宪法》对这一群众自治给予确认，随后这一群众自治组织在全国推广，1998 年《中华人民共和国村委会组织法》颁布。在这一背景下，很多政治学、社会学、人类学、法学的学者把村民自治作为研究的重点。在学术界有张厚安的《中国农村村民自治》，张厚安、徐勇等著的《中国农村村级治理：22 个村的调查与比较》等著作，他们较早地对村民自治进行了系统的阐释和研究；其后有徐勇的《中国农村村民自治》《中国农村村民自治：制度与运作》，于建嵘的《岳村政治——转型期中国乡村政治结构的变迁》《乡村选举：利益结构和习惯演进——岳村与南村的比较》，王振耀的《中国村民自治理论与实践探索》，以及贺雪峰的《乡村治理与秩序——村治研究论集》和《乡村治理的社会基础——转型期乡村社会性质研究》，项继权的《集体经济背景下的乡村治理——南街、白高和方家泉村村治实证研

究》，管前程的《村民自治 30 年的回顾和启示》，王海胜的《当代中
国村民自治问题研究》，黄辉祥的《村民自治的生长：国家建构与社
会发育》，戴玉琴的《村民自治中的政治文化资源开发》等诸多论
作。他们以政治学、社会学为学术背景，以实证研究为主要方法，深
入调研分析村民自治的发展历史、时代价值，剖析民主选举、民主决
策、民主监督、民主管理的方法方式、困境与对策，研究选举后的支
村两委关系、两委矛盾及解决对策等理论和实践问题。在政界有陈锡
文、韩俊、温铁军、李昌平、马银录等，他们从政策制定和实施的层
面对村级管理、农村发展、民生改善、土地问题、粮食安全、干群关
系等问题进行了深入的调查和研究，提出了很多有见地的意见和建
议，有的直接被决策层采纳。村民自治实施 20 年来，由于农村家族
文化和现行政治体制的影响，出现了一些乡镇干部、个别黑恶势力控
制选举、贿选等现象，使选举在一些地方流于形式、走了过场，甚至
一些村干脆就不再选举。这些现象引起了社会的争鸣，有人认为这是
民主在中国实践的失败，有人认为在中国大的政治体制没有改变之
前，在农村推进民主是本末倒置，也有人认为农村选举出现的问题再
次证明中国人不具备实行民主政治的素养。目前学术界对这种声音大
都表示沉默，甚至把研究的目光转移到农村的经济、社会、群体事件
等具体问题研究。而也有一些学者认为虽然村民选举有问题，但这是
政治进步中的问题，继续深入研究。如程同顺等学者从村委会干部直
选对中国选举制度的深远影响，村民自治后的镇村关系对中国政府间
关系的积极影响，村级党组织"两票制"对党内民主的推进等方面
论述村民选举的历史意义，并从民主对公民素质的基本要求、中外选
民素质比较等方面论述了农民完全有能力进行民主选举。

（2）关于人民公社研究

主要研究探讨这一治理体制兴衰经过和原因、运行机制、治理绩
效、历史地位、国家与社会关系等层面问题。大部分学者认为人民公
社这一基层治理模式是与集体化相适应的一种管理方式，其错误的根
源在于处理国家与社会的关系上失当，主要表现是国家对农村社会的
过度控制，超越了当时的生产力，最终导致这一管理体制运行僵化、

缺乏活力、绩效低下。主要有林蕴晖、顾训中的《人民公社狂想曲》，安贞元的《人民公社化运动研究》，凌志军的《历史不再徘徊：人民公社在中国的兴起和失败》，张乐天的《告别理想：人民公社制度研究》，贾艳敏的《大跃进时期乡村政治的典型——河南嵖岈山卫星人民公社研究》，罗平汉的《农村人民公社史》。

（3）关于乡级政府研究

自 20 世纪 80 年代乡镇政府重新建立以来，特别是 20 世纪 90 年代乡村治理危机以来，对乡镇治理研究的学者逐渐增多，他们从乡级治理的发展历史、职能定位、实际作用、县乡关系、乡村关系、乡镇政府改革等方面进行研究，充分肯定了乡镇政府在农村家庭联产承包责任制的推行、农村经济发展、乡镇企业兴起、乡村治理等方面发挥了积极的作用。但是 1990 年后，乡镇政府主要职责逐渐转为"催粮逼租、刮宫流产"，其存在的"合法性"被质疑，乡村出现了治理危机，集中表现为"农民真苦、农村真穷、农业真危险"的困境。学术界对乡镇治理危机状况进行深入的调研，分析了乡镇政府的政治生态，认为乡镇政府存在的主要问题是机构臃肿、职能异化、财政危机，干群、党群关系恶化、县乡关系人治化、乡村关系行政化等，并试图从政治学、社会学和法学的视角来解释乡村冲突的结构和制度性根源，提出了乡镇政府职能转变、精简机构、依法行政以及重构乡村关系等方面的对策。主要有赵树凯的《乡镇治理与政府制度化》，张静的《基层政权：乡村制度诸问题》，陈桂棣、春桃的《中国农民调查》，金太军的《乡镇机构改革挑战与对策》，楼鲜丽的《村民自治下的乡镇政府与村委会关系研究》，吴理财的《乡镇机构改革：可否跳出精简—膨胀的怪圈》等著作。

（4）关于乡镇治理改革实践的总结

从 20 世纪 90 年代末开始一些地方开始尝试乡镇党委书记和乡镇长选拔制度改革，这其中有大胆地进行直接选举乡镇党政主要领导的实践创新，也有形式多样的完善间接选举制度改革的尝试。这表明中国乡村治理在走过村民自治的艰难探索后，终于发展到一个新的阶段，开始进入农村基层政权选举制度改革探索时期。这对推进中国民主政治建设进程，扩大党执政的群众基础，促进"三农"问题的解决有重大意义。主要案例有 2008 年步云乡全乡 6236 名选民以极大的热情，冒雨投票，全乡群众直选乡长，成为中国直选第一乡，此后公推公选乡镇党委书记、乡镇长，两票制竞选乡镇党委书记和乡镇长的实践，在四川、江苏等地展开。① 一些学者对基层乡镇领导选举制度改革给予了高度的关注、总结、研究，主要有李凡等著的《创新与发展——乡镇长选举制度改革》，史卫民的《公选与直选：乡镇人大选举制度研究》，黄卫平、邹树彬主编的《乡镇长选举方式改革：案例研究》等，较为全面地分析了乡镇改革的过程、环节和经验教训。

（5）关于乡镇治理走向研究

对于乡级治理危机的产生，一些学者认为主要是个别乡镇干部素质低下，乡镇政府职能异化、"收费养人"等原因造成，特别是取消农业税后，乡镇政府的职责和职能是什么，乡镇政府如何定位，是否有存在的必要等问题，引起了一些学者的争鸣。其主要观点有以下几种。一是主张取消乡镇一级建制的"取消论"，认为撤销乡镇一级政权建制是精简机构的一项较好的改革措施。如蔡永飞博士认为，现阶段，我国共有 46369 个乡镇一级建制，假定每个乡镇平均有 100 名公务人员，那么，通过这项改革，就可以减少 460 多万名公务人员。但是持这种观点的相对较少，大部分学者认为乡镇在中国农村治理中还有很大的作用，不应取消，应该改革。二是主张实行"县政、乡派、村治"，认为现行的"乡政村治"的治理结构随着市场化、现代化和民主化的发展，其不适应性越来越显现，必须适时改革，而"县政、乡派、村治"是理想的治理体系。具体讲，县政是指县级政府成为国家在农村的基层政权，直接对本县政务和人民负责。乡派是指县以下的乡政府成为县的派出机构，专事县政府委托的任务。村治是在村一级实行村民自治，使村民委员会成为自治性组织，从而实现乡村治理的结构性转换。持此种观点的主要有徐勇、徐增阳等，徐勇在《县

---

① 宫世能：《村庄治理核心行动者研究——基于政策执行的分析》，硕士学位论文，苏州大学，2015 年。

政、乡派、村治：乡村治理的结构性转换》《变乡级政府为派出机构》《乡村治理结构改革的走向——强村、精乡、简县》等文中从历史上乡村自治到现在治理危机等方面详尽地论述了"乡派"和"村治"的观点。三是主张转变政府职能，建设服务型政府。认为世纪之交乡镇治理危机、农村民生凋敝的根源在于乡镇政府职能越位、错位、逆位，乡镇政府改革的核心是转变职能，建设服务型政府。如徐元善、祝天智认为，当前乡镇政府的运行困境虽然是由多方面原因造成的，但最根本原因在于没有真正实现"转变政府职能"。乡镇政府的改革路径是建设服务型乡镇政府，切实把乡镇的职能转变到市场监管、公共服务和社会管理上来，把乡镇政府从招商引资等微观经济活动中解放出来。这既有助于解决农村公共服务薄弱的问题，也有助于乡镇政府走出治理困境。

二　国外研究述评

国外一些学者非常重视治理理论的研究，提出了一系列关于基层治理的思想，对我国完善基层治理有一定的借鉴价值。近代以来，费正清、卜正明、杜赞其等一些国外专家学者对中国农村进行了一些较为深入的调查研究，提出了一系列观点，在国内外也产生了一定的影响。改革开放以来，一些国外学者对中国农村的变化表现出了较为浓厚的兴趣，进行了一定的调查研究，提出了一些观点见解，有的观点较为客观、有见地，值得我们重视研究。但是总的来看，国外专家学者对中国农村的研究有管中窥豹之嫌，有些观点也存在偏颇，对中国农村的研究不够全面深入。

（一）关于治理理论研究

第二次世界大战后西方经历了20多年高速发展，到20世纪70年代，一些国家出现治理危机，政府机构庞大，治理效率低下，社会贫富差距加大，社会分裂，国家认同感降低。针对如何摆脱治理困境，实现经济社会可持续发展，一些学者提出了把公司治理理论嫁接到政府对经济社会的管理领域，于是一场新公共管理运动在西方一些国家开展，公共治理理论逐渐兴起。如哈耶克（F. A. Hayek）、弗里德曼（Edward Friedman）等学者为避免政府失灵，主张创新政府治理理念，将政府的部分职能转移给社会中介机构管理；创新政府管理方式，依法治理社会，完善政府治理绩效考核机制。格里·斯托克（Gerry Stoker）主张，将政府治理、私人部分、公民自愿团体充分结合起来，避免政府对政治资源、社会资源的垄断，形成治理领域的竞争态势。继而詹姆斯·罗西瑙（J. N. Rosenau）在其《没有政府的治理》一书中较为系统地阐述了治理的理论渊源，公司治理和政府治理的异同，以及统治与治理的区别与联系，倡导政府要借鉴公司治理理论。罗伯特·罗茨（Robert Rhoads）认为共治治理存在多种路径，除政府治理、市场治理、社会治理之外，个体可以组织起来自行自主治理，从而能够使每个人都承担起责任，共同维护公共利益、公共秩序。此后，政府治理理论逐渐在学术界得以运用，世界银行1992年将其年度报告称为《治理与发展》后，治理和善治在国际社会得到广泛的认同和使用，成为多学科的研究领域。

关于基层治理的理论。基层治理始终是国外管理学、政治学、社会学等学科关注和研究的重点，是治理理论的重要组成部分。国外学者们虽然有不同的历史文化、政治社会制度环境和价值诉求，构建了多元治理、自主治理、整体治理等理论模式，但是他们有共同的理论认知。他们大都以民主和效率为两大追求目标，各种治理理论的核心思想是治理主体多元化，强调政府、公民和社会组织共同治理；治理方式民主化，强调民主协商、合作共治的原则；治理过程透明化，强调公开、公平的原则；治理手段法治化，要求依法治理；治理目的是增进公共利益，促使公共利益最大化。

（二）关于中国农村社会治理研究

中国传统社会的社会结构、农民的生活方式、治理模式、运行状态，一直是国外社会学、政治学、人类学研究的重要内容。从19世纪末开始，一些外国的传教士和学者来到中国，带来了西方现代社会学的研究方法。他们习惯和擅长于农村调查，对中国农村有着浓厚的兴趣，渴望对这一古老而神秘的国度有一个了解和研究。他们中的一些人就深入中国农村田野进行了长期的观察和细致的调查，如美国传教士史密斯（A. S. Smith），美国学者金（F. H. King）、狄特摩尔（C. G. Pittmer）、葛学溥（D. H. Kulp）、白斐德（L. L. Butterfield）、卜凯（J. L. Buck）、白克令（H. S. Bucklin）等，用现代社会学、人类学的方法对当时中国农村的人口状况、婚姻家庭、生活状况、风俗礼仪、宗教信仰、生产状况、社会管理等进行了深入的调查。

对中国农村治理的研究主要有马克斯·韦伯、杜赞奇、黄崇智、弗里德曼、戴慕珍（Jean C. Oi.）、费正清、卜正明等学者。马克斯·韦伯认为中国的村庄是一个没有朝廷官员的自治居民点，村社生活主要被以宗族为基础的自治组织所支配；杜赞奇的著作《文化、权力与国家：1900—1942 年的华北农村》，运用文化网络的模型较为深入地研究了国家权力、宗族权力、地方精英权力、宗教权力等错综复杂的权力网络在农村治理中的相互作用；黄宗智则认为，中国传统农村存在着国家、士绅和村庄三角结构，真正操纵村落事务的是乡绅、族长、村长之类的人物，并就华北农村和长三角农村的经济、政治、文化状况进行了对比研究；弗里德曼从中国改革开放时起，对河北省五公村进行了长达 10 年的调研，对中国改革开放后农村的治理变革、经济社会发展进行了深入的研究；戴慕珍对改革开放后农村的权力运行、税费征收、干群关系、国家政权与基层政府的博弈、基层干部的自利行为进行了分析，提出了"地方政府法团（公司）主义"的概念；费正清在研究中国传统乡村治理时用"士绅社会"这一概念，来分析中国传统社会的治理结构，他认为士绅是联系国家和社会的桥梁，既承担着国家官员的职责，又是农村社会的公共利益的代理人；科大卫指出，士绅作为一个管理阶层存在，必须内化为乡村社会文化的认同，这一没有行政权力的乡绅阶层才能在社会治理中起到重要作用，才能做到"皇权不下县"、治理靠乡绅的治理模式。

总体来看，国内外诸多专家学者的辛勤耕耘，对农村基层治理的研究已经取得了一系列成果，研究领域不断扩大，研究内容不断深化，研究水平不断提高，在很多方面具有真知灼见。一是对古代乡村治理的历史进行了较为翔实的探讨，诸多学者较为详尽地分析了中国治理的变迁及其原因；二是对村民自治的起源、发展、现状、问题与对策方面进行了深入的研究；三是对乡镇政府机构设置、职能及变革进行了深刻的分析；四是对改革开放以来，中国农村治理的变化，农村的民主选举、民主管理、民主决策、民主监督的问题和对策进行了深入的研究。这些研究为我们进一步研究奠定了理论基础，提供了较好的分析视角，具有重要的价值。

　　然而，由于种种原因，以往对农村基层治理的研究存在一定的局限性。一是在研究的内容上大多学者对乡村治理的历史进行探讨和梳理，研究其治理的制度体制的变革及其原因，而把基层治理放在新型城镇化进程中、放在工业化大发展和农村经济社会大发展、大变革的历史视阈下来研究的较少。但研究历史的一个重要目的是"以史为鉴"，让历史照亮未来，在研究历史的基础上更应该着眼于农村正在发生的历史性变革，借鉴中外治理经验，提升乡村治理水平，实现农村发展、农民幸福，推进乡村治理现代化建设。二是缺少对乡村治理社会基础变革的研究。乡村治理的社会基础的变革是一切治理变革的根基，过去大多数学者都集中于乡村本身的研究，而没有把研究的背景放在城镇化这一大的历史背景下去研究，孤立地研究乡村建设，脱离了时代发展、整个社会变革、生产方式变化，特别是脱离了乡村生产力、生产方式、生活方式的变革，无视乡村社会治理基础的变革，这样来研究乡村治理是无本之木、本末倒置的。三是在研究对象上，农村基层治理的研究主要集中于村民自治的研究，无论是京派、华中学派还是徽派，大都集中在对村级治理的研究，缺乏对乡级治理进行深入系统的研究和探讨，而乡级治理在农村治理中具有决定性作用，党在农村的方针、政策都要通过乡级来贯彻和执行，研究乡级治理体系和治理能力是乡村研究的重点内容。

　　鉴于以上缘由，本书将研究范围和重点确定为：从农村社会生产方式和生活方式的大变革视角，深刻分析农村生产力、生产关系、社会阶层、人口结构、农民素质等方面的历史性变革对乡级治理的诉求，并且在大量调查访谈基础上，剖析乡级治理体制、运行机制、治理能力等方面的突出问题。在此基础上，提出构建治理主体多元化、权力生成民主化、治理结构合理化、治理方式法治化、利益表达制度化、绩效考核科学化的乡级现代化治理体系，培育建设现代特色宜居小城镇的能力，以及发展现代农业、建设农村政治文明、繁荣农村文化、建立现代服务体系、推进美丽乡村建设的现代化治理能力。

第三节　本书研究的核心概念

对核心概念的科学界定是理论研究的基础。本书梳理和界定了治理、国家治理体系和国家治理能力等基本概念，这是乡级治理研究的前置概念。在此基础上，科学界定了乡级治理、乡级治理现代化的内涵，乡级治理现代化的特征，乡村治理的内涵，乡级治理和乡村治理的联系与区别，以及农村城镇化等概念，这为后面的研究提供了理论支持。

一　治理、国家治理体系、国家治理能力

（一）治理

治理是指政府、社会团体、公民等治理主体，为了实现公域和私域利益最大化，按照相关法律制度，依据民主法治、公平正义两大原则，利用人、财、物、信息和时空等要素，通过民主协商、沟通协调、规范约束等方式对公共领域和私人领域的一种管理活动。世界银行将治理表述为："治理是利用机构资源和政治权威管理社会问题与事务的实践。"联合国发展计划署认为，"治理是基于法律规则和正义、平等的高效系统的公共管理框架，贯穿于管理和被管理的整个过程，它要求建立可持续的体系，赋权于人民，使其成为整个过程的支配者"。全球治理委员会对治理的界定是："治理是各种公共的或私人的个人和机构管理其共同事务的诸多方式的总和。"① 治理有四个特征：一是治理主体多元化，治理是政府、社会组织和公民等多主体共同治理；二是治理的民主化和法治化，治理规则的制定、治理权力

---

① 以上三种定义参见许耀桐、刘祺《中国特色的国家治理之路》，《理论探索》2014年第1期。

的生成、决策和执行过程、民意的表达回应等均为民主化和法治化；三是公共信息除涉密以外均公开透明，治理的官员也被称为"政治玻璃人"；四是治理的目的是公共利益最大化。

（二）国家治理

国家治理是指以政府为主体，其他各种社会组织、公民共同参与，以提供优质公共产品和维护和谐的公共秩序为价值导向，在一定的社会文化和法律制度等社会规范内，按照民主法治、公平正义的原则，通过民主协商、上下互动、相互合作对社会经济、政治、文化、社会、生态进行管理，以实现社会良性发展的管理活动。国家治理的核心是规范公权力运行，使之造福群众，为社会提供优质公共服务，促进社会公平正义，维护社会和谐稳定和永续发展。"国家治理的理想状态，就是善治……善治就是公共利益最大化的治理过程，其本质特征就是国家与社会处于最佳状态，是政府与公民对社会政治事务的协同处理。"①

国家治理分为两个层面：一个层面是对社会的治理，维护社会的稳定，促进社会发展；另一个层面是对治理者本身的治理，即对政府本身的治理，防止政府对社会伤害，防止公共权力对私权利干扰，防止治理者成为统治者、独裁者和社会利益的窃取者。因为权力是一把双刃剑，既能造福社会，也会侵害社会，政府本身是人性恶的产物，是社会矛盾不可调和的产物。而后者在国家治理中同样非常重要，规范公权力的运行，使公权力只能造福社会，而不危害百姓，因此国家治理的一个重要内容是对政府本身的治理。

国家治理的主导力量是政府，虽然治理理论崇尚官民共治、社会协同，反对政府单向治理，但国家治理的主导力量和主要责任者是政府，因为政府具有制定法律制度的权力，对社会价值进行权威性分配，提供公共产品和公共服务，协调社会矛盾、维护社会秩序的责任和能力。无论是西方还是东方，在目前的国家治理体系内，只有政权

---

① 俞可平：《推进国家治理现代化的六大措施》，2014 年 4 月 2 日，求是理论网（http：//www. qstheory. cn/zywz/201404/t20140402＿336567. htm）。

机关才能够运用国家法律和政治、经济等手段，引导整个国家和地方经济社会发展，这是任何社会组织所不具备的能力。因此不能一强调治理就忽视政府的责任，过分强调社会其他治理主体的作用。

（三）国家治理体系和治理能力

国家治理体系的基本内涵。所谓的治理体系是指治理主体在公域或私域的治理过程中形成的一套相互作用、相互依存的法律、制度、规范的有机体系。国家治理体系就是在治国理政活动中形成的相互联系、相互作用的法律、制度、规范的总和。具体讲，国家治理体系就是在国家治理中形成的政党制度、政治制度、经济制度、文化制度、社会制度及运行的体制和机制。具体到我国的国家治理体系，是指中国共产党在治国理政中形成的相互衔接、相互联系、相互作用的制度体系，包括政党制度、组织制度、政治制度、经济制度、文化制度、社会制度、生态制度和法律体系等。

国家治理能力的基本内涵。国家治理能力就是以政府为主导的治理主体，为实现治理目标，采取科学的治理方式，利用政治资源、经济资源、文化资源、社会资源、信息资源，依法管理国家事务、社会事务、经济文化事业，实现国家社会持续健康发展的本领。具体讲国家治理能力包括：一是科学规划的能力，根据世界经济社会发展的现状趋势，立足本国的基本国情，制定科学合理的发展目标，为整个国家民族谋划发展；二是组织动员能力，为了实现治理目标、维护社会和谐，通过法律制度、道德意识、社会文化把社会各个领域、各个阶层组织起来，取得社会共识，凝聚社会力量，成为一个强有力的整体，为共同的目标而努力；三是公共服务功能，为社会提供法律制度、文化教育、社会保障等软环境和道路交通等硬环境，满足人民生产、生活的各种需要，促进社会良性运行的能力；四是社会资源调节能力，正确处理政府和市场的关系，既要发挥市场在社会资源分配中的基础性作用，又要充分发挥政府和社会的调节作用，避免市场的盲目性、逐利性而造成的社会资源的浪费，维护社会不同群体、不同阶层、不同地区的相对公平性。

二　乡级治理、乡村治理、农村城镇化

（一）乡级治理

乡级治理是为了实现乡域公共利益最大化，乡级政权机关、非政府组织、经济组织和公民等主体，依据民主、法治、公正、公开、透明的原则，通过民主协商、合作互动、激励引导、规范约束等方式，有效利用人、财、物、信息和时空等要素，提供优质公共产品，促进经济社会良性发展的管理活动。

推进乡级治理现代化包括两个层次：一是完善乡级治理体系，主要是创新乡级公权力产生和运行机制，构建民主化考评监督体系、法治化利益表达和反馈机制，完善信息公开机制，规范乡级公权力运行，建立多元、民主、公开、透明、法治的现代乡级治理体系；二是提升乡级治理能力，主要指优化乡级治理主体对乡域范围内政治、经济、文化、社会、生态、民生的管理过程，增加优质公共产品供给，维护居民的公共权益，满足大部分群众利益诉求，促进农业现代化发展和美丽乡村建设。

乡级治理现代化的特征：一是治理主体多元化，实现乡域内党委领导、政府主导、社会协同、公民参与的共同治理；二是治理权力运行民主化，保障群众的选举权、知情权、决策权、监督权、罢免权；三是政务信息公开化，建立权力清单、责任清单，落实乡级政务公开制度，让权力在阳光下运行；四是群众利益表达回应制度化，构建多平台群众利益表达回应机制，并使其法治化，实现政府、社会、公民的良性互动；五是考评体系科学化，考评主体多元化，增加治理客体对治理主体评价的权重；六是政策执行高效化，乡级治理的重要职能是创造性落实上级的政策，要具有较强执行力和创新能力；七是治理行为法治化，这些是依法治国的内在要求，也是乡级治理现代化的重要内容。

（二）乡村治理

乡村是与城市相对的概念，一般意义上指的是农村。乡村治理一般是指以农村为单位村域范围的治理，包括农村党支部、村委会、村

民代表大会、村民监督委员会等在内的村级治理主体，这些治理主体相互配合、相互制约，共同管理村级文化教育、社会保障、计划生育、治安民调等具体事务，促进村级经济发展、文化繁荣，维护农村和谐稳定。近代以来乡村研究较多，晏阳初、梁漱溟等乡村建设派，主要从理论和实践上探索农村的政治、文化，农民的素养，农民的生活方式、生产方式等。改革开放以来，乡村治理研究已经成为政治学研究的一个重要内容，主要是研究村委会的产生、运行机制和村级治理能力，党支部和村委会的关系，以及村级治理主体在农村管理、农村经济、农村社会、农村文化的发展中的治理能力和提升对策。有的学者也研究与村级治理相关的乡镇政府的治理，但大部分情况下乡村治理研究是以研究村级治理为主。

（三）乡级治理与乡村治理的异同

乡级治理与乡村治理研究的重点不同。乡级治理研究的重点是乡级治理主体之间、县乡之间、乡村之间的法理关系和实际运行中的关系，乡级治理的结构、权力来源、权力运行，乡级治理能力、治理绩效，以及如何实现治理主体多元化、治理结构科学化、治理过程透明化、治理方式法治化、治理能力现代化。乡村治理一般研究村级各级治理主体之间的关系、权力来源、权力运行，村级治理能力和治理绩效。二者关系是：乡级治理研究涵盖农村治理，是从更高层次研究村级治理，从乡级整体视野分析农村的治理；乡村治理一般只研究农村治理，但有的学者也涉及乡镇治理，其研究的范围有交集，但侧重点不同。

（四）农村城镇化

农村是从事农业、林业、牧业、渔业人群的聚居地，是与城市相对而言的，一般意义上也称为乡村。农村的特点：一是人口少、居住分散，在广袤的田野、茫茫草原、高山丘陵之间星罗棋布地分布着一些村庄，每个村落人口较少，一般在几十人到几千人；二是农村发展相对比较落后，与城市相比农林牧副渔业附加值较低，农村经济落后，人均收入较低。

农村城镇化是农村生产力发展的必然结果，也是农村生产力发展的体现。广义的农村城镇化是指农村人口向大中小城镇转移，产业向城镇化集聚，城镇数量不断增多，城镇规模不断扩大的历史过程；同时也包括城镇影响和带动农村发展，资金、技术、信息下乡，城市反哺农村，促进一、二、三产业融合发展，城乡一体化的历史过程。狭义上的农村城镇化是指农村区域城镇化，主要指县域范围内县政府和乡镇政府所在地的小城镇不断发展的过程，即建设具有浓郁乡土文化、现代产业和服务业发达、生态宜居、和谐美丽的小城镇，吸引农村人口向当地小城镇转移，非农产业向周边小城镇集聚，逐渐实现县域范围城乡融合发展的过程。

第四节　本书研究的思路、方法、创新点和不足

本书以马克思主义治理理论为基础，以田野调查、深度访谈、个案研究、比较研究、文献研究等为基本研究方法，对新型城镇化进程中的农村现状进行了深入的调查。在掌握大量数据材料的基础上，本书深入分析了新时期农村社会巨大变革及其对乡级治理的诉求，以及目前乡级治理中存在的困境，并在此基础上提出了推进乡级治理体系现代化的制度建构和提升乡级治理能力现代化的路径选择，其中一些观点具有创新性。但是乡级治理现代化研究是一个宏大的历史课题，本书的研究受理论水平、地域等方面的限制，有很多不足之处。

一　思路与方法

（一）研究思路

本书以历史唯物主义为指导，以实证研究为基础，梳理农村治理的历史变革，找出其发展的内在规律。在此基础上，深入分析农村生产力、生产关系的新变化及其对基层治理的诉求，剖析乡级治理体系和治理能力的现状及其滞后性的表征，借鉴国内外先进地区的一些治理经验和治理理论，科学构建适应农村发展的现代化乡级治理体系，探索推进乡级治理能力现代化的路径选择。

（二）研究方法

田野调查法。田野调查法是本书最主要的研究方法，是为避免从理论到理论的逻辑推演，也避免简单的拿来主义，尤其是对西方理论简单的改造，看似理论深厚，实则不符合中国国情，难以实施。乡级治理问题是理论问题，更是实践问题。要了解中国乡级治理的实际运用状态，只钻进书斋内是难以做到的，必须深入基层，到乡镇政府、到田间地头和乡镇干部、农民、新型经济组织管理者交朋友，聊天谈心，了解他们的思维方式、行动逻辑，付之以大量的调查才能真正了解农村的实际情况，为研究提供第一手翔实的资料和相关数据。本书是笔者在六年乡镇政府工作经验的基础上，历时两年零三个月，基于自己的调研，利用来自全国各地大学生的优势，对我国 16 个省 128个乡镇、368 名乡镇干部，以及 263 个村的 536 名村干部和 2617 户农民进行调查，掌握了大量数据并进行科学分析的基础上撰写而成。

案例研究法。本书选取 H 省 H 县李庄村作为个案进行研究，采取进村入户和深度访谈等方式，深入剖析了李庄村改革开放以来生产力、生产方式、生活方式、人口结构、人口素质等方面的变化及其对乡级治理的影响。同时对乡级治理改革创新典型案例，如步云乡乡长直选、大鹏镇"两票制"镇长选举、枫桥民主恳谈会等进行归纳分析，从而为推进农村乡级治理现代化的制度建构和路径选择提供经验借鉴。

文献研究法。本书以马克思主义基本原理为指导，深入分析农村生产方式、经济结构、生活方式的变革对乡级治理的诉求。同时在大量研究国内外关于治理、善治、治理现代化等理论的基础上，从政府和社会关系、治理结构、治理方式、治理能力等方面分析农村乡级治理现代化的内涵、特征及其运行机制。

比较研究法。本书将法律制度规定的乡镇政府职能、县乡关系、乡村关系和实际运行中的乡镇职能、县乡关系、乡村关系进行比较分析，找出法律规定和实际状况的差距；将历史上基层治理体系与现实治理体系相比较，找出其嬗变的规律；将中外乡级治理体系相比较，借鉴他山之石，塑造具有中国特色的现代乡级治理体系。

综合分析法。乡级治理涉及职权法定、乡村管理、乡村经济发展、乡村社会建设、乡村文化建设，其复杂性决定了它必然涉及法学、经济学、管理学、政治学、社会学等多个学科，因此本书的研究需要运用多学科综合分析法。

二　创新点和不足

(一)　研究的创新点

首先，本书尝试性地对乡级治理的概念给予界定，并阐述了乡级治理现代化的特征。

其次，本书深刻分析了新型城镇背景下，农村生产力、生产关系、社会阶层、人口结构、农民素质等方面历史性变革对乡级治理现代化的诉求，系统地剖析了治理主体、治理结构、权力生成机制、信息公开机制、监督机制、利益表达回馈机制、考评机制等方面存在的缺陷。进而分析了乡级政府在发展农村城镇化、农业现代化、政治民主化、社会保障、文化建设、生态文明建设等方面职能弱化的表征。

再次，本书提出推进乡级治理体系现代化的制度建构。构建乡级现代多元治理机制，为不同治理主体参与治理提供平台和制度保障；科学界定乡级政府职能，强化公共服务、社会管理职责职能；强化信息公开，建立权力清单和责任清单，完善信息共享机制；建立有效的监督制衡机制，畅通群众监督渠道；构建科学合理的考评机制，让群众成为考评乡镇干部的主体；畅通群众利益表达机制，依法维护群众的话语权；完善乡级权力民主生成和运行机制；依法界定县乡政府间权责，实现权责法定；理顺乡级政权机关与农村党支部和村委会的关系，构建现代国家和社会关系。

同时，本书论述了提升乡级治理能力的路径选择。一是阐述了提升乡级干部素质，优化乡级干部结构，培育乡级干部现代治理能力的路径；二是论述了提升乡级推进农业现代化、乡村政治民主化，繁荣农村文化，提高社会保障水平，建设生态文明能力的路径；三是论述了提升乡级建设具有历史记忆、地域特点、民族风情和现代产业体系、服务体系的特色宜居农村小城镇，建设具有一村一品、一村一景、一村一韵的魅力美丽乡村能力的路径。

最后，本书以政府、社会、市场良性互动为目标，重新界定乡镇政府职能及县乡、乡村关系，构建以农村社区为基础、乡镇政府为主导，县乡关系、乡村关系法治化的良性互动机制。

（二）研究的不足

首先，本书研究内容欠全面。乡级治理研究是一个复杂的系统工程，涉及治理主体、治理结构、治理职能、治理方式、治理主客体之间的关系、治理客体对治理主体的授权、监督和评判机制，以及治理主体中人的素质水平、治理能力等，本书对这些方面作了一定的研究。但是对治理主体中乡镇党委、政府、人大之间的关系虽有所论述，却没有作深入研究；对乡级治理文化、治理生态没有作过多的分析研究。

其次，本书调查和访谈对象的选取有局限性。笔者虽然利用来自各省的大学生，对 16 个省的一些农村进行了问卷调查，但是全国乡级范围之大，各地、各民族情况之复杂，本书也很难做到全面抽样调查，所以本研究主要以华北、东北乡级治理为研究对象，而访谈多为河北、河南、吉林、黑龙江等省，因此研究的成果就有一定的局限性。

第五节　本书的基本框架

本书以马克思主义治理理论为基础，吸收当代治理理论研究成果，在对中国传统治理理论扬弃的基础上，结合对"百村千户"（263 个村 2617 户）农民的调查和对一些乡镇干部的调查访谈，深入剖析了新型城镇化进程中中国农村正在发生的历史性变革及其对乡级治理现代化的诉求，结合中国乡村政治文化传统和政治体制现状，从四个维度对推进乡级治理现代化进行了较为系统的研究。

第一部分：回顾了中国乡级治理的历史变迁。任何治理创新都不能脱离历史文化和已有的治理路径。在传统社会，乡级治理经历了乡官制到职役制的演变。农耕文明和儒家文化孕育了皇权、族权和绅权三权融合、相互依存、相互制约的乡级治理特质。近代以来，从清末乡镇自治制度创设到民国时期乡村建设派的实践，其虽有历史局限性，但都是为挽救民族危机、实现国富民强的有益尝试。

其后，中国共产党在根据地成功开展乡级民主治理。原苏区乡级民主治理从选举法创设到实践探索卓有成效。抗日根据地乡级民主选举富有特色，针对基层群众文化水平低下的实际情况，创造了画圈法、投豆法等选举办法，体现了普遍性、直接性和平等性的特点，成为当时中国基层民主治理的楷模。

中华人民共和国成立初期乡级人民代表大会通过普选产生，并由乡级人民代表大会选举产生乡级人民政府，乡级政府有效地开展土改和社会经济文化管理。1958—1983 年，实行政社合一的人民公社管理体制，国家权力延伸至农户，农民生产生活自由几乎被取消，国家和社会融为一体，这一治理模式超越了生产力，违背了农民的意愿，扼杀了农民的积极性和创造性，阻碍了生产力发展。

改革开放以来，在乡级治理体系中废除人民公社，建立乡政府，乡政府在推进农村改革、发展文化教育、维护社会秩序等方面发挥了重要作用。但是自 1994 年分税制实施到世纪之交，县级财政异常困难，乡级政府成为县政府的"税费征收机关"，导致一些农村干群关系紧张，大规模群体性事件时有发生。"基层政权借国家的名义侵蚀地方公共利益，造成政权的基层与地方社会分离，从而引发乡村社会失序。"①在乡级治理举步维艰时，云南、广东、江苏等省的一些地区先后进行了乡镇治理体制改革，对推进乡级治理现代化进行了积极探索。

第二部分：在深入调研的基础上，分析了农村历史性变革对乡级治理现代化的诉求。中国农村正在经历着从小农经济到现代大农业的历史性变革，农村生产力得到空前发展，机械化、电气化、自动化、信息化生产方式和形式在农村应用较为广泛，为农业现代化发展提供了条件，也要求建立与其相适应的现代化治理方式。农村新的社会阶

---

① 赵树凯：《乡镇治理与政府制度化》，商务印书馆 2010 年版，第 6 页。

层正在形成，新型合作社、家庭农场等新型经济组织迅速发展，逐渐形成了农村企业主、职业农民、农民工、村干部、传统农民等社会阶层，不同阶层利益诉求不同，如何构建保障和协调各阶层利益的现代治理体系，已经成为一个亟待解决的历史性课题。农村大规模人口流动使农村年龄结构、性别结构严重失衡，深深地影响着乡级治理，对乡级治理提出了新的挑战。农民的民主素养、法律素养、文化素养显著提高，对乡级治理现代化提出了要求，创造了条件。

整体来讲，农村生产力、生产方式、人口结构、社会阶层、农民素养等治理环境的深刻变化，既为乡级治理现代化提出了新要求，也为乡级治理现代化创造了条件，要求构建治理主体多元化、权力生成民主化、权力运行法治化、利益表达制度化、绩效考核科学化的现代化治理体系，培育建设现代农村小城镇、发展现代农业和建设美丽乡村的现代治理能力。

第三部分：剖析了推进乡级治理体系和治理能力现代化面临的突出问题。进入 21 世纪，中央提出新农村建设目标，确立了"以城带乡、以工补农"的发展战略和"多予、少取、放活"的方针，实施取消农业税、完善农村社会保障等一系列惠农政策，乡级政府的服务职能逐渐凸显，在农村社保、基础设施建设、环境卫生等方面发挥了较大作用，有力地推进了新农村建设的历史进程。但是由于制度路径依赖，治理理念、治理体制机制没有随着农村经济社会变化而及时创新，乡级治理仍然滞后于农村经济社会发展。

一方面，乡级治理体系缺乏现代化特质。一是治理主体单一，农民、新型社会组织处于被治理状态，缺乏参与管理的体制机制；同时乡级治理权力被分割为"七站八所"，碎片化严重，缺乏整体性、协调性。二是考评体制不科学，治理客体评价缺位；同时监督机制不健全，群众监督缺乏平台和制度保障。三是农民利益表达非制度化，话语权缺失，群体性事件时有发生。四是乡级政府和村委会之间法定的指导与被指导关系，扭曲为领导与被领导关系。五是县乡关系职责不清、权责不明，一些地方县乡关系呈现"随意性""人治化"。六是乡级官员权力产生机制存在缺陷，按照政治学、社会学的基本原则，谁授权就对谁负责，只有群众真正被有效授权，乡级干部才能对群众负责。目前一些地方乡级党政领导干部形式上是由党代会和人代会选举产生，实际上是由上级党政领导任命，造成了一些乡级领导唯上级领导命令是从，形式主义、官僚主义严重。在访谈时，一位乡党委书，县委书记开会时公开对他们讲，不要怕群众骂你，你能否升迁我说了算。① 一位镇长说，县委领导在开会时常讲，县交办的任务你完不成，写辞职报告，有人能完成任务。② 还有退休镇长讲，县长曾经让他做违规的事情，他对县长说，这件事与国家政策有冲突，当时县长就说，国家政策上也没有写让你做镇长。其言外之意就是镇长是我让你做的，我让你干什么你就干什么。③ 可见，乡级干部不对群众负责的根源是乡级治理权力生成体制存在问题。

另一方面，乡级现代治理能力弱化。一是部分乡级干部素质低，服务意识、奉献精神有待提高，科学决策能力不够，组织协调能力较差，依法行政能力不强，甚至少数乡镇干部不作为、乱作为现象严重。二是乡级治理主体在维护农村市场秩序，促进农业规模化和产业化经营，发展现代农业方面能力不强。三是推进农村民主政治建设，维护农民政治权益能力有待提升。四是供给公共产品能力不足，发展农村教育、繁荣农村文化、建设农民精神家园能力较差。五是保护农村环境，建设美丽村镇，促进农村生态文明建设措施不够。

第四部分：从完善乡级治理体系、提升乡级治理能力两个层面，提出了推进乡级治理体系和治理能力现代化的对策建议。

推进乡级治理体系现代化的制度建构。构建多元治理机制，为农民、农村新型经营主体、新型职业农民构建参与乡级公共事务管

---

① 2002 年 10 月，在和一位在黑龙江省委党校学习的乡镇党委书记谈话时他讲的大概意思，当时农村治理环境是税费、计划生育任务重，干群关系异常紧张，县乡关系严重扭曲。

② 2014 年 12 月，在和一位镇长谈话时，他讲到县委书记在布置拆迁、城中村改造等难度较大任务时的讲话内容。

③ 2015 年 6 月，在对一位退休乡镇长访谈时，他讲到县长要让他所在的镇进行违规征地时所发生的事情。

理、监督的平台和制度保障；科学界定乡级政府职能，强化公共服务、社会管理职责和推进农村小城镇建设的能力；强化信息公开，建立权力清单和责任清单，完善信息共享机制；建立完备有效的监督制衡机制，畅通群众监督渠道；构建科学合理的考评机制，让群众成为考评乡级干部的主体；畅通群众利益表达机制，完善信访制度、民主恳谈制度，维护群众的话语权和正常利益诉求；依法界定县乡政府间权责，实现权责法定；理顺乡级政权机关与农村党支部和村委会的关系，构建现代国家和社会关系。乡级治理的中枢是乡镇党委政府，推进乡级党政领导干部权力生成体制改革，逐步实行乡镇党委书记由乡镇全体党员选举产生，乡镇长由符合选举资格的公民直接选举产生的体制，是完善乡级治理体系、提升乡级治理能力的治本之策。

推进乡级治理能力现代化的路径选择。乡级治理能力现代化是国家治理能力现代化的重要组成部分，推进乡级治理能力现代化有以下路径：提升乡级干部的学习能力、科学决策能力、组织协调能力和依法治理的能力；提升乡级治理主体建设具有历史记忆、地域特点、民族风情，具有现代产业和现代服务体系的美丽特色村镇的能力；具有引导农业规模化经营和推进农业现代化发展的能力；具有推进农村民主政治建设、发展政治文明的能力；具有发展农村文化教育，涵养乡风文明，建设农民精神家园的能力；具有维护乡村治安、化解乡村矛盾，应对乡村突发事件，促进乡村社会和谐的能力；具有提升保障和改善民生的能力；同时加强乡村生态环境和文化遗存保护，建设一村一品、一村一景、一村一韵的魅力村庄和宜游宜养的森林景区。

综上所述，要通过创新乡级治理体制机制，构建多元、民主、法治、透明、高效的现代化乡级治理体系，全面提升乡级经济建设、政治建设、文化建设、社会建设、生态建设能力，促进农业现代化发展和美丽村镇建设，使新型工业化、城镇化、信息化、农业现代化相互融合、相互发展、相得益彰，为实现国家治理体系和治理能力现代化奠定基础。

第六节　本书研究的理论基础

马克思主义关于治理的理论是本书研究的指导思想。马克思、恩格斯虽然没有明确提出关于国家和社会治理的理论，但是马克思、恩格斯关于未来社会治理的终极目标是实现人自由而全面的发展，以及在民族国家仍然存在的历史条件下，无产阶级国家治理要构建"议行合一"的民主管理体制，让人民真正成为国家和社会的治理主体，充分发挥国家的社会职能，维护人民权益，这些思想是我们研究国家治理必须坚持的基本原则。列宁在社会主义国家治理实践中，形成了一系列关于国家治理的思想，如加强法治建设、发展社会主义民主、强化监督、反对官僚主义、发挥人民在国家和社会治理中的主体作用等思想，在今天仍有重要的理论价值。中国共产党人在革命根据地、社会主义建设和改革开放的治理实践过程中，不断丰富和完善国家和社会治理理论，形成了富有中国特色的国家和社会治理理论，这是本书研究乡级治理现代化的逻辑起点和理论基础。

一　马克思主义经典作家的治理理论

（一）马克思、恩格斯关于治理的理论

马克思、恩格斯在深入研究国家的产生、发展、消亡规律及其本质的基础上，深刻剖析资产阶级国家治理的阶级局限性，分析了国家的阶级职能和社会职能，探讨了市民社会与国家政权的关系、地方自治和中央政权的关系，总结了巴黎公社治理的经验教训，提出了无产阶级取得政权后，社会主义国家的治理理念、治理主体、治理方式等一系列理论。

关于实现人自由而全面发展的治理理念。马克思历史唯物主义认为，治理理念决定着治理方式，有怎样的治理理念就会产生怎样的治理方式和治理效果。马克思在深刻分析国家阶级性的基础上，认为国家是阶级统治的工具，成为一部分人压迫和奴役另一部分人的工具。他特别强调，资本主义社会使生产力得到空前发展，为人的全面发展

创造了必要的物质条件，但"同时也是最彻底地取消个人自由，而使个性完全屈从于这样的社会条件，这些社会条件采取物的权力的形式而且是极其强大的物，离开彼此发生关系的个人本身而独立的物"①。"一切发展生产的手段都变成统治和剥削生产者的手段，都使工人畸形发展，成为局部的人，把工人贬低为机器的附属品，使工人受劳动的折磨，从而使劳动失去内容。"② 在批判封建专制国家和资本主义非理性和非道德治理的基础上进而指出，在国家尚不能完全消灭的情况下，无产阶级国家的治理理念要坚持人本主义，把实现人自由全面发展和生活幸福作为国家治理的终极目标。马克思指出："自由确实是人的本质，因此就连自由的反对者在反对自由的现实的同时也实现着自由……没有一个人反对自由，如果有的话，最多也只是反对别人的自由。"③ 而无产阶级国家治理就是要实现绝大多数人的自由全面发展和生活幸福，这也是判断是否是善治的根本标志。马克思指出："不是理性自由实现的国家就是坏的国家。"④ 未来的共产主义社会治理首要目标就是要消灭阶级差别，进而消灭国家，建立自由人的联合体，在那里每一个人都能得到自由而全面的发展。

　　关于实行民主和自治的治理方式。为了实现人的自由全面发展，马克思、恩格斯认为在民族国家仍然存在的时期，社会主义国家基本治理方式是实行真正的人民民主制度，实行普选制。马克思在批判分析各种政治制度之后指出："在真正的民主制中政治国家就消失了。"⑤ 在巴黎公社胜利后，马克思从克服资产阶级分权制的弊端出发，提出了建立在普选基础上的"议行合一"的公社治理模式。马克思强调："公社必须由各区全民投票选出的市政委员组成……这些市政委员对选民负责，随时可以罢免。其中大多数自然会是工人，或者是公认的工人阶级代表。它不应当是议会式的，而应当是同时兼管

---

① 《马克思恩格斯全集》第31卷，人民出版社1998年版，第43页。
② 《马克思恩格斯全集》第23卷，人民出版社1972年版，第196页。
③ 《马克思恩格斯全集》第1卷，人民出版社1995年版，第179页。
④ 同上书，第226页。
⑤ 同上书，第282页。

行政和立法的工作机关。"① 马克思在总结巴黎公社经验时指出："公社的存在自然而然会带来地方自治。"② 恩格斯在《1891 年社会民主党纲领草案批判》一文中进一步明确指出："省、专区和市镇通过由普选权选出的官吏实行完全的自治，取消由国家任命的一切地方的和省的政权机关。"③ 可见，实现民主制度和普选制是马克思、恩格斯关于国家治理的重要理论，是实现人民主权的制度保障。

关于人民主权、"市民社会"和国家政权的辩证关系理论。马克思指出："人民的主权不是从国王的主权中派生出来的，相反地，国王的主权倒是以人民的主权为基础的。"④ 他认为："家庭和市民社会都是国家的前提，它们才是真正的活动者。"⑤ "决不是国家制约和决定市民社会，而是市民社会制约和决定他国家。"⑥ 马克思认为，只有实行"民主制"才能避免国家凌驾于社会之上，他指出："其他一切国家结构都是某种确定的特殊的国家形式。而在民主制中，形式的原则同时也是物质的原则。因此，只有民主制才是普遍和特殊的真正统一。"⑦

关于充分发展国家社会职能的理论。在国家的基本职能方面，马克思、恩格斯认为，国家的基本职能是阶级职能，维护本阶级的利益，但任何国家都必须重视和发展社会职能。恩格斯指出："政治统治到处都是以执行某种社会职能为基础，而且政治统治只有在它执行了它的这种社会职能时才能持续下去。"⑧ 马克思特别强调国家的发展公共教育这一基本的社会职能，他指出："国家的真正的'公共教育'就在于国家的合乎理性的公共的存在。国家本身教育自己成员的办法是：使他们成为国家的成员；把个人的目的变成普遍的目的，把

---

① 《马克思恩格斯文集》第 4 卷，人民出版社 2009 年版，第 189 页。
② 《马克思恩格斯选集》第 2 卷，人民出版社 1972 年版，第 375 页。
③ 《马克思恩格斯全集》第 22 卷，人民出版社 1982 年版，第 276 页。
④ 《马克思恩格斯全集》第 1 卷，人民出版社 1965 年版，第 279 页。
⑤ 《马克思恩格斯全集》第 3 卷，人民出版社 2002 年版，第 10 页。
⑥ 《马克思恩格斯选集》第 4 卷，人民出版社 1995 年版，第 196 页。
⑦ 《马克思恩格斯全集》第 1 卷，人民出版社 1965 年版，第 282 页。
⑧ 《马克思恩格斯选集》第 3 卷，人民出版社 1995 年版，第 523 页。

粗野的本能变成合乎道德的意向，把天然的独立性变成精神的自由；使个人以整体的生活为乐事，整体则以个人的信念为乐事。"① 马克思这些思想全面而深刻地分析了国家的两大基本职能：阶级职能和社会职能。阶级职能是国家的本质的反映，即国家是一个阶级统治另一个阶级的工具，国家的基本经济制度和社会制度都是为了维护其所代表阶级的利益。但是，任何社会要发展，社会和谐稳定都是基础，当一个社会失去其稳定性，便会出现阶级对立、社会动乱、民族分裂，对于统治阶级和被统治阶级都是灾难，统治阶级的统治地位和阶级利益都将无法保证。因此，恩格斯指出政治统治只有在它执行了它的社会职能之后才能得以实现，也就是阶级职能是以社会职能为基础。从历史发展来看的确也是这样，英国、德国这些较早进入资本主义社会的国家，在其统治的早期处于自由资本主义时期，国家的阶级职能较强，社会职能弱化，阶级矛盾尖锐，不同形式存在的阶级斗争，严重威胁和动摇了这些国家的资产阶级的统治地位，威胁到资产阶级的阶级利益。为了缓和阶级矛盾，维护社会秩序，这些国家不断加强其社会职能建设，英国最早以法律形式确立了社会保障制度，德国和美国等西方国家相继建设完善的社会保障体系，西方国家的社会职能得到空前的强化。这些国家的阶级关系相对缓和，社会秩序也逐渐稳定。这就要求任何国家要稳定、要发展，就要充分发挥国家的社会职能，维护社会的和谐，激发社会的活力。

在地方治理方式上，马克思、恩格斯比较倾向于地方自治，认为地方自治能够更好地发挥地方的主动性和创造性，更好地实现民众的自我管理，维护民众利益。恩格斯指出："在整个革命时期，直到雾月政变为止，各省、各区和各乡镇的管理机构都是由人民自己选出的而可以在全国法律范围内完全自由行动的政权机关组成的；这种和美国类似的地方和省区自治制，正是革命的最强有力的杠杆，所以拿破仑在雾月政变以后，立刻就把这种自治制取消而代之以地方行政长官管理制，这种地方行政长官管理制到现在还保存着，自始就纯粹是反

---

① 《马克思恩格斯全集》第 1 卷，人民出版社 1965 年版，第 217 页。

动势力的工具。但是，地方的和省区的自治制虽然不与政治的和民族的中央集权制相抵触，然而它也并不一定与狭隘的县区的或乡镇的利己主义联在一起。"① 恩格斯进而分析道："需要单一的共和国。但并不是像现在法兰西共和国那样的共和国，现在的法兰西共和国同1798年建立的没有皇帝的帝国没有什么不同。从1792年到1798年，法国的每个省、每个市镇，都有美国式的完全的自治权，这是我们也应该有的。至于应当怎样组织自治和怎样才可以不要官僚制，这已经由美国和法兰西第一共和国给我们证明了，而现在又有澳大利亚、加拿大以及英国的其他殖民地给我们证明了。这种省的和市镇的自治是比例如瑞士的联邦制更自由得多的制度，在瑞士的联邦制中，州对联邦而言固然有很大的独立性，但它对专区和市镇也具有独立性。州政府任命专区区长和市镇长官，这在讲英语的国家里是绝对没有的，而我们将来也应该断然消除这种现象，就像消除普鲁士的县长和参政官那样。"② "省、专区和市镇通过由普选权选出的官吏实行完全的自治。取消由国家任命的一切地方的和省的政权机关。"③

（二）列宁关于社会治理的思想

列宁领导了社会主义革命和社会主义国家的建设实践，在社会主义国家建设实践中总结和提升了关于国家治理的理论。一是关于加强法治建设的思想，列宁认为宪法是治国理政的总章程，健全完备的法律制度是国家治理的基本保障。在十月社会主义革命胜利后，列宁领导制定和颁布了《苏俄宪法》《土地法令》《苏俄刑法典》《苏俄民法典》《苏俄劳动法典》《苏俄刑事诉讼法典》等法律，初步形成了苏维埃俄国的法律体系，为国家治理提供法律保障。二是关于发展社会主义民主、强化监督的思想。列宁高度重视社会主义民主制度建设，重视人民群众的选举权、监督权和罢免权，认为官员的权力只有由群众授予，官员才能对群众负责，才能从根本上铲除官僚主义产生

---

① 《马克思恩格斯全集》第7卷，人民出版社1982年版，第387页。
② 《马克思恩格斯全集》第21卷，人民出版社1982年版，第465页。
③ 《马克思恩格斯全集》第10卷，人民出版社1982年版，第462页。

的土壤。他指出："一切官吏由选举产生,并且随时可以撤换,他们的薪金不得超过熟练工人的平均工资。"① 三是反对官僚主义的思想。在国家政权建立后,列宁发现在苏维埃政权中同样存在严重的官僚主义,是社会的一个毒瘤,严重侵蚀着苏维埃的政权。为此,他特别指出,进行社会建设和管理,必须完善社会主义民主制度,建立完善的监督体系,发扬社会民主,从制度上减少官僚主义产生的根源。四是强调人民在国家和社会治理中的作用,国家是人民的国家,社会是人民的社会,无产阶级政党是人民的政党。所以列宁多次强调,进行社会建设和管理,要依靠人民群众,动员一切社会力量,必须"采取一系列逐步的、经过慎重选择而又坚决实行的措施,以吸引全体劳动人民自动参加国家的管理工作"②。列宁关于国家和社会治理的思想和观点较为丰富,为我们党进行国家治理提供了理论借鉴。五是肯定地方自治的积极作用,发挥地方积极性。列宁明确指出:"民主集中制不但丝毫不排斥自治,反而以必须实行自治为前提。"③ "真正民主意义上的集中制的前提是历史上第一次造成的这样一种可能性,就是不仅使地方的特点,而且使地方的首创性、主动精神和各种各样达到总目标的道路、方式和方法,都能充分顺利地发展。"④ 他进一步指出:"民主集中制决不排斥自治和联邦制,同样,它也丝毫不排斥各个地区以至全国各个村社在国家生活、社会生活和经济生活方面有采取各种形式的完全自由,反而要以这种自由为前提。"⑤

二 中国共产党的治理理论

中国共产党以马克思主义为指导思想,以全心全意为人民服务为宗旨,以实现国家独立、人民幸福为己任,以实现共产主义为奋斗目标。党在新民主主义革命时期、社会主义革命和建设时期、社会主义

---

① 《列宁全集》第29卷,人民出版社1985年版,第115页。

② 《列宁选集》第3卷,人民出版社1972年版,第745页。

③ 《列宁全集》第34卷,人民出版社1985年版,第139页。

④ 同上书,第140页。

⑤ 同上书,第13页。

改革开放的新时期，在治国理政的实践中，始终把人民的政治权益、经济权益、文化权益、社会权益放在首位，并不断完善社会主义国家的政治制度、经济制度、文化制度和社会制度，构建了符合中国国情、富有中国特色的治理理论。

（一）毛泽东的治理思想

以毛泽东同志为核心的党的第一代领导集体关于国家治理的理论十分丰富，其中人民主权理论是其重要思想。毛泽东多次强调，中国共产党是无产阶级政党，国家是人民的国家、政府是人民的政府，维护人民利益、实现人民幸福是国家治理的最高价值追求。毛泽东指出，人民，只有人民，才是创造世界历史的动力。"共产党是为民族、为人民谋利益的政党，它本身决无私利可图。它应该受人民的监督，而决不应该违背人民的意旨。它的党员应该站在民众之中，而决不应该站在民众之上。"①"我们的权力是谁给的？是工人阶级给的，是贫下中农给的，是占人口百分之九十以上的广大劳动群众给的。"②党就是要组织人民当家作主，是人民赋予了政府权力，让人民来监督政府，政府才不会人亡政息。1945 年 7 月，毛泽东和黄炎培在延安进行了著名的"延安窑洞对话"，黄炎培问毛泽东主席，中国历朝历代都没有跳出"其兴也勃焉、其亡也忽焉"的历史周期律，中共诸君如何跳出这一周期律。毛泽东指出，我们已经找到跳出历史周期律的新路，这就是民主，只有让人民来监督政府，政府才不敢松懈。只有人人起来负责，才不会人亡政息。毛泽东要求广大党员干部在治国理政中，"要按照群众的需要和自愿。一切为群众的工作都要从群众的需要出发，而不是从任何良好的个人愿望出发。这里是两条原则：一条是群众的实际上的需要，而不是我们脑子里头幻想出来的需要；一条是群众的自愿，由群众自己下决心，而不是由我们代替群众下决心"③。毛泽东提出的群众路线是我党的生命线，密切联系群众是我

①《毛泽东选集》第 3 卷，人民出版社 1991 年版，第 809 页。

②《建国以来毛泽东文稿》，中央文献出版社 1998 年版，第 581 页。

③《毛泽东选集》第 3 卷，人民出版社 1991 年版，第 1012—1013 页。

党的优良作风和最大优势，是国家和社会治理中必须坚持的原则。毛泽东所提出的实事求是、一切从实际出发是党的思想路线，也是国家和社会治理必须坚持的思想路线。

（二）邓小平的治理理论

以邓小平同志为核心的党的第二代领导集体在治国理政的实践中，形成了推进党和国家领导制度改革、加强民主法制建设、维护社会公平正义、完善基层治理体制、保障人民权益的治理理论，为我们推进治理体系和治理能力现代化提供了治理指导。

加强民主与法制建设是邓小平国家治理理论的基础。他强调，制度带有根本性、长期性和稳定性，民主和法制是国家长治久安的重要保障。邓小平认为，由于历史政治文化的影响，以及中华人民共和国成立后党和国家的领导体制的不完善，在国家的治理中缺乏民主和法制，人治色彩浓厚，也正是这些原因才导致"文化大革命"这样长期的错误。正如邓小平指出："我们过去发生的各种错误，固然与某些领导人的思想、作风有关，但是组织制度、工作制度方面的问题更重要。这些方面的制度好可以使坏人无法任意横行，制度不好可以使好人无法充分做好事，甚至会走向反面。"[①] 为此，邓小平提出改革党和国家领导制度，加强社会主义民主与法制建设，用制度根除封建主义、官僚主义、家长制作风产生的土壤。他强调："没有民主就没有社会主义，就没有社会主义的现代化。"[②] "为了保障人民民主，必须加强法制。必须使民主制度化、法律化，使这种制度和法律不因领导人的改变而改变，不因领导人的看法和注意力的改变而改变。"[③] 在邓小平这一理论的指导下，我国改革了党和国家领导制度，完善了人民代表大会制度，扩大了直选范围，发展了基层民主，拓宽了人民参政议政的渠道，保障了人民的民主权利。同时，加强法治建设，形成了较为完备的法律体系，建立健全了司法体制，培育了人民的法治意识、法治观念。

---

① 《邓小平文选》第2卷，人民出版社1994年版，第333页。

② 同上书，第168页。

③ 同上书，第146页。

邓小平同样重视基层民主政治建设，他认为基层是群众直接生活和工作的地方，基层政府直接接触群众，发展基层民主让群众直接具有人民当家作主的感觉，能够更好地调动群众的积极性和创造性。他指出："要使人民有更多的民主权利，特别是要给基层、企业、乡村中的农民和其他居民以更多的自主权。"① 同时他又要求："把权力下放给基层和人民，在农村就是下放给农民，这就是最大的民主。我们讲社会主义民主，这是一个重要的内容。"② 发展基层民主，保障人民的权力是邓小平关于国家治理理论的重要内容。由于邓小平高度重视基层民主政治建设，改革开放以来，基层民主政治建设取得了较大进步，改革基层管理体制，建立乡级人民政府，实施村民自治，特别是1979年修改通过的《选举法》和《地方组织法》，规定扩大基层民主，县人大代表由选民直接选举产生。

邓小平关于社会公平效率的治理理念。公平和效率既是一个历史问题，也是世界范围内治理的一个悖论，如何处理公平和效率的关系，一直是各国专家学者和政治家关注研究的问题。在改革开放初期，针对"大锅饭、干不干都一样"而导致的生产力低下、普遍贫穷、低水平的"公平"，邓小平强调必须坚持按劳分配的原则，指出"不讲多劳多得，不重视物质利益，对少数先进分子可以，对广大群众不行，一段时间可以，长期不行"③。随着改革开放的发展，社会生产力得到了一定的发展，针对社会上出现贫富分化这一现象，邓小平指出："社会主义的目的就是要全国人民共同富裕，不是两极分化。如果我们的政策导致两极分化，我们就失败了。"④ "让一部分人、一部分地区先富起来，大原则是共同富裕。一部分地区发展快一点，带动大部分地区，这是加速发展、达到共同富裕的捷径。"⑤ 正确处理公平和效率的关系，促进社会公平，是社会主义的内在要求，是邓

①　《邓小平文选》第3卷，人民出版社1993年版，第210页。

②　同上书，第252页。

③　《邓小平文选》第2卷，人民出版社1994年版，第146页。

④　同上书，第110—111页。

⑤　同上书，第166页。

小平治国理政的重要价值追求，更是今天国家治理的核心理念之一。

在农村治理上邓小平遵循实事求是的原则，尊重农民的首创精神，把发展农村生产力放到首位。1958 年"大跃进"及三年自然灾害后，如何发展农村生产力、解决农民的吃饭问题成为首要问题，邓小平鼓励和支持在一些农村进行包产到户，他用生动易懂的"猫论"说明，不管哪种形式只要能够促进农村生产力发展，解决农民的生活问题，就采取哪种形式。改革开放初期，面对安徽包产到户的改革争论，邓小平指出："我们是社会主义国家，社会主义制度优越性的根本表现，就是能够允许社会生产力以旧社会所没有的速度迅速发展，使人民不断增长的物质文化生活需要能够逐步得到满足。"[①] 正是在邓小平的支持下，中国的改革开放才得以从农村破土，成燎原之势。尊重群众的首创精神，就是群众路线的最好践行，是治理创新的重要理念。

(三) 从江泽民到习近平总书记的治理理论

江泽民对基层民主治理非常重视，强调要完善基层民主制度，丰富民主形式，拓展民主渠道，切实保障群众的选举权、决策权、管理权和监督权。1998 年他在安徽考察时指出："扩大农村基层民主，保证农民直接行使民主权利，是社会主义民主在农村最广泛的实践，也是充分发挥农民积极性、促进农村两个文明建设、确保农村长治久安的一件带根本性的大事。要在农村基层实行民主选举、民主决策、民主管理和民主监督。"[②]

胡锦涛提出了以人为本的治理理念，明确了建设社会主义和谐社会的治理目标，强调要加强和创新社会管理，形成党委领导、政府负责、社会协同、公众参与、法治保障的社会管理体制，坚持上下结合，综合治理和标本兼治的原则，创新社会治理方式，提高社会治理能力和水平，维护社会和谐稳定。在农村基层治理方面，胡锦涛指出

---

① 《邓小平文选》第 2 卷，人民出版社 1994 年版，第 128 页。
② 《江泽民文选》第 2 卷，人民出版社 2006 年版，第 136 页。

要深入总结各地的实践经验，进一步完善符合中国国情的农村基层治理机制，要求在农村实施"四议两公开"制度，进一步完善农村民主管理制度，保障农民的各项权力。

习近平总书记国家治理理论尤其丰富而深邃。一是首次把推进国家治理现代化确定为国家发展战略。他认为，要实现国家社会长治久安和永续发展，就必须要有一套科学的、完备的、定型的治理体系予以保障。为此，党的十八届三中全会把完善和发展中国特色社会主义制度、推进国家治理体系和治理能力现代化，作为深化改革的总目标。习近平总书记指出，推进国家治理现代化是适应国家现代化总进程，提高党的执政能力、执政水平，实现国家管理规范化、法治化的必然要求。我们应当清楚地看到我国治理体系和治理能力整体上适应国情、具有独特的优势，但是在体制机制上还存在一些问题，这就要求我们以最大的决心和勇气，以一种历史的责任感，来推进我们的各项改革，实现治理体系和治理能力现代化。二是提出要全面推进依法治国。习近平总书记强调，全面推进依法治国是中国特色社会主义的本质要求和重要保障，要建设法治中国，推进法治国家、法治政府、法治社会的一体化发展，就要坚持科学立法和民主立法，建立完备的法律体系；要改革司法体制，保障司法的公平公正，用法律来维护社会公平正义；要在全社会弘扬法治精神，形成严格执法、公正司法、全民守法的社会文化，让尊重法律、敬畏法律成为我们的文化基因。三是要提高整个民族的素质。人是治理的主体，也是治理的客体，一个民族的素质决定了其治理方式、治理水平和治理能力。为此，习近平总书记指出，实现国家治理现代化关键是人的现代化，要不断提高人民的文化素养、法治素养，特别是要抓住领导干部这个关键的少数，提高领导干部的道德素质、治理水平和治理能力。领导干部要有责任意识、担当意识、创新意识、奉献意识、法治意识，要善于学习，系统学习马克思列宁主义和党的理论、方针、政策，以及管理学、社会学、经济学等知识，既要能够前瞻未来，又要能深入群众、深入基层，创造性地开展工作，使每一名领导干部都具有较强的治国理政的能力。

三 国外的基层治理理论

基层治理理论是西方治理理论的重要内容。西方基层管理理论源远流长，20 世纪 80 年代，在公共管理理论基础上形成的基层治理理论内涵丰富，主要内容包括以下几个方面。一是强调多中心治理理论，认为基层治理有别于高层治理，高层治理的核心主要是顶层制度和法律的设置，基层治理的重点在于执行和服务，保证国家治理理念、法律制度得到有效落实，同时回应基层民众的关切，增加高质量公共产品的供给，让基层民众满意。而要做到这些，单是政府单向行为很难奏效，于是在西方基层治理理论中就逐渐形成了让基层社会组织和民众参与治理的理论，强调将一部分政府权力让渡给社会，调动民众和社会组织在基层治理中的主动性和创造性。这样既有利于官民共治、官民融合，也有利于民众对基层官员的制约和监督，保证基层治理的绩效。二是基层治理理论强调政府和社会互动，崇尚地方自治的治理模式。基层民主是国外基层治理理论关注和研究的重点，也是现代地方治理理论的核心内容。埃莉诺·奥斯特罗姆强调自主治理的基础是民主选举、民主管理和民主监督等。三是关于基层自治的理论，西方学者对一些国家的地方自治的实践案例从理论上进行了剖析，分析了其历史渊源、制度优势，以及对整个国家制度构建的影响。如美国乡镇、德国市镇等均实行自主治理，社区居民拥有直接选举权、罢免权，保证了基层公共治理权力的民众所有，以及民众的授权。高度自治的基层政权，最典型的是英国和美国。英国地方自治色彩相当浓厚，基层直接选举治理井然有序，服务周到热情，得益于社区自治。美国这个年轻的移民国家里，早期的移民组建了一个个自治精神很强的乡镇，美国的民主是从乡镇自治发展而来，乡镇民主的方式在基层治理中收到较好的效果，民选社区官吏对社区的居民提供从治安到日常生活高质量的服务。法国著名的政治社会学家托克维尔对美国乡镇民主精神大加赞赏，并认为美国的民主正是发端于这种乡镇自治精神。民选社区管理者是发达国家社区发展较快、较好的一个重要原因，社区的发展和稳定，为整个国家的发展和稳定奠定了基础。

　　基层治理理论不但是发达国家治理理论的重点，也是发展中国家基层治理理论和实践的重要组成部分。近年来也有一些学者关注发展中国家的地方治理，他们认为一些发展中国家在理论和实践层面，吸收和借鉴发达国家的治理理论和治理经验，强调民主、多元、法治等治理理念，收到了较好的治理效果，甚至一些经济落后的国家在基层治理中也推行自治，收到了较好的效果。南亚七国的印度、巴基斯坦、孟加拉国、斯里兰卡、尼泊尔、不丹和马尔代夫等国家虽然政治、经济、文化、历史不同，但是具有特色各异的地方自治经验。印度自实现民族独立后基层社区就实行自治，逐渐形成县、区、村三级潘查亚特自治制度（Panchayat raj，亦称"五老会"制度）。区大体相当于中国的乡镇以及行政区划，人口一般在 3 万—10 万人，区审议会委员一部分由村民大会直接选举产生。特别是从 1976 年开始，鉴于间接选举的种种弊端，区评议委员会主席和副主席从由区评议会委员中间接选举产生改为由选民直接选举产生。其他在基层实施自治的国家，它们的基层政府的服务意识也都比较强，如韩国实行自治的襄阳郡相当于我国的一个县，全郡共有 400 多名公务员，他们的服务意识、工作效率极高。一些外国学者从基层民主自治中归纳了四大好处：一是有利于居民参与当地事务的管理，调动居民参与管理的主动性、积极性；二是按照谁授权就对谁负责的原则，有利于增进地方政府的责任意识，有利于促进地方政府对当地居民负责；三是有利于地方官员深入民众之中，听取民众的诉求，为满足本地民众的偏好服务；四是给民众更多的选择，对基层政府不满意可以投反对票、罢免票。

第一章　乡级治理的历史沿革

在这样一个农耕文明源远流长的农业大国，农村、农民和农业是社会存续的根脉。在重农抑商这一基本治国方略影响下的中国传统社会，农业是国家治理的根基，成为国家财政的主要来源，农民能否安居乐业是历代王朝兴衰的根源。农耕文明聚族而居的生活方式，男耕女织的生产方式，忠厚守诚的文化传统，家天下的政治制度孕育了皇权、族权和绅权三权融合的乡村管理模式，从夏朝到清末，乡级治理经历了奴隶社会的里邑、乡遂制和封建社会的什伍制、乡亭制、都保制、里甲制、保甲制等制度的变迁，其脉络是从乡官制到职役制的发展和完善，其核心是探索对基层最大限度的管控和最低成本之间的制度设计。近代以来，在"欧风美雨"的影响下，为了救亡图存从清末乡镇自治制度创设到民国时期乡村建设派的实践，这些都是为挽救民族危机、实现国富民强的有益尝试。中国共产党领导的革命根据地的乡村民主治理，中华人民共和国成立后人民公社的曲折发展，改革开放后乡镇治理的创新，其经验教训都为我们完善乡级治理提供了借鉴。

第一节　传统社会农村乡级治理及其特征

纵观中国历史，乡村治理经历了乡官制、职役制、保甲制等不同的治理模式，这期间皇权、族权、绅权虽然在不同时期出现此消彼长的现象，但皇权、族权、绅权始终相互配合、相互制约，共同管控乡村社会。中国乡村社会治理模式根本上由农耕文明的生产方式和生产特点决定，自给自足的生产方式，田园牧歌的生活方式，鸡犬之声相闻的交往方式，决定了以家族为核心、以亲情为纽带、以乡绅自治为基础的治理方式。这种由农耕文明、乡里制度、家族关系、儒家文化相互作用而孕育的治理模式，使中国农村社会成为一个"超稳定体"。马克思曾经指出："亚洲各国不断瓦解，不断重建和经常改朝换代，与此截然相反，亚洲的社会却没有变化。这种社会的基本经济要素的结构，不为政治领域中的风暴所触动。"①

一　夏商至隋唐乡官治理模式

中国历史上第一个奴隶制国家夏朝，其管理是从部落联盟向国家治理的过渡，基层大部分还是部落治理模式，确切治理方式没有文字记载。商朝在基层实施里邑制，里邑是由一定区域内的奴隶、平民组成的基本单位。具体讲，八户为一井，一井为一邻，三邻为一朋，三朋为一里，五里为一邑，十邑为一都，一般一邑为 360 户。②邑是基层治理单位，这是中国历史上第一个相对完善的基层治理体系。

西周将诸侯领地划为"国"与"野"，以"郊"为界，"郊"以内设"六乡"，六乡由比长、里胥、族师、党正、州长和乡大夫组成。"郊"以外叫"野"，设"六遂"。《周礼》一书详尽记载了当时划分细密、职官赅备的乡里区划，在区划上为"六乡六遂"③。据《周礼》记载，国中"五家为比，使之相保；五比为闾，使之相爱；四闾为族，使之相葬；五族为党，使之相救；五党为州，使之相赒周；五州为乡，使之相宾"④；"五家为邻，五邻为里，四里为酂，五酂为鄙，五鄙为县，五县为遂。"⑤六乡分别设置比长、闾胥、族师、党正、州长、乡大夫等职，六遂则设有邻长、里宰、酂长、鄙师、县正、遂大夫等职。⑥西周治理体系中的乡里制度与后来的乡里制度差

①　《资本论》第 1 卷，人民出版社 1975 年版，第 397 页。

②　《古代乡村治理》，2013 年 5 月，中国村民自治展示中心（http://www.cmzz1980.com/207/218/271.html）。

③　赵秀玲：《中国乡里制度》，社会科学文献出版社 1998 年版，第 24 页。

④　（清）孙诒让：《周礼正义》第 19 卷，地官·大司徒。

⑤　（清）孙诒让：《周礼正义》第 29 卷，地官·遂人。

⑥　朱宇：《中国乡域治理结构：回顾与前瞻》，黑龙江人民出版社 2006 年版，第 54 页。

距较大，"西周国、野管理体制中存在乡和里的编制，乡是国都地区行政管理编制中最高级别，里是野内行政管理体系中比较低级的编制……'乡'和'里'已经作为单独的编制单位出现"①。

春秋战国时期，中国历史上第一次出现了大范围、长时期的群雄并起、诸侯争霸的局面。为加强对诸侯国内的控制和动员，各诸侯国加强了对管辖区治理和管控，以适应争霸图强的社会局势，各国逐渐采取和完善了郡县制，并在县以下设立乡—连—里—轨的治理体系。而秦国还建立了什伍制，即五人为伍，轨长帅之；五乡一帅，故万人为一军，五乡之帅帅之，这种军政合一的制度为秦国的统一提供了制度保障。从已有的史料看，当时基层治理体系已经非常完善，对乡村的控制已经非常严密，以适应当时社会战争和社会管理的需要。

秦灭六国，建立统一的秦王朝，为了避免群雄并起、诸侯争霸再次发生，维护帝国的统一，并希望万代相传，在政治体制上改变了分封制，从制度上消除诸侯争霸的根基，实行中央集权制，建立了一套体系完备、层级分明的管理体制。设立中央政府，下辖36郡，郡下设县，县下设乡、亭、里等乡里组织，具体讲：十里一亭，亭有亭长；十亭一乡，设三老、有秩、啬夫、游徼四职。

西汉基本上承袭秦朝的乡村治理体系，在全国范围内建立了乡、亭、里三级组织，十里为一亭，十亭为一乡。"西汉平帝时全国有县道邑国1587，乡6620，平均每县四乡有余；东汉有县道邑国1180，永兴元年（153年）有乡3651，平均每县三乡有余。"② 乡设置三老、有秩、啬夫、游徼，有秩隶属郡府委派管理，啬夫、游徼隶属县衙委派管理，三老在乡村社会地位很高，但他们属于"编外官员"，没有行政职务，没有国家俸禄。可见，秦汉乡亭基层治理体系，是皇权与乡村士绅相互结合的体制，表明当时封建国家对基层社会的控制还相对较宽松。

---

① 卜宪群：《春秋战国乡里社会的变化与国家基层权力的建立》，《清华大学学报》（哲学社会科学版）2007年第2期。

② 孟祥才：《中国政治制度通史》第3卷·秦汉，人民出版社1996年版，第236页。

魏晋和南朝基本上是沿袭汉制，实行乡、亭、里制。晋令中记载的基层管理制度："县户五百以上皆置乡，三千以上，置二乡，五千以上，置三乡，万以上，置四乡，乡置啬夫一人。乡户石每千以下，置治书吏一人；千以上，置史、佐各一人，正一人；五千五百以上，置史一人，佐二人。县率百户置里吏一人，其土广人稀，听随宜置里吏，限不得减五十户。户千以上，置校官掾一人。"① 在这一时期由于战乱频繁，社会持续动荡，一些百姓为了生存，避免战乱，重新聚集到战乱较少的地方，形成了新的居住地，他们称为"村落"，在中国历史上第一次出现了"村"的名称，乡村治理开始萌芽。

总体来看，夏商周特别是秦汉魏晋都非常重视基层治理，基层治理体系日臻完备，乡和里在整个治理体系中的作用非常重要，同时出现了村这一概念。在官职的选任上乡官主要由官派产生，辅以民间推选，故称为"乡官治理模式"。

二　唐宋至清末的职役制模式

唐朝是从乡官制向职役制的过渡期。隋唐时期，我国封建社会进入鼎盛时期，封建帝国的版图日益增大，封建社会的官僚体制也日臻完善，官僚体系逐渐庞大，治理成本也不断提高，而农村的生产力发展极其缓慢，生产水平相对低下。中央政府在农村可汲取的经济资源有效，为了减少财政开支，逐渐开始了"王权止于县政"的历史时期，县以下的管理体制逐渐由乡官制向职役制转变。特别是安史之乱以后，户籍人口锐减，户籍人口已从天宝十四年（755）的900余万户锐减至190余万户，减少了700余万户。② 农村所能提供的资源已经完全不能支持庞大的官僚体系运行了，故"唐宣宗时，观大中九年之诏，然后知乡职之不易为，故有轮差之举……自是以后，所谓乡亭之职，至困至贱……其困蹐无聊之状，则与以身任军旅土木之徭役者无以异。而至于破家荡产不能自保，则徭役之祸，反不至此也。然则

---

① 《晋书》卷24《职官志》。
② 商兆奎：《唐代乡村治理问题研究》，博士学位论文，西北农林科技大学，2011年。

差役之名，盖后世以其困苦卑贱同于徭役而称之，而非古人所以置比间族党之官之本意也"①。即县以下皇帝不再直接派官员管理，而是由族长和乡绅共同治理，或大户轮流"当差"和"服役"，而族长、乡绅或当差的大户，一般是"不吃皇粮"，这样中国乡村治理的职役制就在唐朝逐渐开始。

宋朝初期，国家财政依然紧张，在乡村治理上仍然沿用职役制，农家大户轮流当差，"以里正、户长、乡书手课督赋税，以耆长、弓手、壮丁逐捕盗贼……各以乡户等第差充"②。官府既把完税、押运和保护官物的重责向里正、户长们强行摊派，也把责任风险和行政成本转嫁给他们。从民户中选取差役时明确规定以资产为标准，因为"有财力的大户有能力承担运输中的各种费用，一旦毁失官物，也可用其家产抵偿，不致使官府遭受损失"③。这一时期职役制逐渐形成和完善。宋朝中后期，由于北方连年战争，宋朝军费急剧增长，财政严重空虚。为了进一步减少军费开支，维护地方治安，王安石在变法中推行"保甲制"，变革基层管理制度，规定"凡十家为一保，选主户有材干、心力者一人为保长；五十家为一大保，选主户最有心力及物产最高者一人为大保长；十大保为一都保，仍选主户最有行止、心力材勇为众所伏，及物力最高者二人为都、副保正"。家有两丁以上者，选一人做保丁，授以弓弩，教之战阵，平时为民，从事生产，维护地方治安；战时为兵，为国效力。

元朝实行里甲制与村社制并存的制度。元朝地域辽阔，在农村治理中实施里甲制。元朝的乡里制度在组织方式上比较复杂，其官职的设立和废除交替不定，组织形式的名称纷繁复杂：有里，有村，有坊，有保，都根据本地的风俗习惯称呼。里甲的职责主要是管理户口，催征赋役，掌控治安，里正一般由上等户充任，轮流担当。元朝为了发展生产，维护社会稳定，改变蒙古族重牧轻农的社会风气，在

① 《文献通考》卷13，《职役考二》，历代乡党版籍职役。
② 《文献通考》卷12《职役考一》，历代乡党版籍职役。
③ 魏峰：《论衙前在北宋的转化》，《宁夏社会科学》2002年第6期。

农村设立村社组织，主要负责劝课农桑，管理农业生产，处理民众事务，其首领不具有官员身份，只行职役之责。元朝乡级自治得到进一步发展，在乡村设置村社之约，即后来的村规民约，以此来规范村民行为，乡村逐渐开办社学，对村民进行教化。元朝农村的这些"自治"因素，使得有论者提出，"比较完整意义上的中国村民自治的历史应始于元明时期"①。

明朝初期，为了加强对基层的管控，政府在全国推行里甲制，规定一百一十户中推选丁粮最多的十户作为里长，十户为一甲，设一甲首，里正没有俸禄，但听命于地方官吏的差遣，担负催征钱粮、徭役摊派、教化百姓、维护治安等任务。明朝后期，农村社会开始出现动乱现象，为了维护农村社会秩序，一些地方开始采用保甲制，其主要作用是维护农村社会秩序，对农民进行控制，辖区内的农民必须按照规定户数组成一个个大致均等的互保单位；保甲组织的首领可以由社区居民共同推举，但最终任免权掌握在地方官员手中。

清朝早期乡村治理以里甲制度为主，中后期为了强化对农村的控制实行保甲制。清朝地域辽阔，各地各民族文化丰富，其治理方式的历史传承差别较大，为此清朝县以下治理结构各地有所不同，但主要分为乡村两级治理结构。清朝前期乡级治理以里甲制度为主，在一些战乱地区也存在保甲制度，如顺治元年（1644），清廷即在直隶、山东推行保甲制，以稳定战乱后的社会秩序。清中后期，土地大量兼并，流动人口增加，商品经济发展，清朝改革赋税制度，实行"摊丁入亩"，里甲制失去了其社会基础。清政府在乡村的管理体制也将管理人口、赋税为主的里甲制度和以管理治安为主的保甲制度合并，实质上以保甲制度取代了里甲制度。雍正四年（1726），清政府在乡村社会治理中强化保甲制度，扩大了保甲制度的范围，把一些少数民族也纳入了保甲制度，严格规定了保长、甲长的任职条件和举荐办法。明确规定：保长、甲长由民众公举，报县官点充，其任职资格为诚实守信、有一定的文化、家境殷实，但是绅衿不能担任。保甲的职责是

① 赵秀玲：《村民自治通论》，中国社会科学出版社2004年版，第4页。

人口管理、税赋征收、治安维护、徭役摊派等，实质上承担一切地方管理的职能，是国家行政权力在农村的延伸。

三　传统社会乡级治理的特征

在数千年的基层历史中，由于经济、政治、文化的发展变化，乡村治理模式屡经变迁，经历了几个较为明显的历史阶段，表现出不同的制度规定和具体实践，乡村治理组织称谓多变、功能各异，其自治色彩也各有不同，体现出皇权族权绅权"三权"融合、重教善化、严刑峻法等共同特征。

（一）家国同构、"三权"融合

家是最小国，国是千万家，家国两相依。家国同构是中国农耕文明的产物，在自给自足的农业时代，家既是生活单位，也是生产单位。在生产力极其低下、社会保障制度几乎没有的社会，家族相依、乡里互助是农业社会存续发展的客观要求。国家是建构在以家庭、家族为组织体系的社会之上，最初的国家也是依靠家族来建立统治体系，逐渐演变为家天下的君主专制政治体制。"先秦时期，国王是国家之主，为天下大宗，诸侯、卿大夫和士是臣下，依次被封为不同等级的小宗，君臣关系犹如父子关系。秦汉以后，在政治制度的结构中，皇帝为国家至尊，是独一无二的最高统治者，为全天下的家长，国家是皇帝的私产，一切国家事务全凭皇帝意志处置。"[①] 在传统文化中"修身、齐家、治国、平天下"是无数知识分子的最高价值追求，在家国同构政治体制和政治文化的影响下，乡村社会组织就是以家庭为社会细胞，以血脉亲情为纽带，以家族为基础的社会结构体系，与之相适应的皇权和族权成为中国乡村治理中的重要力量。

在中国传统乡村治理中，皇权、族权、绅权"三权"相互融合、相互依存、相互博弈，共同制约和维护着乡村秩序，进而维护封建社会的统治根基。皇权在家天下的政治体系中是最高权力，"在封建的中国，皇权的权威，像基督教的上帝一样，无处不在，无时不有，只

---

①　张继良：《近代中国政治社会变革研究》，北京大学出版社 2013 年版，第 31 页。

要皇帝高兴并乐意，天下之事都可以由他管的，没有任何中间力量可以抵制、超越皇权的权威"①，可谓"普天之下，莫非王土；率土之滨，莫非王臣"。虽然自宋朝王安石推行保甲制后，皇权逐渐退出了直接的乡级治理，但是皇权通过族权、绅权牢牢地控制着乡村，维护乡村的秩序，攫取乡村资源。在宗法制的中国，家族是社会的重要组织，族长就是大家长，在一家之内具有绝对的权威，"族长是宗族的执法者及仲裁者，族长在这方面的权威是至高的，族内的纠纷往往经他一言而决，其效力不下于法官，有的权力甚至为法律所承认"②。

（二）重教善化、严刑峻法

传统社会的统治者，在完善强化对乡村政治统治的同时，采用封建礼教、文化进行精神控制，这也是最高层次的管控。"天道观念、大一统观念和纲常教义，这三者对于专制官僚统治的维护缺一不可"③，同时辅以法律规范和强制措施。一是强化皇权天授的政治文化，通过将皇帝神化为天子、将皇权神化为天授，皇帝在普通民众的心里逐渐成为神圣不可侵犯的神灵，这极大地钳制了人的思想，维护了皇权的地位。二是大一统的思想，这是中华文化的核心理念之一，"是小农经济分散经营，要求社会安定、国家保护的产物，它是特定的经济社会的反映，对于促进和维护国家统一，反对战争和国家分裂，进行大规模的生产和经济活动，无疑具有协调社会力量、组织社会资源的优势"④。这一思想成为中华民族的重要文化基因，陆游的"王师北定中原日，家祭无忘告乃翁"之所以能成为千古名言，就是因为它道出了中华民族渴望实现国家统一的情怀。三是礼教成为维护封建统治和社会秩序的基本规范，在传统社会伦理中，纲常礼仪深深地融入每个中国人的血脉之中，每个人的思维习惯和行为方式，都有意无意地被刻下其烙印。四是严刑峻法，中国几千年的传统治理是外儒内法，统治阶层一方面大肆宣传儒家思想，从思想上控制民众，另

① 张继良：《近代中国政治社会变革研究》，北京大学出版社 2013 年版，第 25 页。
② 瞿同祖：《中国法律与中国社会》，中华书局 1981 年版，第 3 页。
③ 王亚南：《中国官僚政治研究》，中国社会科学出版社 1981 年版，第 56 页。
④ 张继良：《近代中国政治社会变革研究》，北京大学出版社 2013 年版，第 35 页。

一方面又不断完善法律制度，以严厉的法律来约束限制人的行为。从春秋战国的儒法之争，到唐、明、清律法的逐渐完善，特别是基层严酷的连坐制，这些法律既规范了统治者的行为，也限制了民众的行为，维护着统治秩序，成为统治者治国之重器。

第二节　清末至民国的乡级自治运动

鸦片战争以后，在外国坚船利炮的打击下，清王朝的统治岌岌可危。为了挽救日益衰败的统治秩序，清王朝的一些有识之士开始主张学习西方的军事技术，开启以"自强、求富"为目的的洋务运动，进而推进君主立宪政治体制改革，在立宪思潮和君主立宪改革的浪潮中，推进地方自治成为宪政改革的一个重要组成部分。清政府颁布《城镇乡地方自治章程》，这是中国历史上第一个乡镇地方自治条例，虽然由于当时的历史条件，以及中国的政治文化影响，这一地方自治章程没有得到很好的实施，但是从制度层面开启了现代地方自治的历史。

一　清末乡级自治的尝试

19世纪中期以来，为了挽救民族危机，一批先进的知识分子和政治精英开始学习西方的治理理论和政治制度。黄遵宪、康有为、梁启超等人认为，改革君主专制，实行民主宪政是近代西方强盛的基础，只有推行宪政才能挽救国家的危亡，实现国家富强。在推行宪政中，他们认为基层自治是宪政的重要内容和主要标志，特别是日俄战争后，理论界出现了一股主张宪政和地方自治的热潮。在地方自治和宪政的声浪中，统治阶级中的部分开明人士也认识到实行宪政和地方自治的必要性。

在这样一个大的历史背景下，清政府决定将地方自治作为筹备立宪的重要事项，作为挽救清朝危机的重要政治举措。清末的地方自治分为两级，城镇乡级自治为下级自治。1908年，清政府颁布了《城镇乡地方自治章程》，在全国推行地方自治，其规定较为翔实，且具有可操作性。该章程共分九章一百二十一条，主要内容为：一是明确了界定城镇乡地方自治区域，乡级政府管辖的人口五万以上为镇，乡级政府管辖的人口不满五万者为乡，在乡镇实行自治；二是规定了城镇乡自治内容，主要有办学堂兴教育，修道路建桥梁，发展医疗卫生事业，兴办水利，发展农业，发展工商业，扶贫赈灾、社会养老等社会保障；三是设立自治机构，凡城镇自治设议事会、董事会，乡设议事会、乡董；四是规定了选民资格，选民资格为有本国国籍，男子年满二十五岁，居本城镇乡接续至三年以上，年纳正税或本地方公益捐两元以上；五是规定了城镇乡议事会人员名额及任期，议员以两年为任期，每年改选半数，若议员全数同时选任者，其半数即以一年为任满。自清政府颁布《城镇乡地方自治章程》和《城镇乡地方自治选举章程》后，江南一些地方开始组织推行地方自治，然而由于清政府实施自治政策只是为了应付时局危机，迎合世界民主潮流，应对国人的民主要求的权宜之计，其实质是维护封建专制统治，再加上其后期统治已经摇摇欲坠，清末地方自治没有得到真正实施。但是在客观上有利于使民众从臣民意识向公民意识转变，有利于打破家天下的国有观念，有利于培养人民的民主意识和权力意识。

二　民国时期的乡级治理

孙中山领导的中国资产阶级民主革命，以"民族、民权、民生"三民主义为指导思想。民族主义，反对清朝专治和列强的侵略，打倒与帝国主义相勾结之军阀，求得国内各民族之平等，承认民族自决权。民权主义，创设民主制度，人民有选举、罢免、创制、复决四权以管理政府，政府则有立法、司法、行政、考试、监察五权以治理国家。民生主义，其最重要之原则是平均地权和节制资本。在"三民主义"思想指导下，1912年颁布的《中华民国临时约法》把保障民权、实行地方自治作为其重要的内容，即使在军阀统治时期，一些地方也在尝试推行地方自治。

（一）孙中山的治理理论

伟大的革命先行者孙中山先生，在国家治理上有许多宝贵的理论，其中最为重要的是民主治理和地方自治的思想。《中华民国临时约法》是中华民国的建国纲领，是孙中山民权思想的主要体现，其中规定了公民的选举权、监督权和罢免权等基本权力。地方自治是孙中山治国理论的又一重要方面。按照孙中山的构想，地方自治当以县为单位，以实行民权、民生两主义为目的。他说："无分县自治，则人民无所凭藉，所谓全民政治，必无由实现。无全民政治，则虽有五权分立、国民大会，亦终未由举主权在民之实也。以是之故，吾夙定革命方略，以为建设之事，当始于一县，县与县联，以成一国，如此，则建设之基础，在于人民，非官僚所得而窃，非军阀所得而夺。"①孙中山认为，县为中国传统的国家行政管理单位，人民对县有深厚的观念认同，"事之最切于民者，莫如一县以内之事"。从政治与人文环境来说，县比省更适合作为自治单位，只有实行县自治才能实现直接民权。孙中山认为："中华民国之建设，必当以人民为基础；而欲以人民为基础，必当先行分县自治。"②

（二）乡级自治尝试

民国初期，内战连绵不断，虽然政府频繁更迭，但是在基层治理体制上延续清末的治理模式，把乡作为农村基层政权，有的时期也将"乡"改为"区"。受清末自治的影响，1921 年 7 月北洋政府公布《乡自治制》，在县下设立市、乡，市、乡均为地方自治组织，并设置议决、执行和监督机关，这些机关均由选举产生的。阎锡山受三民主义影响推行乡村自治，他讲"欲实现三民主义，除村政外，无法下手"，且"先总理曾评为藉村政以实行三民主义，最为相当，盖有由也"③。在民国乡村自治中，山西持续时间最长、影响最大、效果相对较好，1922 年阎锡山公布了《改进村制条例》，设置村公所、村民会议、村监察委员会等机构，山西乡村自治在一定程度上维护了乡村的稳定发展。1928 年南京国民政府在总结山西乡村自治的基础上，

---

① 陈旭麓、郝盛潮主编：《孙中山集外集》，上海人民出版社 1992 年版，第 35—36 页。

② 《孙中山全集》第 7 卷，中华书局 1985 年版，第 67 页。

③ 《山西村政汇编》第 8 卷，山西村政处，1929 年。

先后颁布《县组织法》《乡镇自治施行法》《区自治施行法》等法规，开始实行省、县二级制，县下设区、乡（镇）、闾、邻等"自治"组织。在乡级设乡民大会、乡公所、调解委员会、监察委员会等立法、执行、司法、监察机关，这些机关由民选产生。但是这些自治条例，在很多地方没有真正落实。

（三）乡村建设派的理论与实践

20世纪30年代出现了以梁漱溟、晏阳初、许士廉等为代表的"乡村建设派"。乡村建设派有济世救民之情怀，以民族复兴为己任，认为中国的问题和希望都在农村，希望通过乡村改造、开展平民教育、推进群众自治来振兴农村、复兴民族，并在个别地方进行了艰辛而又卓有成效的实践探索。一代大儒梁漱溟著有《乡村建设理论》等著作，主张立足乡村，教育为本，弘扬传统，吸纳西学，涵化社会，复兴民族。并将理论付诸实践，他扎根山东邹平实践乡村建设，建立乡村研究院，创立教育行政为一体的乡村管理体系，在农村大力开展崇德向善、团结合作教育和科学技术培训，提高了农民的文化知识素养，取得一定的成绩。平民教育家、乡村建设家晏阳初著有《平民教育的真义》《农村运动的使命》等著作，认为中国问题的根源在于民众的"贫、愚、弱、私"四大病症，治疗的良方是兴办平民教育，开化民智、挖掘民力，倡导"除文盲、做新民"。1926年晏阳初放弃在北京的优越生活，举家搬迁至贫穷的定县翟城村，在那里进行平民教育实验，开展家庭教育、学校教育、社会教育，引导人民摒弃陋习、创造新生活。社会学家费孝通提出中国农村的出路在发展农村工商业的著名观点，撰有《江村经济》《乡土中国》《乡土重建》等著作。

（四）国统区的保甲制度

以蒋介石为首的国民党政府，为了加强对农村的控制和抗日根据地的封锁，1932年颁布《剿匪区内各县编查保甲户口条例》，在鄂豫皖三省正式实施保甲制，1934年推行到全国。根据规定，保甲的编组以户为单位，户设户长，十户为甲，甲设甲长，十甲设保，保设保长。保甲组织的任务是清查户口、抽捐敛税、抽选壮丁、制定保甲规约、实行连保连坐、党化教育、建立地方武装、修筑工事等，保甲制度是一种历史的倒退，是专制集权的表现。

第三节 中国共产党乡级治理的发展

一 革命根据地的乡级治理

中国共产党在根据地进行了经济、政治、文化、社会全面建设，逐渐形成了较为完整的治理体系，在乡级治理中以民主管理为基础、以服务群众为宗旨，乡级治理成效显著，在经济生产、公共服务、社会管理等方面取得了较好的效果，取得了人民的信任和拥护。特别是抗日根据地成为全国的楷模，为中国革命的胜利提供了制度保障，其治理理念、治理体系、治理方式、治理能力为新中国建立后的基层治理从理论和实践上奠定了基础。

（一）苏区的乡级民主政治建设

民主政治的基本要义是培育民主理念，建构民主制度，用法律和制度保证人民的自由和权利，特别是民主选举、民主决策、民主监督、民主管理等。共产党在苏区颁布的《中华苏维埃共和国宪法大纲》规定：革命根据地政权属于工人、农民、士兵及一切劳苦大众。根据地组织法规定，凡年满16周岁的公民都有选举权和被选举权。民主选举是治理权力产生的最重要方式，是民主化的重要标志，是保障社会治理者对群众负责的制度保障。苏区政权机关均由群众选举产生，"乡、区两级乃至县一级，政府的执行委员会，都是用一种群众会选举的"[1]；不但政权机关，群众性组织也由选举产生，如女工农妇代表会"是由乡苏代表负责，村为单位，召集所有十六岁以上的劳动妇女开会"[2] 选举代表组成。更为重要的是，苏区选举实行差额和竞争性选举，充分保障群众的选举权。

---

① 《毛泽东选集》第 1 卷，人民出版社 1991 年版，第 72 页。
② 同上书，第 312 页。

民主选举为苏区治理奠定了群众基础。同时，民主决策、民主管理是民主政治的重要内容，是人民当家作主的重要体现。苏区在进行民主选举的同时，组织苏区人民自己来管理自己的事情，群众有知情权、决策权、管理权、监督权，特别重视发挥群众代表大会的作用。毛泽东在1928年指出："一些地方有了代表会，亦仅认为是对执行委员会的临时选举机关；选举完毕，大权揽于委员会，代表会再不谈起……没有代表大会作依靠的执行委员会，其处理事情，往往脱离群众的意见，对没收及分配土地的犹豫妥协，对经费的滥用和贪污，对白色势力的畏避或斗争不坚决，到处发现。"①自此群众代表会在苏区治理中发挥了重要的作用，从土地分配、经济建设、社会管理、文化教育等方面均实行群众决策、群众管理。

民主监督既是民主治理的重要内容，也是保障治理者对群众负责的有力措施。苏区在社会治理中充分保障人民的民主监督权。苏区人民选举的乡级、区级政府，乃至于最高苏维埃政府要对选民负责，向其报告工作，并建立选民定期检查政府工作制度。人民对政府工作人员不满意，经一定程序，在群众代表投票后，不满意票达到50%以上的实行"召回"制度，即罢免制度。监督权和罢免权保障了苏区政府工作人员对群众负责、为群众着想。

（二）抗日根据地乡级治理

抗日根据地的乡级治理，具有现代性、民族性，创造了符合当时人民文化水平的民主治理制度、措施和方式，充分保障了人民的经济权利、政治权利、文化权利，激起了人民的生产、管理和抗日的热情，成为全国民主治理的楷模，成为青年、知识分子乃至全国人民向往的抗日民主圣地。毛泽东指出，边区是第一个抗日根据地，统一战线的策源地，全国有名的、政治的文化中心，要使边区成为民主的模范，推动整个国家的民主化。

民主选举产生抗日根据政府是抗日根据地民主治理中最核心的部分，选举的特点是普遍性、直接性、平等性、竞争性等原则，以及罢

① 《毛泽东选集》第1卷，人民出版社1991年版，第72页。

免的制度安排。抗日根据地的《民主政府施政纲领》《陕甘宁边区施政纲领》等法律性文件规定：抗日根据地的一切权力属于人民、来源于人民，抗日根据地各级政府均由人民选举产生、对人民负责、受人民监督，人民具有选举权、监督权和罢免权，抗日民主政权实行"普选制"和"议会制度"。

抗日根据地的乡级民主选举根据当时大多数群众的文化水平，创造了一些独特的选举办法，保障每一个有资格选举人的选举权，打破了争论近百年的"中国人文化素养低，不可以实行民主"的论断。一是在乡村选举中根据当时农村大多群众是文盲和半文盲，甚至一些人一个字不识、自己名字都不会写的现实，创造了许多世界选举史上闻所未闻的选举办法，实行画圈法、画杠法、画点法、投豆法等，特别是投豆选举（被称为"黄豆选举"）这一选举办法本身就是群众的智慧和民权的体现。在抗日根据地，乡村级政府候选人产生由选民自己提出，实行差额竞选，只有差额选举才具有竞争性，同时鼓励支持候选人开展竞选演讲等活动，抗日根据地的民主选举从候选人提名、竞选，到秘密"投豆"、公开"数豆"等程序符合现代民主选举的要义。李公朴认为"这种直接民选正是贯彻了民权主义的真精神"[①]。美国记者史沫特莱在她撰写的《中国的战歌》一书中感叹道"这是比近代英美还要进步的普选"。

在治理结构上，抗日根据地乡级由乡村参议会、乡级民主政府组成。乡村参议会是乡村的民意机关，代表人民行使决策、管理和监督权，乡级政府是执行机关，由乡村参议会选举产生，对参议会负责，执行乡村参议会的决议。形成了较为完备的民主治理体系，维护了人民的民主权利，保证了政府对人民负责。"正因为边区的新民主主义政权是从人民中间生长出来的，所以它的各级领导人和干部能够艰苦奋斗、不辞劳瘁，甘当人民的勤务员，特别是区乡间的干部，栉风沐雨，终日奔走，以完成人民所给予的任务。他们所朝夕谋虑的，就是

---

① 李公朴：《华北敌后——晋察冀》，生活·读书·新知三联书店1979年版，第91页。

怎样使老百姓过更好的日子……"① 这与国统区的独裁专制形成了鲜明的对比。邓子恢指出，抗日民主政权和国民党政权的不同，其中一项在于民选和委派制。"顽固派政权"一切官吏都是从上而下的委派制度，连保甲长都要经上级委派，做官的只要善于逢迎上司，拍马吹牛，就可以官官相护，为非作恶，而老百姓只好忍受敲诈，敢怒而不敢言。② "整个抗战时期，因由此民选的能够团结全边区抗日人民的联合政府，尽其力为人民服务，使我们胜利地保卫了边区，建设了边区。"③抗日根据地民主治理理念、治理结构、治理方式和治理能力在今天审视都是非常先进的，有很多经验和好的做法、制度值得学习和继承。

(三) 解放区的乡级民主治理模式

抗战胜利初期，国内出现了短暂的相对和平时期，中国共产党领导利用这一有利的时期，加强民主政治建设，提高根据地的治理水平。1945 年 10 月，陕甘宁边区参议会和政府在乡级治理中开展乡级自治，改乡 (市) 参议会为乡 (市) 人民代表大会。1946 年初，陕甘宁边区进行了第三次选举，这次选举根据《陕甘宁边区宪法原则》规定：人民普遍直接平等无记名选举各级代表，各级代表会选举政府人员，并规定人民代表或人民对边区、县、乡各级政府人员的罢免权或直接罢免权，根据这些原则党成功地领导了边区乡、县、区三级政府普选。这次普选具有两大特色：一是高度重视乡级普选。认为"乡选是三级选举的基础，因为政府同人民的关系首先是在区、乡政权直接地表现出来。群众检查政府工作和人员首先是直接地检查区、乡政府的工作和人员，而发动群众首先依靠乡干部去发动。所以选举方针的贯彻，关键在于乡"④。二是把选举和监督检查政府工作有机结合起来，边区这次选举的训令、文件无一不强调，人民动手来彻底检

---

① 《陕甘宁革命根据地史料选辑》第 3 辑，甘肃人民出版社 1983 年版，第 33 页。

② 张鸣：《中共抗日根据地基层政权的选举与文化复归》，《浙江社会科学》2001 年第 4 期。

③ 《陕甘宁革命根据地史料选辑》第 3 辑，甘肃人民出版社 1983 年版，第 338 页。

④ 同上书，第 13 页。

查政府工作，开展批评和自我批评，是办好选举的关键。① 在县乡选举中，"许多地方选民到会都在百分之八十以上，有些地方超出了百分之九十；不少六七十岁的老翁和老太婆，翻山越岭，不避风雨，赶去投票。他们认真检查政府的工作，并在检查工作的过程中，识别了人才；经过群众的鉴别，个别贪污腐化，欺压群众的分子遭到了群众的揭发而落选……经过这次选举，乡政权和人民的联系更加密切了；新选出来人民代表，多已在实际工作中表现他们是真正为群众办事的人"②。针对当时土改中存在的官僚主义等问题，刘少奇认为解决的唯一有效办法是，"只有经过贫农团和农会，发动群众放手发扬民主，以彻底完成土地改革，改造党政组织与干部，并造成树立民主的条件"。这样"必致有数十万党员及大批干部被群众抛弃"，但要土改彻底进行，赢得群众信任，"农民民主自由必须保障，作风必须改变，脱离群众的干部必须撤职，犯罪者必须得到应有的处分"③。在解放区，正是由于民主观念深入人心，人民群众的政治觉悟不断提高，从而使党赢得了人民的信任，团结了其他民主党派。维护民主制度、土地政策成为人民保卫根据地、抗击国民党的主要动力，这也是取得整个解放战争胜利的根本所在。

二　1949 年至改革开放前的乡级治理

1949 年至改革开放前中国农村乡级治理经历了初期的乡级政府治理到"政社合一"的人民公社治理的艰辛探索和曲折发展。实践证明，"一大二公"的人民公社导致了政府职能严重越位、错位和缺位，扼杀了社会的自主性、积极性、创造性，阻碍了农村生产力的发展，导致农村普遍贫穷、农产品极度匮乏，严重影响了中国经济社会的发展。

---

① 《陕甘宁革命根据地史料选辑》第 3 辑，甘肃人民出版社 1983 年版，第 8 页。

② 《解放战争时期土地改革文件选编（一九四五——一九四九年）》，中共中央党校出版社 1981 年版，第 76 页。

③ 同上。

（一）中华人民共和国成立初期的乡级治理

1949—1956 年，基层民主政权经历了巨大的发展，取得了重大成就。1950 年政务院通过的《乡（行政村）人民代表会议组织通则》和《乡（行政村）人民政府组织通则》规定：乡人民代表会议和乡级人民政府为基层行使政权的机关。乡之下为村，乡和村分别建立委员会。乡委员会包含从每个村里选举出来的两名或两名以上的代表，人数根据村的大小而定。到 1952 年底，全国 28 万个乡先后召开了各界人民代表会议，选举产生了乡人民政府。这次乡级选举然不是完全意义上的普选，但却充分发挥了各界人士和人民群众的作用，选出了受人民拥护的乡级政府领导，淘汰了不受人民欢迎的干部，其中北京郊区很多地方百分之五十的乡长在民主选举中落选。人民代表会议在团结和动员人民群众完成土地改革、镇压反革命、恢复和发展生产、民主法治建设等方面发挥了重要作用。

1953 年 1 月，中央人民政府委员会第 20 次会议决定，1953 年召开由普选产生的乡（镇）、县、省（市）各级人民代表大会，并在此基础上召开全国人民代表大会。3 月 1 日，中央政府委员会正式公布施行了选举法。4 月 2 日中央选举委员会发布《关于基层选举工作的指示》，指出在基层选举中，必须充分发扬民主，让每一个公民都有选举权，广大人民群众充分行使当家做主的权利。当时，人民群众文化水平普遍比较低，在他们中甚至还存在着相当多的文盲。这是否会影响普选呢？针对这种疑问，周恩来明确指出，普选的关键决定于人民觉悟程度和组织程度，并不决定于人民的文化程度，更不决定于国家的经济状况。从 1953 年 5 月起，我们在 5 亿多人口的地区内进行基层选举，选出基层人民代表为 550 多万人，这是我国人民民主政治生活中的一件大事。

但是，在新中国乡级政权建设的初期，鉴于当时严峻的政治、经济、军事形势，在硝烟仍然弥漫的地区，无论城市还是农村在废除旧政权的同时，必须建立新政权，以便维护社会秩序，恢复生产，征粮支前、清匪镇反。在这种极其特殊的环境中，地方新政权的主要成员很多不是选举产生，而是由上级党组织任命，大部分是根据军队领导人的级别直接任命为地方政府领导人。即使后来的乡级人民代表会议和人民代表大会选举产生的地方和乡级政权机关，在很大程度上也是对已委任政府领导的合法化过程。

这一时期无论是委任还是形式上选举产生的基层政权，群众基本上是认可的，能够有效运行。其原因：一是党为实现中华民族的独立和人民的解放进行了 28 年的浴血奋战，作出了巨大的牺牲，党在残酷的战争年代和人民群众建立了血肉联系，取得了人民群众的信任和拥护；二是党员队伍纯洁，绝大多数党员真正为争取国家独立、民族解放、人民民主前仆后继、流血牺牲，视人民利益高于自己生命，他们具有人民情怀和高风亮节的品质，赢得了人民群众的敬仰；三是中国传统政治文化中"打天下者坐天下"等思想以及当时苏联政治体制和委任制的影响。但是，这一特殊时期的政治制度安排和运行，也带来了巨大的负面影响。不但使延安时期的很多民主政治制度和经验没有能够进一步制度化地保持和发展，而且使委任制成为和平建设时期乡级选拔任用干部的主要规则，并且成为上级控制下级，以及进行社会动员的最主要手段，这样必然产生一些干部对上负责而对下不负责，出现严重的官僚主义、腐败现象，动摇党的执政基础。

（二）人民公社时期的乡级治理

从 1958 年到 1983 年我国农村实行政社合一的人民公社体制，党和国家一直坚持民主办社的原则。《农村人民公社工作条例》规定：人民公社的各级社员代表和专门委员会的成员，必须经过社员充分酝酿和选举产生，公社、生产大队、生产队的重大事情必须由社员代表大会决定。在实际运行中，大部分社员代表、农村的大队长和生产小队长由社员代表大会选举产生。生产队的具体的生产、分配等细节经社员民主讨论决定，生产队的工分和实物的分发情况每月都要公布，接受群众监督。但一些地方生产大队的大队长候选人由大队党支部和公社党委协商提出，然后由社员代表大会选举，选举只是走过场，实际由村支部和公社党委任命。而村党支部的班子基本上是由上级党委指定，村党员的选举只是形式，基本上意义不大。特别是"文化大革命"时期，上级组织指定或委任的公社革命委员会成为基层政权的核心，一些地方村级党支部和大队长形式上的选举基本上也不存在，真正意义上的基层民主已经名存实亡。

实行人民公社这一超越生产力的决策，本身不是农民自己的愿望和要求，而是脱离国家实际、急于建成社会主义、实现共产主义的错误决策。这就违背了民主的最基本原则，是替民做主的突出表现。虽然在有限的范围内，有条件地实行了民主选举、民主管理、民主监督，但把农民固定在公社中，人民不能从根本上决定生产方式、分配方式，没有选择自己活动的自由，这严重挫伤了农民生产的积极性，极大地阻碍了农村生产力的发展。

人民公社的错误决策长时期难以纠正，根本原因在于没有建立真正的民主制度，没有完善的选举制度、任期制度和限任制度，没有分权和制约机制，没有民主决策和民主纠错机制，所谓的民主也多是作风层面的民主、讲话权力的民主，是领导人根据需要随时给予或随时收回的民主，实质上是高度集权的人治。这一制度使党和国家的主要领导人拥有极大的权力，一旦领导人出现认识偏差和决策失误，而又认为自己掌握了真理，只有自己才能代表人民利益，这就不可避免地会造成严重后果。在地方和基层，由于绝大多数主要领导干部是上级委任的，这就造成一些地方领导干部对上负责，投领导所好，报喜不报忧，即使在高层领导到基层调研时，给领导讲的、看的也都是假的，致使高层信息失真，决策失误。并且下级政府在政策执行中，唯上是从，只要上级的决策、领导的指示，就坚决地执行，只要领导说的话，就是真理，只顾领导感受，不顾实际情况，不管群众疾苦，使错误决策难以纠正，甚至推波助澜，这样往往给国家和人民带来历史性的灾难。

三 改革开放以来的乡级治理

改革开放以来，我国在乡级废除人民公社建立乡镇政府，乡级政府在推进农村改革、实施家庭联产承包责任制、发展农村文化教育、推进村民自治、提供农村公共服务、维护农村社会秩序等方面发挥了重要作用。但是自1994年分税制到世纪之交，县级财政异常困难，乡镇政权机关成为县政府的"税费征收机关"，其职能异化为"催粮逼租、刮宫流产"，这就导致一些农村干群关系紧张，大规模群体性事件时有发生。"基层政权借国家的名义侵蚀地方公共利益，造成政权的基层与地方社会分离，从而引发乡村社会失序。"①

在农村乡镇工作举步维艰的困境中，从1998年开始四川、广东、山西、江苏等几个省尝试乡镇治理权力生成体制改革，这其中有大胆地进行直接或间接选举乡镇党政主要领导的创新，也有综合改革的尝试。这对推进中国民主政治建设进程、扩大党执政的群众基础、完善基层治理体系、提升治理能力具有战略意义。

（一）"全乡直选"——步云乡产生中国第一位直选乡长

步云乡是四川省遂宁市市中区的一个地处山区的小乡，土地面积30多平方公里，下辖10个村庄，全乡总人口16000余人，乡民中文盲比例近50%，在外打工者4000多人，以农业为主，1998年人均收入1636元。没有程控电话，正是在这个没有程控电话的穷乡僻壤里，1998年12月31日全乡6236名选民以极大的热情，冒雨投票，产生了中国历史上第一位直选乡长。②

为了搞好步云乡直选乡长工作，遂宁市市中区制定了《选民直接选举乡人民政府乡长的试行办法》，规定了候选人资格、提名办法、选举程序等。在候选人资格上实现突破，规定具有本乡户籍或工作关系在本乡，具有选举权、被选举权的25岁以上的公民，高中以上学历，均有资格参选。从1998年12月20日开始，先后共进行了13场竞选辩论活动，这包括一村一场和居委会一场共11场，另外集市群众多时举行了两场。这些场次都出现了乡民们热烈参与的场面，三名候选人发表竞选演说，全体选民直接向候选人提问、质疑。在11个投票点全都设立了秘密划票间，每个投票点都放有候选人的照片，供不识字的人辨认，并派监督员监督投票过程是否公正。选举结束后，

① 赵树凯：《乡镇治理与政府制度化》，商务印书馆2010年版，第6页。
② 李凡等：《创新与发展——乡镇长选举制度改革》，东方出版社2000年版，第115页。

中国第一位民选乡长谭晓秋在步云乡人民代表大会上宣誓就职。

（二）"公推公选"——市中区选乡镇党委书记和乡镇长

1998年9月，四川省遂宁市市中区区委发布《关于公选东禅镇、莲花乡党委书记和横山镇人民政府镇长候选人的决定》，进行乡镇党委书记、乡镇长公选试点。①

公选乡镇党委书记、乡镇长分三个阶段。第一个阶段制定公布乡镇党委书记和乡镇长候选人资格，在候选人资格中首要的一条是大专以上文化程度的副科级干部。在全区范围内报名，共有99人报名竞逐东禅镇和莲花乡党委书记，全部审查合格。报名之后进行文化考试，从各自报名的人员中分别选出东禅镇和莲花乡党委书记候选人6名。第二个阶段是面试答辩，有区委、政府、人大、政协的主要领导，公选领导小组成员、区直单位负责人、镇机关党员干部、农村党员代表参加，根据面试和答辩情况，由参加者投票选出两名正式候选人。第三个阶段是举行选举，将两名乡镇党委书记正式候选人分别提交该镇全体党员大会选举，由党员直接选举产生。东禅镇全镇共有1200名党员，除去外出打工和有病在家不能参加的，共有600名党员参加镇党委书记的选举，最后全体党员直接投票选举唐昆仑为镇党委书记。遂宁市市中区的公选党委书记实质上就是在全体党员中直选乡镇党委书记。横山镇公选镇长和前两个乡镇公选党委书记的程序基本一样，但是镇长最后是由镇人代会选举产生，这里不再详细介绍。

（三）"两票制"——临猗县卓里镇选镇主要领导干部

1999年4月，山西省临猗县规定，在镇人大、政府、党委换届选举前，先由全体选民对现任的镇党政、人大的负责人投一轮民意测验票，民意测验票中有三个选项：信任、基本信任、不信任。主要领导干部在民意测验中对信任票超过85%的干部在全县通报表扬；对信任票在60%—70%的，由组织部调查了解其得票少的原因；对信任票不足60%的干部亮黄牌；信任票不过50%者不得作为下届镇党政、人大

---

① 史卫民：《公选与直选：乡镇人大选举制度研究》，中国社会科学出版社2000年版，第25页。

领导的候选人，由组织部另行安排候选人。同年4月16日该镇召开由镇机关干部、村"两委"干部及部分村民代表共500人参加的大会，由时任镇党委书记、镇长和镇人大主席作述职报告。县电视台现场直播，各村组织群众收看实况转播，以便对镇主要领导干部进行了解，供投票时参考。

第一票为信任票。4月18日该镇9000多名代表在17个投票点，通过秘密划票，对三位镇主要领导干部进行了信任、基本信任和不信任的测评。测评结果决定其能否成为该镇组织推荐的候选人参加党代会、人代会选举。17个投票点都设立了秘密划票间，监票、计票、唱票工作由有威信的村民担任，并在当日公开进行。第二票为选举票。根据民意调查投票，时任的三位主要领导都获得60%以上的信任票，因此他们分别被提名为下届党委书记、镇人大主席和镇长候选人，在党代会和人代会上经过代表的投票都连选连任。①

（四）"三票制"——深圳大鹏镇选镇长

为了让广大选民介入乡镇长的选举程序，扩大民意基础，深圳大鹏镇在1999年进行了"三票制"选镇长的改革。第一票为提名推荐票。上级不指定候选人，每个选民等额推荐镇长初步候选人，类似于村委会选举中的"海选"。候选人的条件：大专以上文化程度，年龄在50岁以下，身体健康，符合"革命化、年轻化、知识化、专业化"方针，德才兼备、群众公认，一般应是中共党员。1999年1月22日全镇有选举资格的公民5300人中，有5048人参与了推选，共推选产生76名镇长初步候选人，最后由获得推选票最多且符合条件的5名初步候选人参加预选。第二票为民意测验票，实质是预选确定候选人。1999年1月27日，在大鹏镇对5名初步候选人进行测评投票。参加测评的是镇全体党员、镇机关干部、企事业单位负责人、各村村委会干部及职工代表、居民代表、农户代表1068人。5名初步候选人发表竞选演说，但竞选演说后没有提问和答辩，随后实行公开划

---

① 黄卫平、邹树彬主编：《乡镇长选举方式改革：案例研究》，社会科学文献出版社2003年版，第45页。

票、秘密计票的方式进行投票。经大鹏镇党委审查推荐结果，确认得票最多的李伟文为镇长候选人，并报龙岗区党委批准。第三票为正式选举票。镇人民代表大会对大鹏镇镇长正式候选人进行投票选举产生新镇长。①

（五）以上乡级改革中的经验和不足

由于上述改革尚处于探索中，各地在选举方式、候选人资格、提名方式及选举程序上都有很大差别，某一方面在 A 乡的改革中是优点，在 B 乡的改革中可能存在严重不足。总体来看，大都取得了较好的效果，特别是步云乡直选乡长的尝试，非常接近国际基层社区选举惯例，为我们扩大乡镇党政领导干部直选开创历史先河，其意义不可低估。但在改革中也都有明显不足和个别有争论性的问题，这些都值得我们进行深入研究和分析，进一步改革和完善。

1. 乡镇政治体制改革探索中的经验

各乡镇党政领导干部选举制度改革试点，都进行了积极的、大胆的探索，在一些方面取得了突破性进展，其主要经验有以下几方面。第一，在选举方式上实现创新。各个乡镇在党政领导选拔制度改革的探索中，都将"普遍、直接选举"这一民主政治的核心理念，引入中国基层政府选举的实践层面，不同程度地突破了现行干部选拔制度模式，由自上而下的"选拔"制度朝自下而上的"选举"制度发展的趋向已初步明晰。特别是步云乡基本上按照现代民主程序直接选举乡长以及东禅镇、莲花乡党员直接选举产生乡镇党委书记。这是选拔制度的根本改革，对消除现行选拔制度中的弊端，保证人民的民主权利具有决定性的作用。这些突破在中国民主政治的发展史上，具有里程碑的意义，非常值得我们研究和借鉴。第二，在候选人资格和提名办法上实现突破。候选人资格是民主选举的重要内容，在乡镇政治体制改革试点中，少数试点在候选人的资格方面从身份、职务、年龄、文化程度等方面放宽了条件，降低了门槛。步云乡实现了质的突破，

---

① 黄卫平、邹树彬主编：《乡镇长选举方式改革：案例研究》，社会科学文献出版社 2003 年版，第 25 页。

破天荒地允许农民竞选国家领导干部——乡长，这在中国民主政治建设中具有划时代的意义。大部分改革试点在候选人提名方式上改变了上级组织部门提名考察为主的传统方式，实现了实际上由上级领导机关确定候选人的做法向以自我报名、群众推荐为主的候选人提名方法的转变。如咸安在乡镇党政领导干部选举中上级不提名和确定任何候选人，采取自我报名和"海选"相结合的办法产生候选人，大鹏镇则实行群众直接推荐候选人的做法。第三，选举具有一定的竞争性。选举的重要内涵是竞选，如果不允许候选人以多种方式介绍自己，争取选民了解和支持，选举也就失去了其应有的价值和意义，不能算选举，充其量也只能是有组织的推戴。在乡镇党政领导干部选举制度改革中，每个试点都不同程度地完善了候选人的介绍方式，允许以多种方式进行候选人介绍，准许言论自由，开展竞选活动。无论大鹏镇的竞选演说还是卓里镇通过电视实况转播的公开述职报告大会，都具有一定的竞选性质。第四，完善了选举程序。科学划分选区、严格实行选民登记、不准委托代票、不设流动票箱，并将候选人的竞选演讲出场顺序由抽签决定，保证每个候选人公平地利用媒体，同时允许候选人自己派观察员，一些改革试点在选举时还按照国际惯例设立了秘密划票间，当日当场公开计票、唱票，这些都反映出了中国的基层民主选举程序正在逐渐完善。

2. 乡镇政治体制改革试点中的不足

乡镇政治体制改革刚刚开始尝试，不可避免地存在一些局限性，多数试点在选举制度设计上或多或少带有选拔制的痕迹，在程序上存在一定缺陷，我们虽不能求全责备，但也必须指出，其主要问题有以下几点。一是在选举方式上大多试点还是以不同的方式让群众推荐候选人或对候选人投信任票，然后由人代会和党代会分别选举镇长和党委书记，这种扩大了民意基础的间接选举方式，并没有把最后的决定权、选择权交给群众。这样由于间接选举的环节多，可能曲解民意，所以这是乡镇政治体制改革中的严重不足。二是有的试点在选举程序上不规范，没有完全体现普选、平等、直接、秘密的原则。主要表现在：（1）候选人资格限制较多，如咸安候选人资格还是过去的"干部"范围，横山镇镇长候选人的资格首先是国家干部身份，这样群众推荐的候选人的范围也就只能是"吃皇粮"的少数国家干部，大部分平民百姓即使非常优秀也没有资格成为镇长候选人。（2）预选问题较多，预选是选举中的关键环节，预选将决定初步候选人能否参加正式选举，在这个关键点上能否体现群众的意愿至为重要。在改革试点中初步候选人预选时，普遍存在由"精英团体"进行预选的方式，而参加"精英团体"的大部分是干部，群众较少，在这个重要环节上难以反映大多数群众的意愿；有的地方没有预选程序，采取笔试和面试的做法，误将对公信力的竞选当成"技能""知识"的考试和面试，考试和面试这类只适用于业务类公务员，在乡镇主要领导选举时不宜采用。（3）在竞选上限制较多、渠道不畅，没有太大的竞争性。（4）投票保密程度不够，大部分试点在选举投票时没有设秘密划票间，委托代票现象较为严重等。三是缺乏对乡镇整体改革的制度安排。大部分试点只是探索乡镇长选拔制度改革，而没有涉及乡镇党委书记和整个领导体制和领导方式的变革以及县级改革。这样存在的问题是，乡镇长是民选的而乡镇党委书记是任命的，两种权力的来源使他们之间的矛盾难以处理。咸安在这方面进行了尝试，实行党委、人大、政府交叉任职的领导体制，虽然避免了党政之间的矛盾，减少了领导职数，提高了效率，但是镇人大主席由一名副书记兼任，这样就降低了人大的作用，削弱了人大的监督功能，从民主理论上和分权制衡的原则上讲存在严重的缺陷。乡镇政治体制改革后，县乡关系如何重新界定，这是一个大问题。目前的改革试点都没有涉及这一问题，如果这些问题不解决，乡镇的改革很难深化。

3. 关于直选的"合法性"问题争论

步云乡进行直选乡长的消息传出后，多数学者、专家为此欢呼，认为这是中国政治体制改革的突破口和民主政治建设新的生长点，具有伟大的历史意义和重大的现实意义。但也有一些学者对此提出质疑，认为这样做违反了宪法和地方组织法规定的乡镇长由乡镇人民代表大会选举产生的规定。

笔者认为，遵守宪法和法律，最主要的是遵守法律的精神实质。

我国宪法规定中华人民共和国的一切权力属于人民，这是宪法关于公民权利规定的实质和核心。人民行使权利的形式是随着政治、经济、文化和社会的发展而变化的。从政治哲学的角度分析，法律必须和政治发展保持一种动态的平衡，法律一方面稳定了政治，另一方面亦落后于政治。社会的政治、经济、文化及整个社会生活是发展变化的，规范社会行为的法律也应随着社会生活的发展和变化逐渐完善。世界上从来没有一成不变的法律，也不存在没有任何实践基础凭空制定的法律条文。这也是我国和其他国家宪法等法律随着社会实践的发展而不断修改的原因。我国的改革开放，也正是在不断的"违法"中前进。当年安徽省凤阳县小岗村的农民私自、秘密签订"分田单干"的契约，从计划经济向市场经济的每一步突破，虽符合人民的愿望、经济发展规律，但与当时的法律规定相违背。可喜的是，政府没有将这些不合法的"私生子"以违法之罪名扼杀在襁褓之中，而是默许或鼓励他们在实践中尝试。正是这种包容带来了农村家庭联产承包责任制的创新，并且这一"违法行为"最终得到"82 宪法"的认可，带来了 20 世纪中国最辉煌的巨变。因此需要全国人大授权允许一些地方进行扩大基层民主的尝试，为我国修改和完善现行法律提供实践基础。

纵观历史，在农耕文明源远流长的中国，乡级治理始终是国家治理的根基，乡级治理的优劣直接关系到国家是否和谐稳定和社会是否发展。民惟邦本、政得其民、轻徭薄赋、无为而治、礼法合治、德主刑辅是中国传统社会治理理念的精华。中国共产党以马克思主义为指导，吸收中国传统治理精华，在基层治理取得的最宝贵经验，一是在治理理念上坚持群众路线，尊重人民意愿，尊重群众的首创精神，保障人民权利，维护人民利益，密切干群关系；二是在基层治理制度上建立与基层生产力相适应的管理体制，不断改革完善选举制度、信息公开制度、监督制度、考核制度、决策制度、责任追究制度，规范基层公权力运行，推进公开、透明、精简、廉洁、高效的服务型政府建设。

第二章　农村社会变革对乡级治理现代化的诉求

在新型城镇化、工业化、信息化迅猛发展的历史背景下，中国农村正在经历着小农经济向现代大农业发展的历史性变革，农村生产力得到空前发展，机械化、电气化、自动化、信息化在农村得到较为广泛的应用；农村新的生产关系正在形成，新型合作社、家庭农场、种粮大户等新型经济组织在迅速发展，现代服务体系和各种社会组织已成萌芽发展之势；农村人口结构变化较大，人口流动深深地影响着农村的治理；农村新的社会阶层正在形成，对乡级治理提出新期待；农民素质显著提升，其民主参与意识、法治意识不断增强。农村经济社会全面而深刻的变革动摇了乡级治理的基础，对治理体系和治理能力现代化提出了新要求。

第一节　农村生产力发展对乡级治理现代化的诉求

历史唯物主义认为，经济基础决定上层建筑，上层建筑又反作用于经济基础。即上层建筑适应经济基础发展时，就促进生产力发展和社会进步，反之就阻碍生产力发展和社会进步。也正如恩格斯所说："根据唯物史观，历史进程中的决定性因素归根到底是现实生活的生产和再生产。无论马克思或我都从来没有肯定过比这更多的东西。"[①] 中国共产党在农村治理的历史经验已经反复证明这是一个颠扑不破的真理。目前农村生产力已经获得了前所未有的发展，机械化、电气

---

① 《马克思恩格斯选集》第4卷，人民出版社1995年版，第477页。

化、自动化的广泛应用，农业现代化的生产方式与小农经济产生了巨大的矛盾，现代生产方式要求现代生产关系和现代治理方式与之相适应。

一　农业现代化发展对乡级治理现代化的诉求

党的十一届三中全会以后，中国百废待兴，改革从何开始，考验着中国人民的智慧。正如马克思、恩格斯指出："一切人类生存的第一个前提也就是一切历史的第一个前提是：人们为了能够'创造历史'，必须能够生活。但是为了生活，首先就需要衣、食、住以及其他东西。因此第一个历史活动就是生产满足这些需要的资料，即生产物质生活本身。"① 朴实、勤劳、善良的中国农民为了生存、生活开始了大胆的探索，其中安徽凤阳小岗村群众自发地实行"大包干"，将土地的经营权分包给每家每户，这极大地调动了农民生产的积极性，解决了农民生存问题。中央尊重和支持农民这种首创性，遵循农村经济发展规律，并在理论上进行提升概括，最终形成了"家庭联产承包责任制"这一政策。这一政策极大地调动了农民生产的积极性、主动性和创造性，适应了农村生产力的发展。

随着城镇化、信息化和工业化的发展，近年来机械化、电气化、自动化在农村有了广泛的应用，农业现代化有了一定程度的发展。20世纪80年代，农村家庭联产承包责任制初期，在华北平原，绝大多数农户翻地用铁锹、收割用镰刀、播种靠耧耧、打麦靠放碌，少数的农户靠牲畜耕作，个别农户机械作业。笔者对此有亲身经历，家庭联产承包责任制实行初期，全家五口人，父亲是教师，非农业户口，母亲、笔者和弟弟妹妹是农业户口。家里分了八亩田地，种地主要靠人力，一般每年在秋收、秋种的季节。父亲因白天要教学，所以夜间和笔者一起用铁锹翻地，我们一般凌晨两点起床，到天亮六点左右能翻半亩地，不但笔者家是这样，笔者所在的村大部分家庭都是靠人力和畜力生产。到了20世纪90年代，就开始机械化耕作，人畜劳动相对

---

① 《马克思恩格斯全集》第1卷，人民出版社1995年版，第32页。

减少。目前绝大多数农户在从事农业生产上实现了机械化耕作、播种、收获、运输，电气化浇灌、喷洒农药等，可以说已经基本实现机械化和电气化。以河北省曲周县李庄村为例，该村是华北平原上最普通的一个农村，正因为其普通才具有代表性，所以本研究选择该村为个案。该村交通较为便利，以农业为主，有561户，2038口人，2500亩耕地。目前该村平均每户有一辆三轮车，有大型联合收割机四台，中型收割机五台，大型播种机三台，大型旋耕机六台，深井八眼，2500亩农田全部可以用井水灌溉，该村彻底告别了人畜劳作的历史，秋收秋种都是机械化。2015年该村种植小麦1300亩，过去在"夏收、夏耕、夏种"的"三夏"大忙季节，需要全社会动员，全家参与的"虎口夺粮"大会战，一般需要历时一个月，现在只需要几天时间就可轻松完成夏收、夏耕、夏种的任务。从某种意义上讲，农业现代化得到了长足的发展。

随着农村生产力的发展，制约农业现代化发展的是"一家一户"为单位分散经营的小农经济。在华北平原，一般每个农民户口人均耕地0.5—2.5亩，每户拥有耕地3—15亩，而地块一般在2—5块。之所以出现分散的经营局面，是因为在家庭联产承包时考虑到土地的肥力不同、距离村庄的远近不同、水利条件的不同，为了实现公平、减少矛盾，一般生产队就将自己掌握的土地分为几个等级，每个等级按人口平分到各家。这样就造成了一般每户就有2—5块耕地，每块耕地平均在1.5亩左右的情况，如果承包地时家庭人口少，有的地块只有几分地。如H省J县北张村七户农民，当时在实行家庭联产承包责任制时，家庭只有两口人的，他们的每块地也就只有几分地，其中有位农民家最小的一块只有2.5分地。在调研时他讲："如果用联合收割机割麦子，就得将别人家的麦子割了，因为地太窄了，只有1.5米宽，而小型联合收割机也2米宽。"目前，我国大多数农户经营的土地面积在0.5公顷以下，而世界中等收入以上的国家平均每个生产单位的面积是76.5公顷。

这种适应家庭小农经济的"井田制"生产方式的弊端已经非常明显。一是严重阻碍了利用机械化、电气化、自动化的统一耕作、统一播种、统一灌溉、统一施肥、统一喷洒农药等现代大农业的发展，也是家庭农场、农业合作组织发展的巨大障碍。二是这种"井田制"浪费了大量土地，因为每块地四周均有地垄①，而地垄占地很多，特别是在华北平原，地块较小，如果大规模耕作，去掉地垄，每100亩地有效利用率可提高10%左右。三是随着大规模农民外出打工，由于小块土地不易耕作，土地转租、转包非常困难，于是就出现了撂荒现象，造成了极大的浪费。笔者在H省Y县D乡吴良寨调查时发现，该村11户农民举家外出打工时，他们的承包地没有转租、转包，而是撂荒，当问及当地农民为什么撂荒时，他说"地块太小、耕种难度太大、没人愿意承包"。谁来种地、怎样种地已经成为制约农村发展的根本问题。

城镇化高速发展、农村劳动力的大量转移，以及国外农产品凭借其价格优势大举进入中国市场，使得分散经营低效率的中国农业受到强烈冲击。目前的土地经营方式使得农业现代化受阻，因为土地碎片化让规模化和现代化经营无法实现，农业现代化发展客观上受到很大阻力。这一切都要求破除农村一家一户"井田制"的小农经营模式，促进土地流转，培育职业农民，发展现代农业。现在国家为促进农村规模化经营和农业现代化发展，提出鼓励土地流转，培育农村合作社、家庭农场、种粮大户等农村新型经营主体，培育职业农民等方针政策。而在实际调查中笔者发现很多农村合作社、专业大户、家庭农场在土地流转、农田基本建设方面遇到很多困难，如土地流转没有平台、没有保障机制，使一些农民不愿、不敢将土地流转到新型经营主体；在农村基本农田建设中乡级政府缺乏统一规划、统一组织，而单个农户和农村合作组织无法、无力独自完成；农村新型经营主体在经营过程中融资十分困难、缺乏科技支持，等等，这些严重制约了农业现代化的发展。而乡镇政府在这些方面能够发挥的作用，对农村新型经营主体形成，进而促进农业现代化发展的影响很大。如对36家农

---

① 地垄，每块田地的边界，一般宽15厘米左右，高10厘米左右，既是地的边界，也在地块灌溉时挡水用。

村合作社、家庭农场的调查中发现，八家反映乡级政府给予他们很大的帮助，如乡级政府协调银行、群众开展小额担保贷款，乡政府建立了土地流转平台、成立"土地银行"，乡政府统一组织规划实施农田水利建设，聘请技术人员对农民进行培训等，25 家反映在经营中乡级政府没有给他们提供任何帮助，三家反映乡级政府不但没有给予帮助，一些乡镇干部还借各种名堂来吃拿卡要。

从整体上讲，大部分乡镇政府在推进农村规模化经营和农业现代发展中没有发挥应有的作用，个别乡镇干部存在不作为、乱作为的现象。造成这一现象的原因，既有乡级干部素质低、能力差的原因，更是因为乡级治理体系不完善，农民、农村新型经营主体处在被治理、"被服务"的地位，乡级治理的权力生成非民主、不透明等。这就呼唤建立现代乡级治理体系，改变现在乡级政府的单一治理模式，让新型农村经营主体、农民、社会组织参与治理，让乡级权力来源于农民，让农民成为乡级干部监督、考核的主体。

二　非农产业发展对乡级治理现代化的诉求

改革开放以来，农村乡镇企业异军突起，成为乡村非农经济发展的重要内容，为农村集体经济和民营经济发展奠定了良好的基础。近年来，在乡镇企业等非农产业发展的基础上，农村民营企业、乡村旅游业、乡村服务业、农村淘宝等非农产业发展较快，深深地改变着以传统农业为主导的农村经济业态，也影响着民众的价值取向和生活方式。乡级治理如何适应农民生活方式变化，营造良好的制度环境、社会环境、文化环境，鼓励、支持、引导非农业经济发展是一个重大的历史性课题。

农村工商业发展对乡级现代化治理的新诉求。改革开放首先从农村开始，随着农村政策的放宽、放活，乡镇企业蓬勃发展，成为中国经济增长的一个新亮点。1990 年国家乡镇企业协会成立，为了鼓励引导乡镇企业发展，国家在 1996 年颁布了乡镇企业法，依法保护引导乡镇企业发展，并从资金、税收、人才等方面对乡镇企业给予支持。为了给乡镇企业发展提供人才，在 20 世纪 90 年代一些省成立了乡镇企业大学或乡镇企业学院，如河北省在 1993 年成立了河北省乡镇企业学院，后改为河北经贸大学，这些高等学校为农村乡镇企业发展提供了大量优秀人才。邓小平"南方谈话"后，乡镇企业再度迎来发展的春天，长江三角洲经济带、珠江三角洲经济带等地乡镇企业遍地开花，呈现一村一品、一乡一业，亿元乡镇较为普遍。21 世纪以来，乡镇企业这一名称用的相对少了，一般我们统称为民营企业。今天很多地方乡镇范围内的民营企业发展迅速，它们形成了一定的规模，打造了自己的品牌，如河北省宁晋县多个乡镇的羊毛产业，平乡县常河镇的自行车产业，沙河市沙河城镇的玻璃产业，永年县临洺关镇的标准件产业，成为当地的支柱性产业，吸引大量农民就业，带动当地农村经济发展。甚至一些民营上市公司也是从乡镇民营企业发展而来，如浙江的万向集团、江苏太平洋精密锻造有限公司、富贵鸟、红豆集团等都是从乡镇民营企业发展而来的。

农业产业化、信息化的发展极大地促进了农村商业和服务业的繁荣和发展，特别是农村电商发展异常迅猛，成为一些农村商贸的主要方式，改变了农村封闭的现状，使农村和城市、农民和市场融为一体，深深地影响着农民的生活、生产方式。阿里研究院的数字显示，2014 年全国有 25 个省（市）300 个县的网上销售额超万亿元，这些县被称为淘宝县，其中中西部淘宝县占 100 多个，县域网上消费额突破 3200 亿元，同比增速超过 280%。在我国"互联网+农村"这一大的发展战略下，国务院办公厅专门印发了《关于促进农村电子商务加快发展的指导意见》，强调农村信息基础设施建设，积极培育农村电子商务主体，打造农村电商平台，大力发展农村电子商务，使电商成为促进农村发展的新载体。

农村工业化、产业化、商业化、信息化的繁荣发展，改变了几千年来农村完全以农业为主的生产方式。新的经济业态、新生产方式和生活方式，要求乡级治理适应现代经济发展规律，科学处理乡级政府和农村市场的关系，优化农村工商业发展环境，建设乡级工业园区，建设电商发展平台，培养农村电商人员，引导农民工返乡创业，为农村非农经济发展提供政策、资金、智力支持，促进农村一、二、三产业融合发展，培育农村经济发展新动能。

第二节　农村人口流动对乡级治理的影响

随着城镇化、工业化的发展，城镇吸收和容纳的劳动力急剧增长，而农村的机械化和自动化的发展，也使农村的劳动力从土地上解放出来。由于中国的户籍制度、教育制度、社会保障制度，以及城市的生活成本极高等原因，致使 2.7 亿农民工往返在城市和农村之间，成为一种独有的历史现象，对中国城市和农村的发展，产生了重要的影响。既有利于城乡文化、信息、资本的交流，为农村农业现代治理提供了条件，也造成了农村的"空心化"，为乡村治理带来新的挑战和要求。

一　新型城镇化进程中农村人口流动现状

城镇化的实质是随着工业和服务业的发展，农村人、财、物等生产要素向城镇聚拢，核心是农业人口向城市集聚，即农民的市民化。改革开放以来，我国城镇化取得了高速发展，城市的占地面积、建筑面积、公共设施、产业不断发展，城市人口急剧增长。据《2015 年国民经济和社会发展统计公报》，2015 年末中国大陆总人口为 137462 万人，其中城镇常住人口为 77116 万人，占总人口比重为 56.10%，乡村人口 60346 万人，占 43.90%。全国农民工总量 27747 万人，比上年增长 1.3%。其中，外出农民工 16884 万人，增长 0.4%；本地农民工 10863 万人，增长 2.7%。[①] 城镇化使中国农村人口结构产生了历史性变化；在中国农村历史上第一次出现农村劳动力大规模向城市的流动，如此大规模的人口流动在中国乃至世界历史上都绝无仅有，其对农村人口结构、生产生活和社会治理产生了深远的影响。

大规模流动人口已成为我国一个独特的社会现象，并且这一流动

---

① 《2015 年国民经济和社会发展统计公报》，2016 年 2 月 29 日，国家统计局网（ht-tp：//www. stats. gov. cn/tjsj/zxfb/201602/t20160229_ 1323991. html）。

不像西方那样农村人口到城市安家落户，而是大部分农民工摇摆于城市和农村之间。以李庄村外出务工的具体情况为例。该村 60—70 岁的老人 203 人，外出打工 31 人，占该年龄段总人口的 36%。这一年龄段的留守老人有 12 人因本人身体或妻子身体不好需要照顾等原因不能外出打工，5 人是上有高堂需要照顾，21 人是孩子在外打工，孙子需要照管。这一年龄段外出打工的大都学历较低，5 人为初中文化程度，23 人为小学文化程度。50—60 岁人口为 236 人，其中外出打工 138 人，36 人因家有老人需要照顾难以外出务工，45 人因孙辈上学难以外出，5 人因身体原因没有外出。18—50 岁人口为 1016 人，其中 8 人在读书，985 人外出打工，16 人因妻子怀孕或孩子刚出生不满周岁暂且留在家中，8 人因老人体弱多病难以出门，1 人在家搞小规模养殖业，3 人为个体工商户。在这一年龄段打工的文化水平不高，高中毕业的 29 人，初中毕业的 979 人，小学毕业的 9 人。在城市落户定居的 2 人，其余均为流动性农民工。

由于农村年轻力壮的人口去打工，农村人口年龄结构、性别结构发生了巨大的变化，"百村千户"调查的统计结果显示：从年龄结构看，农村常住人口 45% 左右为 60 岁以上的老年人，30% 左右为 16 岁以下的儿童，25% 左右为 16—60 岁的青壮年；从性别年龄结构上看，年龄在 30 岁以上的农村常住人口 69% 为妇女。这就是我们常说的农村日益成为"386199"部队，即农村基本只有妇女、儿童和老人在生活。

二　农村人口流动对乡级治理的积极影响

中国的农村流动人口具有自己的特质，他们工作在城市、家在农村，而正因为这种在城市和农村中的"摇摆"，促进了城市和农村的技术、文化、信息乃至生活方式的交流，进而有利于提高农民的现代意识，促进农村经济、文化和社会的发展，为农村现代化治理提供了条件、提出了要求。

（一）农村人口流动为农村经济发展提供了条件

依照传统的模式，农村主要是一家一户、自给自足的小农经济，但在目前的农村生活和消费方式下，农民依靠种地对农村经济的促进作用有限，甚至是无法维持自己的生活，大量青壮年劳动力为了生存外出务工，但90%以上的农民工又难以融入城市。一些有头脑的青年，在外出务工时从外界学习到了新知识和技术，特别是开阔了眼界，并且积累了一些资金，他们中的一些人就利用自己的知识和技术返乡创业。有的返乡领办种植和养殖合作社，有的创办农业深加工企业，有的创办制造和加工企业，有力地推动了农村和乡镇经济的发展，推动了农村向城镇化迈进。同时，村民自身也因为在外务工收入的提高，其购买欲望被大大激发了，促进了农村商业的发展，现在农民汽车拥有量大幅提升。所以人口流动会从不同方面推动第一、第二和第三产业的融合发展，农村产业的多元发展必然带来更多的劳动就业机会，从而吸引更多的劳动力，形成相互促进、协调发展的局面。乡镇政府如何抓住机遇、因势利导，为农民工回乡创业创造条件，促进城乡融合发展，考验着乡级治理的水平和能力。

（二）农村人口流动有利于提高农民素质

农村与城市相比存在着许多不足。农村信息比较闭塞，缺乏信息交换和交流的渠道，而且村民的受教育程度远不及城市居民，思想偏向于固化，对新的知识和技术较难理解。通过人口流动，这两种文化相互碰撞，对于农村人口来说是强烈的文化冲击，是丰盛的文化大餐。有助于农村的流动人口摆脱原先的落后思想观念，学习城市居民的民主意识、权利意识、创新意识、经济观念等，并可以把这些优秀的思想带回到自己的家乡、自己的村庄，对整个村庄来说可以在思想上改变原先落后面貌，这是走向崭新未来的机会和挑战。另外也促进了村民的政治参与意识，"村级治理特别是《村民委员会组织法》规定的以民主选举、民主决策、民主管理和民主监督为核心的村民自治，其根本问题是村庄秩序能否达成"①。而秩序的达成关键在农民的参与意识和参与能力，在农民工的影响下，在政治上村民的认识与行动有了明显改变，以前村民对政治漠不关心，现在村民都积极参与

---

① 贺雪峰：《论人口流动对村级治理的影响》，《学海》2002年第1期。

村"两委"的换届选举、监督等工作，敢于表达自己的意见，希望参与农村民主管理，希望参与乡级决策和管理。这些变化使得村民有机会共同治理村庄，有助于推进乡级民主政治建设。这就要求乡级政府转变过去管控的治理方式，形成民主、协商的治理理念和方式，构建民主治理的体制机制。

三　农村人口流动对乡级治理的消极影响

农村人口流动对农村发展是一把双刃剑，既有有利的因素，也有不利的影响，这就要求我们在乡级治理中既要看到农村流动人口对农村发展带来的积极影响，更要考虑到农村人口流动导致农业从业人员减少、农村老弱妇幼比例上升、人口整体素质下降、社会治安问题严重等问题。

（一）农村人口流动造成人才流失

农业发展不仅需要大量的劳动力，更需要人才，包括管理型人才和技术型人才。虽然有一些优秀的农民工回乡创业，带动了农村经济的发展，但是对于大多数农村来讲，大批素质较高的农村劳动力外流，使农村劳动力整体素质进一步下降，严重影响了农业科学技术的推广和应用，阻碍了农业向深度和广度发展。从李庄村的人口流动情况可以看出，大部分的青壮年都向城镇流动，村中只剩下劳动能力有限的老人、儿童和一些妇女。这些都不是能够大力促进农业经济发展的人才，甚至有的都不能成为劳动力。流动的村民中多为青壮年，他们头脑灵活，有一定的知识技术，原本可以带给村庄旺盛的生命力，现在多在外务工，对农业经济发展贡献比较小。他们中有的在农忙时还是会回去管理田地，有的感觉没有多大的经济效益就不进行料理，形成大量的荒地。他们中有一部分已经在城镇落户，但是也不愿意放弃村里的田地，没有对田地进行流转，造成土地资源的不合理处置，形成资源的巨大浪费。由此可见，农村人口的流动造成劳动力的大量流失，土地撂荒现象比较严重，影响了农业经济的长远发展。

为了改变这一现状，国家鼓励农民工回乡创业，采取培育职业农民等措施。要把这一政策真正落到实处，需要乡镇政府做大量细致的工作，如建设乡级创业园、淘宝平台等，优化乡域发展硬环境；在国家政策应许的范围内结合本乡实际，在土地、资金、技术等方面给予回乡创业农民工支持，优化发展软环境；多措并举培育现代职业农民，为现代农业发展提供人才支撑等。而目前很多乡镇政府在这方面能力不强，这是对乡级治理能力的新挑战。

（二）农村人口流动使乡村管理陷入困境

现阶段农村人口流动对乡村的发展提供了前所未有的机会，但在一定程度上也使乡村陷入了一种治理困境。农村的人口流动使村庄治理难度加大。首先，治理缺乏权威性，人口流动频繁的村庄村民与村干部接触较少，普遍缺乏信任，有的村干部即使提出治理村庄的想法或号召，响应的人也偏少，使得工作难度加大。其次，治理的参与性不高。由于人口流动使大多数有劳动能力的村民在外，需要大家参与的工作都无法进行，即使一一通知耗费的时间和精力也是相当大的，村民也会对成本等因素进行考虑。对于村委会所组织的乡村事务的管理，纵使在技术操作层面上或许能够体现民主，但是老弱妇孺如何执行也是值得怀疑的。这样的质疑是因为留在村子里人员多为老人、妇女、儿童等，其多数对政治不感兴趣，也很少参加政治活动，在这样的群体中希望他们积极提出有利于村庄发展的意见并参与村务治理，难度之大可想而知。

乡村治理是一个大概念，包括民主选举、民主管理、民主监督，涵盖服务村民、协调冲突、管理村集体事务等一系列工作，但是由于人口大量流动，形成了"空心村"，情况严重的村就形成了"无人可管，无人来管"的尴尬局面。乡级政府如何大力发展农村特色小城镇，建设现代新农村，优化村庄布局，让农民居住得更加集中更加舒适，也易于管理，这是对乡级治理能力的新诉求。

（三）农村人口流动引发了一系列社会问题

人口的流动给家庭带来经济利益的同时也产生了许多社会问题，比较突出的有留守儿童、留守妇女和留守老人的问题。全国妇联发布的研究报告显示，目前我国农村留守儿童数量超过 6102 万，全国流动儿童规模达 3581 万。对于未成年人来说，如果父母长期不在家，得不到父母的关爱，对其身心发展都是极不利的，往往会形成孤僻、内向的性格。特别是一些留守儿童正处在青春期和叛逆时期，如果没有得到正确的疏导和关爱，可能会做出一些伤害自己或他人的事情，走向犯罪的道路。这部分留守儿童多是由家中的老人看护，但是这一辈老人们普遍缺少正规的教育，对待孩子有时候只能提供最基本的生活，满足其吃和穿。儿童是一个家的未来，他们接受不到好的教育，未来将可能受到更多的苦难，父母挣再多的钱也失去了意义。有一部分妇女也是因为要照顾孩子选择留在村中，但是这样又形成与丈夫的两地分居，时间长了会对夫妻感情产生一定的影响，进而影响到家庭的和谐。村中上了年纪的老人多是不愿意出去的，有一部分身体条件允许的，在经济上又存在问题，所以不得不选择外出务工，这部分老人多选择离家比较近的县城或城市工作；另外一部分留在村里的老人本应该安心养老，但子女们外出后照顾孙辈的重担就落在了他们头上，由于自身身体各机能的衰退，常存在心有余而力不足的情况，自己和孩子都是弱势群体，一起生活存在很大的隐患。

　　农村留守儿童、留守妇女、留守老人，以及谁来种地和农村社会治安等问题，既是个人家庭问题，更是社会问题。这些问题产生的根本原因是城乡二元户籍制度、城乡发展不均衡、教育资源分配不均衡、农村社会养老资源严重不足、农村经济发展滞后等。解决这些问题需要家庭努力，更需要政府从国家层面解决，完善相关法律制度，使一部分农民工能够到城市安家落户，使妻儿老小都能成为城里人。还有就是国家要加大对"三农"的政策、资金、技术支持，鼓励农民工返乡创业，培养新型农业经营主体和新型职业农民，培育农村经济新的增长极，促进农村一、二、三产业融合发展。这样既能解决"三留守"、谁来种地等问题，又能促进农村经济社会发展。"上面千条线、下面一根针"，党和国家的各项"三农"政策都要由乡镇政府来具体细化和落实，这就要求乡级建立现代治理体系，提升乡级政府的执行力、创新力，培育乡级干部能够吃透上情、摸清下情，创造性地开展工作的能力。

第三节　农村社会阶层变化对乡级
治理现代化的影响

社会学把由于经济、政治、文化等多种原因而形成的，在社会的层次结构中处于不同地位的社会群体称为社会阶层。即具有相对同质性和持久性的群体，他们是按等级排列的，每一个社会阶层的成员具有相类似的价值取向、利益诉求、行为方式、社会关系和兴趣偏好。深入研究社会阶层的现状，科学合理地研究分析农村社会阶层的发展变化，分析各个社会阶层在经济社会中的地位、在社会分工中的贡献，研究各个社会阶层的利益诉求和阶层之间的差距，是科学制定治理战略的基础。改革开放以来，农村生产力的发展，生产方式的变革，农村社会阶层逐渐分化，使得农村各阶层的利益诉求差别较大，从而给农村社会治理提出了新的课题，特别是非农化过程中出现的阶层间的利益矛盾，如若处理不当，就有可能演变为社会冲突，危及社会和谐发展。深入调研农村各阶层的现状，制定科学的政策满足各阶层的利益诉求，平衡农村各阶层关系，是推进治理体系、提升治理能力现代化的关键。

一　改革开放前农村社会阶层状况

1949年以来中国农村社会阶层发生了几次重大的历史性变化，中华人民共和国成立后到改革开放前，农村经历了土改、社会主义改造、"一大二公"的人民公社三个阶段。在人民公社时期农村坚持按劳分配、不劳动者不得食的原则，后来虽然允许各户留有一些自留地，但是绝大多数农村社员靠在生产队劳动挣工分养家糊口。农民没有创造自己财富的自由，就是自家搞少量禽畜养殖也不被允许，广东省一些县市规定养殖家禽数量超过三只就是走资本主义道路，甚至有的地方干脆规定不让私自养殖。在这种体制下劳动力多、老人孩子少的家庭能够满足温饱问题，劳动力少、孩子多的家庭吃饭都困难，从社会成员所拥有的财富看几乎都在一个阶层，总的看普遍贫穷。按照马克思主义社会阶层的划分标准，即所谓的阶级就是一些人依靠占有生产资料，而占有另一些人的劳动，这一时期在农村是不存在剥削阶级和被剥削阶级，是人人基本平等的社会。

按照马克斯·韦伯的"财富、权力、声誉"三位一体的划分标准，当时农村按照权利和声誉可划分为三大阶层：即农村干部阶层、普通农民阶层、所谓的"地富反坏右"三大阶层。乡村干部掌握着村级的管理权、人财物的调配权，他们是农村中的上层；普通农民是农村社会的中层；"地富反坏右"五类分子是专政的对象，经常受批挨斗、游街扫街，社会地位极其低下，很多"地富反坏右"家庭的男子找不到对象，是社会的下层。而与当时的社会阶层相适应的治理结构是政社合一的人民公社。

二　农村社会阶层变化对乡级治理的影响

改革开放初期，在政治上平反冤假错案，为农村的"地富反坏右"摘帽，从政治等级上消灭了这个以政治出身而形成的特殊阶层等级。同时随着农村家庭联产承包责任制的实施，以及人民公社的解体，村级组织生产大队、生产小队的解散，农村大队干部、小队干部对农村社会的组织权力、分配权力也随之消失，昔日的农村领导阶层也随着农村以家庭为单位的自由生产而消失。家庭联产承包责任制消除了农村普遍贫穷和低水平平均的制度基础，以及以此为基础的社会阶层的存在。

随着改革开放的深入，农村生产方式、生活方式、经济成分、组织方式、就业方式、分配方式、利益关系发生了历史性变化，与此相适应新的社会阶层逐渐形成。目前农村有农村企业主和商人阶层、新型职业农民阶层、农民工阶层、农村干部阶层、传统农民阶层。

（一）农村企业主和商人阶层

在家庭联产承包责任制实行初期，家庭农业在农民收入中占主导地位，一些种地能手和一些个体户在农村出现。20 世纪 80 年代在农村出现了"万元户"，即农村社会经济富裕的上层，这一阶层只是经济上相对富裕，与乡村政权没有联系。90 年代农村乡镇企业异军突起，农村出现了乡镇企业主，并且这一阶层一般都与乡村干部有着较为密切的联系，他们逐渐取代了靠农业收入而成为"万元户"的富裕阶层，迅速成为农村中经济富裕、社会地位比较高的阶层。随着市场经济体制的建立和完善，一些经营良好的乡镇企业逐渐发展为现代企业，形成了农民企业家阶层。如今麦郎饮品有限公司，十多年间从一个乡镇企业发展成为现代知名企业，今麦郎董事长范现国曾被评为乡镇企业家。也涌现出了河北省 Y 县 D 村党支部书记、河北硅谷化工有限公司董事长宋福如等一批乡镇企业家。

这一阶层是农村中最富裕的阶层，有的甚至跻身中国富豪榜，这一阶层人数很少，在我国南方地区相对较多。他们的社交网络基本不在农村，他们一般和县乡干部有"深厚的交情"，他们的主要精力在于自己企业的发展，对农村事务关注较少。他们中分两种类型：一种是借农民身份，或利用自己的村干部地位，攫取农村土地资源和矿产资源，这部分人是乡级治理中应该警惕和预防的；另一种是自己富裕后不忘乡亲，回馈农村，带领农民共同富裕。如河北省永年县广府镇东街村党支部书记宋福如，近年先后投资 6000 多万元，用于打井、修桥、铺路、扶贫、助教、改善生态环境和开发广府古城等社会公益事业，安排就业 1500 多人，为当地经济社会发展起到积极推动作用。在乡级治理中一定要通过制度创新，完善村级权力运行体系，规范村干部的行为，让村干部的权力只能造福乡村，不能祸害村民，避免这一阶层"恶"的影响，弘扬其善的价值。

（二）新型职业农民阶层

近年来，随着国家政策的鼓励和支持，种养大户、家庭农场、农民合作社、农业企业等新型经营主体不断发展。截至 2015 年 6 月，全国家庭农场超过 87 万家，农民合作社达到 140 万家，农业产业化龙头企业超过 12 万家，新型农业经营主体已逐步成为现代农业建设的生力军。[①] 合作社的组织者一般有一些种植大户或养殖大户，还有

---

① 高云才：《我国农业农村发展再上台阶（辉煌"十二五"）》，2015 年 10 月 11 日，人民网（http：//www. politics. people. com. cn/n/2015/1011/c1001-27683811. html）。

一些企业家，一些合作社的经营实力非常强，影响力也较大。有些种植、养殖合作社，它们将分散的农户组织起来，形成一种力量，在经营上它们有实力和种子公司、化肥公司等涉农公司进行谈判，为合作社争取利润，在销售上它们可以和大公司签订销售协议，提高收入，增加总体社会效益。世界发达国家和农业发展优势突出的国家，都是以农业合作经济为载体。合作经济和家庭农场代表着农村未来的发展方向，其对乡级政府管理提出了更高的要求，也希望自己能够参与到社会管理中去。

（三）农民工阶层

农民工阶层是近年来农村中发展起来的最为庞大的一个阶层，人数为2.82亿人，约占户籍农民的42%，以农业为主的村可达47%以上。这一阶层人在城市，家在农村，打工收入是家庭经济的主要来源。他们显现出以下特点。

一是以青壮年为主。根据我国人口统计对青年的计算法，在15—29岁这一年龄组的人都属于青年，壮年的年龄一般指30—50岁。所以本书在结合实际情况以后统计了李庄村18—50岁的农民工情况。其中，18—50岁人数为1016人，占全村人口的45.4%，其中8人在读书，985人外出打工，此年龄组的流动人口占比达到97.7%，并且调查发现在18岁以下的村民中外出打工意愿也较强，未来将可能出现外出打工人员数量不断增多的情况。在村里的青壮年普遍选择外出打工，即使有特殊情况留在农村也是暂时的。在村里务农种地的多为老人、妇女和一些农闲时外出打工、农忙时回家种田的青壮年农民工，这一变化在李庄村历史上，乃至在中国历史也是比较特殊的。

二是近年农民工结构发生了明显的改变。对"百户千村"的调查显示，10年前男性的流动人口的比例达到39%，现在男性流动人口比例上升到了65%。男性多从事一些粗、重、笨的体力活，其中以30—50岁男性打工者为主，大多在建楼、修路、铺桥的岗位上，女性一般做家政、城市环卫等工作。比较明显的是近几年女性流动人口比例逐渐提高，由原先的24%上升到45%，呈现出一种男性流动人口多于女性流动人口，女性流动人口在不断增加的趋势。大多数的家庭从"丈夫外出，妻子留守"的方式转变为"丈夫外出，妻子跟随"，这样就打破了原先的较为单一的以男性人口为主的流动结构。中国社会一直是以男性为主，普遍存在"男主外，女主内"的思想，认为男性应该外出赚钱养家，女性则应该在家操持家务，再加上男性收入普遍比女性收入要高，并且女性还会受到一定的社会歧视，因此大多数女性会选择留在家中照顾父母和孩子。但从近些年的情况看，女性劳动者的需求在不断上升，尤其是在餐饮、家政等服务行业，出现了女性从业人员的数量和需求都超过男性的情况。加之女性思想的解放，自我认识的提高，许多女性会选择外出务工以提高家庭经济收入、提高生活质量。

农民工流动人口多是自发的，呈现为大规模农村人口向城市流动，在区域上则是呈现为内地人口向沿海流动，主要原因是这些地方能够得到更高的收入和更好的就业机会。李庄村的流动人口也符合这个大规律，流入地区主要以北京、天津、石家庄等大中型城市为主，其主要原因是为寻求更高的收入，也有一部分是选择离家比较近的县城工作，分析原因主要是为了方便照顾家庭，收入也相对较高。但是高收入地区的生活也有其弊端，比如生活成本较高，一般的打工者可能无法承受，即使生活在高收入地区，他们中的大多数是生活在"城中村"或者是城乡接合部，依然过着农村的朴素生活，生活品质没有实质的提高。

（四）农村干部阶层

农村干部阶层也被一些学者称为乡村中的政治精英，农村干部由村支部干部和村委会干部组成，一般村有5—8名村干部，占农村人口的0.8%—2%。这一阶层是党和国家政策在村级的执行者和落实者，是村级政治资源、经济资源、文化资源的掌握者和分配者，村级治理的好坏与这一阶层紧密相关，村干部和群众直接接触，农民家的宅基地划分、红白喜事的操办都要靠这一阶层参与。他们在村级治理中起到极其重要的作用。

他们中一些人视村为家，把百姓当作自己的兄弟姐妹，带领村民发展村级经济、修路打井、兴建学校等，促进新农村建设发展，如山西省襄垣县王桥镇返底村党支部书记段爱平、河南省辉县市张村乡裴寨社区党总支书记裴春亮等。但是也有一些人依靠自己的权力、优亲厚友、损公肥私、侵吞村集体资产，已经异化为农村的"官僚阶层"，成为农民的"祸害"。在调查的 10 个乡镇 36 个村中，86%的村民对村干部不满意，36 个村中有 33 个村群众反映村干部处事不公，如部分村干部让其富裕的"亲戚朋友"享受农村低保、在宅基地发放时优亲厚友。特别是在城中村、城边村的农村改造中，村干部掌握着集体土地资源，在土地开放中为自己谋取极大的利益。A 省 W 县一名只有小学文化的村委会副主任，在国家征用其所分包的自然村土地时，利用职务之便，将 14 万余元项目补偿款占为己有。2013 年 11 月 19 日，山西省晋中市纪检监察机关对外公布多起基层干部违纪案件，通报称，247 人被给予党政纪处分，其中撤职以上重处分 81 人，移送司法机关 20 人，收回违纪金额 834.04 万元，祁县峪口乡左家滩村党支部书记刘建武，2002—2012 年，虚报国家退耕还林补助款共计 134990 元。

农村干部是农村中的一个特殊阶层，虽然村委会干部由村民选举产生，但是由于家族势力、村霸以及一些黑恶势力的影响，村中好人、能人有时很难当选，当选后也很难开展工作，用老百姓的话说就是"好人没法干"。目前农村这个关键的"少数阶层"素质相对低下，严重地影响了乡村治理的水平。

（五）传统农民阶层

传统农民阶层延续了家庭联产承包责任制的经营方式和生活方式，经济来源主要靠家庭联产承包责任制时村分给自家的一些土地，有的再承包邻里的一些土地。总体来讲，一般经营土地较少，经济条件较差，这一阶层的人数占 5%—6%，且年龄较大，一般都在 50 岁以上，或是能力低下无法外出打工，或家庭有老人孩子需要照顾难以外出打工。这一阶层与新型职业农民有本质的区别，他们的意识是保守的，经营方式是传统的体力劳动加机械化和半机械化劳动。这一阶层是农村中的弱势群体，经济条件差、社会关系简单、在农村中话语权少，是基层政府应该重点关心和照顾的对象。

总体上看，农村社会阶层已经发生了巨大的变化，各个阶层之间社会资源的获取方式、社会资源的占有量、生存方式、生活方式、价值取向、政治诉求、利益诉求具有很大差距。在乡级治理中如何构建现代治理体系，使各个阶层都能享受到政策为其发展带来的发展红利，又能协调各阶层的利益，特别是照顾弱势阶层的利益，维护乡村社会的公平和正义，促进乡村社会的和谐与稳定，是农村阶层多元化对乡级治理提出现代化的基本诉求。

第四节　农民素质提升对乡级治理现代化的影响

公民的素质高低直接关系着治理方式、治理水平，有什么样素质的公民就应有相应的治理方式。近年来随着农村教育的发展、农民工外出打工，农民文化知识水平有显著提升，他们的法律意识、参与意识、维权意识的提高，以及生活的独立性、多样性、参与性、开放性，都给基层治理提出了新的要求，也是推进基层治理现代化的基础。

一　农民法律意识的增强对乡级治理现代化的影响

法律不是刻在大理石上，而是铭刻在人民的心中，只有法的精神、法的意识融入人民的心中，学法、懂法、用法成为社会文化重要组成部分，依法治国、以法治村才有社会文化的根基。近年来，农民法治意识的增强既为乡级依法治理提出了要求，也为乡级依法治理奠定了基础。

（一）农民非法维权与乡镇干部违法行政并存

20 世纪末 21 世纪初，由于农民的法律意识淡薄，乡镇干部法治观念不强、依法行政能力弱化，导致农民非法维权与乡镇干部违法行政的事件大量发生。在对 168 名 60 岁以上的农民进行调查时发现，他们中的96%法律知识几乎是零、依法维权意识差，他们中的80%依然信奉"冤死不告状"的信条。而这些人 20 年前正处于 40—50 岁，是当时社会的中坚力量，可以看到当时农民的法律意识十分淡薄。正因为大部分农民法律意识淡薄，依法维权意识较差，加上整个农村法治文化薄弱，导致那个时期的乡镇干部常常违法行政。如乡镇干部把一些不交农业税费或违反计划生育政策的"钉子户"抓到乡镇，关到办公室或乡镇车库，一关就是几天，美其名曰为"办学习班"，其实质是非法限制人身自由的严重违法行为。2000年H省X县Z镇干部，将W村八名村民关到该镇车库，因车库简陋，该村村民从车库的后墙砸洞逃出，到中纪委告状，引起轩然大波。乡镇干部违法行政，反过来也激起了法治意识欠缺的村民用违法的方式对付乡镇干部。村民将乡镇干部进村称为"鬼子进村"，一些村组织群众巡逻，巡逻人员一旦发现乡镇干部进村，就鸣锣警示，这时群众就拿着锄头、铁锹出来，围攻乡镇干部，攻击乡镇政府，甚至出现群众火烧乡镇政府事件。这一时期，农民非法维权和乡镇干部非法行政是乡村治理中的常态，乡级治理在非法治理中恶性循环，严重影响了党的公信力，阻碍了乡村经济社会的发展。

（二）农民法治意识增强，要求乡镇干部依法行政

随着农村教育水平的提升，特别是外出务工农民工增多，他们的法律知识不断增加、法律意识不断增强。在对"百户千村"群众法律知识掌握情况进行调查时发现，60岁以上农民的法治意识淡薄，18—40周岁的群众法治意识较强。在对325名外出务工的农民进行调查时，有86%的农民工具有一定的法律知识，他们依法维权意识较强。在对四个乡镇12村的15起民间纠纷的调查中发现，其中八起民间纠纷通过司法诉讼进行解决。

农民法律意识明显增强，要求乡镇干部依法行政、文明行政，要求乡镇干部要学法、懂法、守法，要有法治意识和法治思维，告别过去粗野式的、暴力的行政方式，培育依法、文明的执政方式。而目前一些乡镇干部依然法治意识淡薄，法律知识欠缺，缺乏依法行政的素养。对368名乡镇干部法治意识问卷调查的结果显示，有57%的乡镇干部对行政法的内容不了解，67%的乡镇干部根本没有听说过物权法，52%的乡镇干部不了解村委会组织法，48%的乡镇干部对国家计划生育法一知半解，65%的乡镇干部依法行政、依法解决农村问题的

意识和能力不强。

在全面推进依法治国的今天，面对农民法治意识的提升，一些乡镇干部法律知识、法律意识甚至落后于农民，这是很危险的，严重制约了依法治国的全面推进。正如习近平总书记所讲，依法治国要抓住领导干部这个"关键少数"，乡镇干部就是农村法治建设中的"关键少数"，他们的行为代表着党和政府的形象，影响着农村的法治意识和法治文化，提高乡镇干部的法律意识、法治素养，增强乡镇干部的法律知识，提升其依法行政的能力，是推进乡级治理现代化的关键。

二　农民民主意识的提升对乡级治理现代化的影响

民主制度的设计、民主程序的制定是非常复杂的政治行为，需要政治家高度的政治智慧和对政治理论知识、政治运行规则的精通，需要对世界民主政治的历史进程有较深的掌握，需要有对人民高度负责的精神。制度的初创是否科学合理，关系到一个民族、一个国家的生死存亡和兴旺发达，关系到黎民百姓的生死祸福。但是，民主制度的制定和民主权利的行使是两个层面的问题，绝不能混为一谈，某些民主权利的行使不需要高深的理论。老百姓可能缺少政治理论，但并不缺少某些基本的民主能力。历史上两千年前处于奴隶社会的古希腊、古罗马城邦的平民能进行很好的选举，21世纪的中国农民不应该比古希腊的平民素质更低。

民主行为的中心环节是投票选举，对公民素质的主要要求在于选举能力、民主意识。从选举能力上分析，公民投票选举并不是非常神秘和高难度的政治行为，只要在候选人竞选演讲时能够听懂，并能够判断谁最能代表自己的利益，能在生活中、实践中感到谁能真正为群众办事，选举时在设计好的选票上按要求在认为能代表自己利益的候选人上划票，就可以认为其已经具备了选举能力。这些选举能力的要求，大多数公民是具备的，即使是文盲较多的农村，我们也可以通过简单技术处理使其能很好地行使这一权利。如将候选人的相片张贴在秘密划票室，并在照片上作一简单的符号，而在选票上候选人的名字上作同样的符号，这样即使文盲，也能根据竞争讲演时的深刻印象，和照片、符号相对照，很好地独立进行选举。也可以设代划票室，代划票的人可以从附近的学校找一些热心政治的教师和学生，这样可以做到最大限度的保密与公正。可以说，凡是思维正常的人都具有行使选举的能力。这点在抗日根据地的民主选举中已经得到了很好的证明。

民主意识的决定因素是经济利益。列宁指出，政治是经济的集中体现。从一定意义上讲，政治就是对社会价值的权威分配。民主政治就是公共权力产生、获得和运用的一种方式，以求对社会利益的公平、公正的权威分配。选举也是利益的一种表达和交换方式。马克思曾深刻地指出，人们奋斗所予取的一切，都同他们的利益有关。这是闪烁着唯物主义光芒的真理。公民的民主意识、民主积极性高低的决定因素是选举与公民利益的关系。当选举制度不完善、程序不完备，或选举被当作一种工具，或选举出现"领导提名，群众举手""上面定调子，下面划圈子""进会场，走过场"的形式主义时，即当选举不能反映选民的愿望、要求，与选民的利益没有关系时，选民不但对选举没有兴趣，还会产生厌恶情绪，会对民主政治失去信心。这只能削弱而不能培养公民的民主素质，只能扼杀选民的创造性和激情。当选举与人们的利益休戚相关时，人们会激发出一种激情和创造性。在四川省遂宁市市中区步云乡选举人民政府乡长时，人们冒着雨，在非常阴冷的早晨来到投票站。"一位叫周王氏的百岁老人，投票的日子她让47岁的孙子背着，来到投票站，她说：'俺要选一个好官，少要点钱，多办点好事。'"

20世纪80年代至21世纪初，农民依法参与村级管理的意识并不强。笔者于1995年到乡镇工作，2001年离开乡镇，在此期间，笔者所在的乡镇进行了两次村民委员会换届选举。当时该镇的55个行政村，村民积极参与选举的村只有2—3个，其余的村都是乡镇干部越俎代庖，想尽各种办法在形式上进行所谓的"选举"，有的乡镇干部抱着票箱挨家挨户上门让群众投票选举，有的找几个农民代表进行选举，有的村干脆找村干部自己填选票。而在一些富裕村，在村干部有利可图的村，如集体资源较多的城边村、有矿产资源的村，贿选现象比较严重，甚至黑社会组织插手选举。这些不正常现象存在的一个重要原因是村民民主意识、参与意识较差。

村民自治经过30多年的实践，大大培养了农民的参政意识和民主意识。特别是从文化教育科技条件的发展看，我国在农村普及九年义务教育，农民的受教育程度大大提高，18—40岁的青壮年中文盲很少，达到小学文化程度的约占96%，达到初中文化程度的约占85%。在农村已经完成了"三五"普法教育，农民的法治意识、法律知识显著提高，大部分农民对《宪法》《刑法》《村民委员会组织法》都有所了解，依法办事的意识增强。农民上访告状也大多引用法律条文和国家政策。

进入21世纪以来，大众传媒工具在农村得到快速发展，绝大部分县拥有自己的电视台。农民拥有了电视机、电话、计算机、手机等大众传媒工具，尤其是网络的迅速普及，打破了农村信息的封闭状态，使农民能够迅速地与现代文明接触。对农民来说，各国选举总统、弹劾总统已不是昔日的海外奇谈，这对农民的传统思想意识产生了很大的冲击，激发了农民的民主思想、民主意识。同时，大众传媒的普及也为开展竞选活动提供了有利的条件，例如电视竞选，农民可以通过电视看到候选人的演说、辩论等。

法律的实施需要村民的理解、认同、支持和践行。在"百村千户"的调查中，有73%人认为，村里的公共事务需要村民参与解决，他们也表示愿意参与村级事务管理和监督；57%的人认为目前他们所在的村，村民的知情权、管理权、决策权、监督权没有得到很好的落实；69%的人认为村干部、乡镇干部在维护百姓权益上征求群众意见建议不够，乡村干部存在替民做主的行为，甚至一些人作风霸道，官僚主义极强。在调查的10个乡镇36个村中，26个村能够按照法律程序进行民主选举，但是只有18个村成立了村民代表大会、村民监督委员会，在这18个村中"四议两公开"制度能够较好落实的也只有13个。

可见，村民的参与意识在不断增强，而乡村干部维护群众民主权利、参与权力的意识和能力有待提升，更为重要的是要完善农民、农村社会组织、新型经营主体依法有序进行乡级民主选举、民主管理、民主决策、民主监督的制度，保障农民参政议政的民主权利。

三　农民文化素质的提高对乡级治理现代化的影响

文化是民族的根脉，是人们的精神家园，是人们思维方式、行为方式、价值追求和价值判断的基础。公民文化素养直接关乎治理方式、治理结构、治理水平和治理能力。农村教育不断发展，文化设施不断完善，农民书屋、农村文化广场越来越多，外出农民工不但自身的文化素质提升，而且把城市生活方式、文化理念也带入了农村，使农村的文化生活不断丰富，农民的文化素养不断提升。这为农村治理方式的改革、治理水平的革新提出了诉求，也奠定了基础。

（一）农村教育水平显著提升

农村的文化教育虽然与乡村治理现代化的要求、与城市的教育水平相比还有很大差距，但纵向比较农村的文化教育已有很大的发展，农民的文化素养已有很大提高。1949 年以来的几次扫盲运动，农村教育事业发展，大大提高了农民文化水平。改革开放以来，党和政府高度重视教育事业发展，教育成为国家治理的重要内容，从教育法律制度的创设到教育体制改革，极大地推动了我国文化教育事业的发展。1977 年恢复高考，中国迎来了尊重知识、尊重人才的春天，1986 年制定并颁布了《中华人民共和国义务教育法》，我国开始普及九年义务教育，2006 年在农村免除义务教育学杂费，并对一些贫困地区学生实施教育补贴，农村适龄儿童的入学率显著提升，九年义务教育普及率大大提高。对"百村千户"调查的统计结果显示，在22—50 岁这一年龄段，具有大学本科以上文化程度的为 6%，具有专科文化程度的为 9%，具有高中文化程度的为 13%，具有初中文化程度的为 69%，只具有小学文化程度的为 2.6%，没有读过书的为0.4%。相对于过去，农村的教育水平显著提升，农民的素养显著提高。

（二）农村文化不断繁荣发展

近年来随着农村经济发展，电视和互联网在农村的普及，农村文化生活也不断丰富，农民的眼界也开阔了许多。"百村千户"调查的统计结果显示，73%的农户观看新闻联播，在农村青年中有83%的利用手机上网，59%关心国家大事，农村青年的思想意识、文化水平显著提升。特别是农民工往返于城乡之间，促进了城乡文化交流，城乡文化在相互交流中融合，在相互借鉴中发展。一些农民工将城市较为先进的文化带入农村，改变了农村因为相对封闭，很少受外界文化影响的现状，促进了农村文化多元发展。以李庄村为例来分析农村文化发展的现状，近年来李庄村文化活动不断丰富，村庄建立了村民活动场所，建有供大众娱乐的棋牌室、学习消遣的阅览室，并且建有文化娱乐广场。原先大家吃完晚饭多是看会儿电视，缺乏其他文化和娱乐活动，而现在村民会聚在一起跳舞、打腰鼓、打太极拳或者其他集体活动。还有就是潜移默化的观念转变，以前过春节晚辈给长辈拜年都得下跪行礼，现在基本都是以作揖代替，这是村民们平等意识提高后感觉这与现代文化不相符所做的改变。农民文化素质的提升，使村民会更加关心政治，希望参与公共事务的管理，积极维护自身在村集体中的合理权利，也要求乡级政府大力建设农村文化设施，培育农村文化人才，为农村文化繁荣创造条件，构建保障体制机制。

综上所述，农村经济、政治、社会、文化的深刻变革对乡级治理现代化提出了诉求。正如马克思讲："经济状况是基础，但是对历史斗争的进程发生影响并且在许多情况下主要是决定着这一斗争的形式的，还有上层建筑的各种因素。"① 农村治理环境深刻变化，要求构建治理主体多元化、权力生成民主化、治理方式法治化、利益表达制度化、绩效考核科学化的现代治理体系，培育引导农业现代化发展，繁荣农村文化，构建现代服务体系，提供优质充足公共产品，促进美丽乡村建设的现代乡级治理能力。

---

① 《马克思恩格斯选集》第4卷，人民出版社1995年版，第695—698页。

第三章　推进乡级治理现代化面临的困境

农村生产力的发展和治理环境的深刻变化，要求构建多元、民主、法治、透明的现代化治理体系和高效的治理能力，但是乡级治理由于制度路径依赖，仍然存在较多问题。治理主体单一，乡镇政府在唱独角戏，农民、新型社会组织处于被管理状态，缺乏主动性、积极性和创造性；考评体制不科学，治理客体评价缺位；监督机制不健全，群众监督缺乏平台和制度保障；农民利益表达非制度化，群体性事件时有发生；县乡关系职责不清、权责不明，呈现"随意性""人治化"；乡镇政府和村委会之间法定的指导与被指导关系，被扭曲为领导与被领导关系；乡镇官员权力产生机制存在缺陷，按照政治学、社会学的基本原则，谁授权就对谁负责，只有群众真正有效授权，乡镇干部才能对群众负责。目前个别地方乡镇党政领导干部形式上是由党代会和人代会选举产生，实际上是由上级党政领导任命，造成了一些乡镇领导对上唯命是从、对下不管不顾等问题。由于治理体系不完善，也就导致乡镇治理能力弱化，主要表现在引导农村规模化经营、推进农业现代化发展方面能力较差、无所作为；在农村政治建设、组织农民参政议政、维护农民权益方面能力还有待提高；在发展农村文化教育事业方面能力欠缺；在农村养老、医疗、治安等公共产品供给方面力度不够；在强化廉政建设方面能力不强，乡镇干部、农村干部不作为、乱作为现象依然存在，这严重制约了农村各项事业的发展。

第一节　乡级治理体系不完善

科学完善的乡级治理体系是乡级治理现代化的基本元素和主要标

志，目前乡级治理体系存在治理主体单一、治理结构碎片化、乡级治理职权配置不够规范、乡级治理权力生成不够民主、利益表达回应机制缺乏制度规范、信息公开缺乏真实性和常态化、乡级官员考评机制不够科学、治理主体之间的关系严重行政化、县乡治理主体关系缺乏法治规范等问题，这些问题严重影响了乡级治理效能，制约了乡级治理现代化的发展。

一　乡级治理结构单一化和碎片化

多元共治是治理现代化的一个重要标志，是多元社会发展的内在要求。改革开放以来，我国农村社会出现阶层多元化、社会文化多元化、社会价值多元化、利益诉求多元化等，农村社会的多元化要求社会治理方式多元化和治理结构的科学化。但是，由于历史和现实的一些因素的影响，我国乡级治理仍然存在治理主体单一和治理结构碎片化问题，严重弱化了治理主体的积极性和主动性，也不利于治理效能的充分发挥。

（一）乡级治理主体单一

我国经过 40 年的改革开放，基本上实现了从传统社会向现代社会的转变，市场经济发展迅速，各种市场主体逐渐成熟，社会各种组织、团体特别是非盈利组织发展较快，我国社会结构已经发生了深刻变化，而与多元化社会结构相适应的多元治理已成为历史发展的必然。在我国，由于受两千多年小农经济"家天下"一元治理方式和乾纲独断的政治文化影响，再加之 1949 年后实行计划经济，与之相适应的高度集权的治理方式影响，我国多元共治仍需大力培育和发展。

在农村乡级治理中，农村干部、乡镇企业、新型经营主体、农民缺乏参与治理的体制机制保障，基本上是政府在唱"独角戏"。主要原因如下。一是乡镇干部缺乏民主意识，缺乏和群众沟通协商的理念，很多乡镇干部具有"官老爷"的作风，缺乏公仆意识和群众观念。中国共产党"从群众中来、到群众中去"的群众路线，"问计于民、问需于民"的优良作风没有内化于心、外化于行。同时，广大群众也缺乏参与、管理、决策、监督的意识和习惯。二是缺乏有效的制度保障，在乡级治理中缺乏民主决策、民主管理、民主监督的制度体系，乡镇人民代表大会制度没有很好地发挥作用。乡镇人民代表大会虽然是常任制，但是运行机制不健全，群众决策议事制度没有完全建立。由于多元治理的体制机制不完善，致使乡镇工作不能被群众所理解和支持。如在农村道路建设、水利设施建设、环境卫生整治上，由于农民没有充分参与其决策、管理和监督，在对6个乡镇、18个村168名农民调查中，有78%的农民认为这些都是政府的事情，与其没有关系。即使在D省H县L村这样的省级生态文明示范村，也有63%的村民认为村容村貌改善、道路硬化等，是乡、村干部为捞政绩甚至从中牟利而做的，其根本出发点不是为了方便群众、改善环境。之所以造成造福群众的事情群众不认可、群众不买账、群众不理解的现象，最根本的原因就是没有实现多元共治。基层政府与基层各主体是管理与被管理的关系，甚至因一些内部矛盾处于对立状态，导致基层治理绩效较差。

（二）乡级治理权力结构"碎片化"

权力是社会价值的权威性分配，是社会治理的基础，没有权力就没有治理，完整有效的权力结构是政府有效治理的最基本保障。马克斯·韦伯认为，权力意味着在一定社会关系里哪怕是遇到反对也能贯彻自己意志的任何机会，不管这种机会是建立在什么基础之上。公权力以其特有的强制力贯彻社会治理者的治理理念，维护社会的基本秩序。乡镇政府的权力和职责是乡镇政府行使其职能的根本保障。在现行的乡镇政府权力运行中，其权力机构不完善、不全面、不系统，呈现出"碎片化"的特征。一是条块分割严重，肢解了乡镇的权力体系，乡镇政府是"巴掌大的权力，天大的责任"。在目前乡镇权力体系中，乡镇政府是一个不完全的政府，一般乡镇政府机构由政府办公室和"七站八所"组成。"七站八所"由两部分组成，一些是乡镇政府直属的站所，如民政所、农经站、文化站，另一些是县级职能部门的派出机构，如派出所、工商所、税务所等。县派出机构不隶属乡镇政府、不对乡镇政府负责，而这些派出机构在乡级治理中具有重要的作用，这样乡镇政府就成为一个支离破碎的不完整的政府。具体讲：乡镇的土地管理权由乡镇土管所行使，而土管所隶属县国土资源局，与乡镇政府没有直接的人财物关系，乡镇政府在农村宅基地管理、治理违规私搭乱建上负有责任，但没有管理的权力；乡镇派出所是县公安局的派出机构，隶属公安局，乡镇政府没有权力指挥派出所，而乡镇政府在农村社会秩序维护、社会治安管理方面负有重要责任，但没有有效的权力来行使这一职责；乡镇税务所、工商所隶属县税务局、工商管理局，乡镇政府在维护乡镇市场秩序、利用税收政策促进经济发展方面几乎没有权力。二是乡镇的财政权力缺失，财政权力是有效治理的基础。目前在很多地方实行乡镇财政由县财政代管，乡镇财务开支要到县财政部门报销。这一制度早在2000年左右就开始在一些县实行，其背景是分税制改革后，县财政异常紧张，无奈之下县以"规范乡镇财政财务管理"为名，将乡镇的财权收归县代管，实质是"代管、代用"，这样乡镇政府就失去财政独立的权力，而财政的独立是自主开展工作的重要基础。三是人事权欠缺，人事权是治理中的重要权力，目前乡镇政府基本上没有用人权力。在人才的招录选聘上，乡镇政府需要根据本单位编制，由上级统一组织考试选拔。这种制度的设计有其合理性，可以避免任人唯亲、靠"条子"进人、靠关系进人等问题，但是在干部的提拔任用上，存在一些问题。虽然乡镇党委书记有推荐的权力，但乡镇科级干部的提拔任用权实际上在县委组织部，而且领导干部的降级、降职、撤职，乡镇党委书记和乡镇长实际上也没有权力决定，这样就造成乡镇主要领导的权威缺失，导致一些乡镇干部缺乏贯彻力和执行力。

二　乡级治理职权的界定不够规范

政府职能反映着政府治理的基本内容和活动方向，是政府行政的本质表现，其主要职能包括政治职能、经济职能、文化职能、社会职能，具有公共性、法定性、执行性、强制性、动态性等特征。乡镇政府的职能反映乡镇政府的性质和施政方向，决定着农村社会治理的水平和治理能力。概括起来讲，乡镇政府的职能就是落实国家在农村的政策，维护农村社会秩序，提供有效的公共产品，实现政府和社会的良性运行。但是在实际执行过程中，一些乡镇政府出现了职能异化现象，主要表现为政府职能的越位和缺位。

乡镇政府职能越位。由于乡镇政府是从全能型的人民公社发展而来，加之一些乡镇政府受政绩观的驱动或部门利益的驱使，在基层社会治理中往往出现越位现象，管理很多管不了也管不好的事情。如2000年某乡镇政府在经济发展中强制农民搞种植、养殖，D省H县一些乡镇就曾强制群众毁掉小麦种植棉花。也有一些乡镇干部为了一己私利和开发商沆瀣一气，强行征收农民土地，沦为开发商的工具。如2014年10月14日，K市J县工业品商贸物流中心项目施工过程中，发生村民冲突事件，冲突致8人死亡、18人受伤。当地村民称，2011年镇政府征收了富有村3000多亩土地，用于该物流中心建设，当时，每个村民只拿到四万元赔偿款，而且"政府也不给安排工作"。造成冲突的另一个原因是，村民称镇政府此后又占用了村里另外2000多亩良田，村民要求对方出示批文等征地手续，对方却未能拿出。①

乡镇政府职能缺位。乡镇政府肩负着一个乡镇营造良好经济发展环境、提供优质公共服务、维护社会和谐稳定等职能。由于我国基层社会治理中条块分割严重，乡镇政府本身职能不健全、治理能力有限，以及个别乡镇干部不作为、乱作为，造成乡镇政府在乡村治理中存在严重缺位的现象。其主要表现在以下几个方面。一是一些乡镇在创造经济发展环境上严重缺位，没有为农村经济发展创造良好的环境，不能引导经济持续健康发展。具体讲，在农村土地流转、传统农业升级、特色农业发展、农业合作组织培育、新型职业农民的培养、农村市场监管等方面严重缺位。在对D省南部地区13个乡镇的调查中发现，九个乡镇在发展农村经济中没有措施，农村经济发展完全成为农民自己的事情，而农民受知识、信息、能力等方面的限制，无法

---

① 蒋萌：《晋宁征地惨剧的"导火索"在哪里》，2014年10月17日，人民网（http://www.opinion.people.com.cn/n/2014/1017/c1003-25853457.html）。

辨别真假农药、真假种子、真假化肥，无力培育新的经济发展业态，难以推动现代农业发展。二是公共服务提供不足。为农村提供公共服务是乡镇政府的基本职责，近年来在建设新农村、建设美丽乡村等国家战略的推动下，乡镇政府在农村道路建设、村容村貌改善、农村饮水工程建设等方面做了一些工作，但与农民的需求和时代的发展、新农村建设的基本要求都有很大差距。基本农田水利建设滞后，一些农村环境卫生"脏乱差"问题突出，特别是在治理农村环境污染方面基本空白，农村优质教育资源的供给不能满足孩子的需要，农村养老问题依然严峻，留守儿童的心理关照、教育等问题难以解决。这些社会公共产品供给问题亟待解决，因为这已成为制约农村发展的瓶颈。

三　乡级治理权力的生成不够民主

乡镇党委在乡级治理中负有领导责任，政府负有主体责任，按照政治学上谁授权就对谁负责的原则，乡镇党委书记和乡镇长的权力来源，直接决定着其价值取向和行为模式。目前一些地方乡镇党政领导干部形式上是由党代会和人代会选举产生，实际上是由上级党政领导任命。造成这种"假选举真任命"现象流行，主要是由于现行的党政领导干部权力生成的方式和程序不科学、不完善。

（一）少数乡镇党代会和人代会代表产生非民意

乡镇党代会代表和人代会代表是否为广大党员和人民群众选出的有威信、有才干、有作为的代表，能否真正成为党员和人民群众的委托代理人、代表党员和人民的利益、替党员和人民说话，是党代会和人代会能否真正反映党员和人民意志的基础。在少数地方，党代表实质上是乡镇党委和村党支部指定的。"参加乡镇党代会代表的选举，亦是走形式，村党支部书记往往是出席党代会的当然代表。"[1] 如 H 省 N 县 L 镇第十届党代会代表一些是镇村干部，即使不是干部也是能和镇村领导保持一致的"自己人"，这在基层极为普遍。

---

[1] 史卫民：《公选与直选：乡镇人大选择制度研究》，中国社会科学出版社 2000 年版，第 22 页。

　　H省K县B乡的乡人大代表候选人主要是由各村党支部推荐的，选民联合推荐的情况根本没有。各选区推荐的候选人名单上报到乡选举委员会，由乡选举委员会决定正式候选人名单，并予以公布。这两个过程没有群众的参与，也同样存在操作的非公开性、非选民意志性的现象。各村安排的一些准备在差额中落选的"配带儿"，也主要是村支部和村委会的一些村干部或者一些村民们都厌恶、在村里没有人缘的。这也保证了选举按"正常情况"进行。① 为使指定的代表候选人当选，个别乡村干部操纵选举，其主要方法是选举时不召开党员选举大会和群众选举大会，实行流动票箱，干部和一些候选人分组抱着票箱走门串户，当场计票和唱票就无从谈起了，失去群众监督。更有个别村干部为确保指定的代表候选人当选，村干部自己填全村的选票。在该乡"许多候选人所得选票，也正是其拿着票箱挨家挨户'拉'来的。村民们碍于面子投了他的票，因而无记名投票实际也成了'记名'的。事实上，在很多情况下，选民所要做的一切就是给'钦定'的候选人披上一层合法的外衣。如此一来，选举带有很强的计划性，变成一种自上而下的组织行为"②。

　　(二) 少数乡镇领导干部候选人产生不公开、不民主

　　选举中候选人的提名方式是民主选举的基础和关键环节，是衡量整个选举过程能否真正达到民主要求的一个重要标准。在基层少数乡镇党政领导干部的候选人或称拟任人选，特别是乡镇党委书记和乡镇长的候选人，是由县委进行人事安排决定的，个别地方是由"一把手"县委书记决定。"乡镇党委由党代会选举产生，书记、副书记及党委委员人选一般由县级党委组织部门确定，无论是实行差额选举还是等额选举，都不过是走形式而已。"③ 有的地方把党组织向国家机关推荐候选人理解为向国家机关指派候选人，把候选人强加给代表，要求代表保证所推荐的候选人当选。如果代表联名提出候选人，就要

---

① 蔡定剑：《中国选举状况的报告》，法律出版社2002年版，第84页。

② 史卫民：《公选与直选：乡镇人大选举制度研究》，中国社会科学出版社2000年版，第88页。

③ 同上书，第22页。

"做工作"，千方百计地要求代表撤回提名，或阻止联名提出的候选人当选。

近十几年来，基层地方治理改革的探索一直没有停止过，少数地方实行"票决制"，即乡镇主要领导人拟任人选由县委常委会或全委会投票表决，这是党内民主的一大进步。但"票决制"在一些地方也变样，是领导提名，委员表决，范围小、人数少，容易控制。

根据《中华人民共和国地方各级人民代表大会和地方各级人民政府组织法》规定，地方正职领导人的候选人一般应多于一人实行差额选举，如果提名的候选人只有一人，也可实行等额选举。为了保证"党委意图的落实"，一些地方避开差额，对正职实行等额选举。地方组织法规定副职必须实行差额选举，基层一些地方为了确保"落实党委人事安排意图"，副职实行"软差额"，即指定一个根本没有竞争力的候选人参加选举。诚如宽城满族自治县人大常委会的某位科长所说："副职倒是差额选举，不过你一看，那其中多余出来的候选人谁看也不能选上，所以选举的结果也从来没有出过我们事先的预料，差额选举时，有的候选人非常明显就是'配带儿'……现行的人事考察制度，实际上在选举之前已将准备落选的候选人安排妥当，对这些候选人来说，显然是不公平的，但他们不得不服从组织安排。"①

（三）一些乡镇候选人介绍方法单一

候选人的宣传、介绍，是选举的一个重要环节，也是选举的魅力所在。按照民主的本意，候选人应该在公平的基础上，以竞选的方式进行自我介绍。在基层选举中，组织选举的领导者对介绍候选人的重要性缺乏认识，习惯于服从党组织安排，不愿去做大张旗鼓的宣传介绍工作。当然也由于选举法对候选人介绍的规定有些保守，以至于在实际操作中候选人的介绍工作过于简单，只是在党代会和人代会上，简单的书面或口头介绍候选人的基本情况，更谈不上候选人发表施政演说、选举人对候选人的提问、候选人答辩等。这样很难让选举人全

---

① 史卫民：《公选与直选：乡镇人大选举制度研究》，中国社会科学出版社2000年版，第302页。

面地了解候选人的情况，对候选人的政绩、能力、特长和缺点及任职后的施政目标、思路和措施等了解甚少。一位同志抱怨自己在"参加人大选举二十多年来，从来没有见过任何一位候选人，也不知道他有什么政治主张，他如何为选民谋利益？如何监督政府？我如何与他联系？我们以往在选举过程中，负责任的单位，选举前几天传达区区十几字的候选人介绍，不负责任的单位，连候选人简单的介绍这道程序也省了，你根本不知道候选人是谁，最后投票时是一个陌生的名单"①。

（四）少数乡镇选举过程不规范

由于实行间接选举，党代会和人代会的人数较少，一般在40—100人。并且大部分代表都是经过精心挑选的能和党委主要领导保持一致的"自己人"，一般没有新闻媒体和社会团体的监督，特别是没有竞争。在选举过程中，少数地方为了落实上级领导意图，确保早已"协商"好的候选人高票当选，采取各种方法操纵选举，诸如有的分组讨论，"渗透"领导意图；有的经过预选，正式选举时实行等额选举；有的选举时不准代表带笔，谁想另选他人，就必须从工作人员手中借笔，以便"监督"谁不和领导保持一致。

个别地方为了实现领导的人事安排意图，组织部门费尽心思，选举也是他们最头疼的事。正如一位组织选举的工作人员的诉苦，现在的选举工作非常难做，就是因为既要搞差额，又不想让代表真正提出自己的候选人；既要让代表提名候选人，又不想让代表提名的候选人当选，最终要保证党委提出的全部候选人当选。

个别人还"大胆"地提出，政党的目标就是要执政，外国各政党不也是为了本党党员当选而奔走呼号么，为确保共产党员当选，我们要理直气壮地"做工作"。这种观点值得商榷，一些外国实行两党制或多党制，选举时各党派大都推出自己的候选人竞选某一行政职务。中国实行的是中国共产党领导的多党合作与政治协商制度，各级行政机关的正职候选人由中国共产党提出，一般不存在党派竞争，并且人

---

① 老石：《让候选人与选民见面成制度》，《民主与法制》2004年第3期。

代会代表中共产党员超过半数，一些地方人代会类似一个小型的党代会，这时再强调党员必须和党委保持一致，党员的选举权就被剥夺了，选举也就基本失去意义。

计票是选举过程的重要环节。目前选举时一般是秘密计票，无论党代会还是人代会计票时一般不公开，而是在大会专门准备的计票室内秘密进行。秘密计票弊端很多，属于暗箱操作，改选票、更换选票等违法操作难以避免。

个别地方通过以上"措施"，不论是党章还是选举法规定的"选举要体现选举人的意志"都难以保证，使宪法规定的"一切权力属于人民"在一些乡镇成为难以兑现的法律条文。在选举中落实党委人事安排和意图，实质上在一些地方是领导个人的意见，并非真正的党委意见。目前在基层随着强调"一把手"负责制和在各项工作任务中"一把手"是第一责任人，不论是实行委员制的党委还是实行首长负责制的政府，都出现了权力向"一把手"高度集中的现象。特别是在人事安排上，个别地方在县级就是县委书记和县长，主要是县委书记定乡镇主要领导干部的候选人，常委会只是形式上通过而已。由于县委常委自己的政治命运受到县委书记的左右和影响，现在的一些常委比较"知趣"，能找准"自己的位置"，对这种情况也都"习以为常""见怪不怪"了。这样要求党代会和人代会的代表向党委负责和保证落实党委意图，实际上是向县乡主要领导个人负责，党代会和人代会成为落实个人意志的工具。史卫民在深入研究基层民主后指出："县、乡、村三级的'一把手'，从形式上看，他们都是由选举产生的，但实际上这种选举不过是上级党组织意图的确认过程，真正实现党内民主还是一个遥遥无期的目标。"① 这种形式上的选举制实质上是委任制，使官员"内卷化"，乡级政府职能"异化"。因此，改革和完善选举制度已势在必行。

---

① 史卫民：《公选与直选：乡镇人大选举制度研究》，中国社会科学出版社 2000 年版，第 23 页。

四　农民利益表达回应机制缺乏制度规范

马克思认为"人们奋斗所争取的一切，都同他们的利益有关"①，"政治权力不过是用来实现经济利益的手段"②。在一个信息化、现代化社会，民众、社会团体的利益表达机制是维护和实现公民、法人基本权利的有效保障，是科学决策、民主决策的基础，也是现代治理的重要内容，是社会良性互动、和谐稳定的基本条件。维护好、实现好群众利益是中国共产党的宗旨体现和不懈追求，从群众路线的确立到构建群众来信来访制度，为群众的利益表达提供了理论和制度保证。但是随着社会的转型、市场经济的建立、城镇化的推进、工业化的发展，农民也被裹挟进这一历史潮流，随之而来的土地问题、宅基地问题、社会保障问题、医疗问题、农民工子女教育问题、留守老人问题等社会问题日益凸显。在一些地方，特别是城乡接合部、煤炭矿产资源集中的农村，利益纠纷增多，干群关系紧张，群众体制内的利益表达机制难以适应农村的新形势，体制外维权冲突日益增多，这些都威胁着社会的安定和发展，侵蚀着党和政府执政的合法性和公信力，这是基层治理应该首要解决的问题。

（一）体制内利益表达机制不健全

目前我国基层社会治理中，农村体制内合法的利益表达机制主要有基层人民代表大会制度、信访制度，这些制度由于传统政治文化、制度本身缺陷和农民自身素质等原因，体制内利益表达机制不健全、表达渠道不顺畅。

人民代表大会制度是人民利益表达的主要制度安排，但是由于基层干部执行中走样，县乡人大代表往往成为一种荣誉、一种象征，人大代表很多是上级指定，选举只是走形式、走过场，很多群众根本不认识谁是县乡人大代表，人大代表也很少征求群众的意见和建议。在调查 H 县三个乡镇六个村的 169 名群众中，23% 的农民没有参加过县

---

① 《马克思恩格斯全集》第 1 卷，人民出版社 1956 年版，第 82 页。
② 《马克思恩格斯选集》第 4 卷，人民出版社 1995 年版，第 250 页。

乡人大代表选举，77%的群众参加过选举，但只是按照乡村干部的要求在选票上画个钩，压根不知道是什么样的选举。只有15%的群众知道谁是人大代表，49%的群众根本不知道谁是人大代表，还有36%的群众根本不知道人民代表大会制度。而且少数乡镇人大代表大会本身也是流于形式，是橡皮图章，其主要的选举权多数是在已定好的乡镇长候选人上投上一票，其他的监督权、罢免权、决定权更无从谈起。可见在少数地方人民代表大会制度并没有成为农民表达利益的主渠道。

信访制度是基层群众利益表达的另一个制度安排。在实际运行中群众通过上访表达利益诉求收到实效比较困难。一是因为信访制度本身设计和运行存在缺陷，信访部门在国家的权力体系中是个弱权力部门，它没有财权、人权、事权、处置权，对群众上访反映的问题不能直接予以解决，只是负责群众上访的接待，然后按照归口办理的原则，将信访案件转交到有关部门或下级政府部门处理。如将农民到乡镇信访办反映的问题转交给村委会解决，到县信访局反映的问题转交给乡镇解决，而群众反映的问题很多是与村委会、乡镇政府之间的矛盾，而这些问题又转交给矛盾的相对方解决，有时候不但矛盾解决不了，而且上访人还会遭到打击报复。在对三个乡镇七个村36个上访户的调查中发现，只有三户是通过上访解决了问题，其他所谓的上访户都是"无果而终"，甚至有的上访户被基层干部定为"无理取闹"的"刁民"加以打击。实质上一些基层政府信访部门不是群众表达利益的窗口，而是政府看门的机构，其采取各种措施把到政府上访的群众拦截在政府的大门之外，避免群众直接向领导反映问题，"扰乱领导办公秩序特别是主要领导"，同时基层信访部门想方设法阻挠群众到上级部门上访。可见，信访这一群众利益表达机制很难发挥有效作用。

（二）非制度化利益表达增多

群众路线是中国共产党的根本组织路线和政治路线，"得民心者得天下，失民心者失天下，人民的拥护和支持是党执政的最牢固根基。人心向背关系党的生死存亡"①。密切联系群众是中国共产党的优良传统，然而在一些乡村缺乏完备的制度、畅通的渠道来保障群众利益的表达。当农民的利益受到严重损失，甚至威胁到其生存，而合法的渠道无法表达利益的时候，农民只有采取非制度化甚至非法的利益诉求方式。这就导致一些农村干群矛盾愈演愈烈，积怨愈来愈深，最终导致少数群众自己组织起来请愿上访，冲击和围攻党政机关，甚至有聚众械斗等恶性事件发生。

2013 年《社会蓝皮书》指出，中国近年来每年发生的群体性事件可达十几万起，其中让社会震惊的瓮安事件、定州事件、乌坎事件、什邡事件等群体性、恶性事件时有发生，而且这些恶性事件和群体性事件多是因干群矛盾而激化，主要是因为基层干部横行乡里、鱼肉百姓，而基层百姓又无有效的利益表达渠道。这必将严重损害群众的根本利益，破坏党群干群关系，威胁动摇我们党在基层的执政根基。

五　乡级政府信息公开缺乏真实性和常态化

政府信息公开是现代治理的基本要求，是群众参政议政、加强监督的制度保障。自《政务公开条例》实施以来，乡镇政府政务公开成为一项法定工作，各乡镇均建立了政务公开机构，明确了公开内容，设立了公开栏。个别经济发达的乡镇政府利用互联网这一平台开展网络政务，建设电子政府，推进网络办事，在很大程度上方便了群众。但是调查发现一些乡镇政府政务公开走形式、走过场，主要表现为政务公开内容不全面、不真实，公开不及时，避重就轻、避实就虚，在政务公开时间、方式上随意性较大，不够常态化。

（一）公开意识淡化，公开制度不健全

公开、公正、廉洁、责任是现代政治文化的重要内涵，是依法治国的基本要求，也是官员应具有的职业素养。而乡镇一些官员习惯于"土皇帝"作风，热衷于暗箱操作，把权力看作牟取利益的工具，公

---

① 《习近平谈治国理政》，外文出版社 2014 年版，第 368 页。

开本身就是对权力的限制和监督。因此，一些官员从意识上到行动上非常抵制政务公开，害怕群众监督，对政务公开消极应付，进行模糊公开，甚至假公开、不公开。而对个人信息公开，一些官员特别是一些贪官，更是恐慌害怕，如果实行官员个人信息公开，这些官员只能以抵制、瞒报、假报的方法进行应付。其实质是缺乏党性意识、服务意识、公仆意识，甚至存在贪污腐败现象。与此相伴的是很多乡镇政府公开制度不健全，没有一套完整的公开制度，没有实现从领导机构到公开内容、公开时限、公开程序的制度化。

（二）公开内容选择性强，避实就虚、避重就轻

全面如实地进行政务公开，是搞好政务公开的关键环节，公开内容一旦不真实，公开就失去其意义，甚至产生负面影响。目前一些乡镇政府及其派出机构，政务公开内容选择性强，只公开一些国家的方针政策、科室的基本职责和一般的办事流程，而涉及最重大、最敏感的财务问题、征地款补助问题、上级转移资金使用情况等方面，有的乡镇只是简单地公开几笔大的财务数据，有的干脆就不公开。在对三县16个乡镇政府公开栏的调查中发现，有七个乡镇2014年政府公开栏内容就是一些计划生育条例、乡镇低保户的申请政策和标准等，财务开支情况基本没有；九个乡镇就是一些简单的收支数据或简单的开支情况和低保补贴的发放、粮食直补的发放等，根本不是乡镇收支明细等。乡镇财务是乡镇公开的重要内容，是群众监督的重点，然而一些乡镇恰恰在这项上进行回避，只能说明财务开支有问题，甚至有腐败现象的存在。

（三）公开方式单一，应用网络等现代媒体公开较少

政府信息公开方式是政府信息公开的重要载体，现代媒体是政府信息公开的重要途径和渠道，其具有传播快、影响大、便捷等特点，便于社会和群众及时了解政务信息。在对16个乡镇政务公开的调查中发现，有13个乡镇没有自己的门户网站，政府信息公开工作人员中没有懂网络知识的专门人才，政务公开也只是限于公开栏公开。对于官员个人信息公开，一些基层干部只是公开个人的年龄、学历、任职经历等，而关于工资、住房、投资、银行存款、股票等财产性收

入，在网上查阅和实际调研中，没有发现一个官员主动进行公开。造成官员信息公开缺失的主要原因是制度的不完善，目前乡镇政府官员个人信息公开从法律到制度都没有明确规定，自然也就没有进行。2015 年以来，北京、广东、青海、海南等省市在县级以下开展科级干部事项申报，这只是申报，而非公开，唯有官员信息公开才能更好地接受群众监督，才能从制度上预防腐败。

六　乡级官员考评机制不够科学

考评体系由考评主体、考评对象、考评内容、考评方式以及考评结果的运用等基本元素组成，乡镇政府考评存在的主要问题是考评主体单一、考评方式简单、考评内容"不接地气"。

乡级政府考评主体单一。对乡镇整体工作的年终考评主体是县委、县政府的考核办公室，每年进行一次年终考评；对乡镇副科级以上领导的考评一般由县委组织部负责，分为每年一次的常规考评和在干部提拔时的临时考察。县级政府就成为乡镇政府的主要考评主体，而乡镇政府的直接行政对象农民、农民合作社、家庭农场等在考核中严重缺位，这就导致一些乡镇干部只做表面文章、"面子工程"，根据上级领导的好恶来开展工作，而不是根据当地经济社会发展的需要和群众的需求。

乡级政府考评方法简单。常规方法是每年 12 月份县考核办到各乡镇按照年初的工作目标、任务就完成情况进行考评。主要考评方式为"一听、二看、三测评"。一听是听乡镇主要领导的汇报；二看是看党建、民政各种资料、经济发展报表，实地查看村容村貌改造、企业发展等；三测评是县直各职能部门给乡镇的测评打分，乡镇管辖的各村村支书、村主任对乡镇工作的测评打分，对乡镇管辖的"七站八所"的打分。这些考评方式看起来较为完善，实质上缺乏最核心的民主测评方式，即缺乏农民对乡镇干部的测评。

乡级政府考评内容不全面。考核内容随意性较大，重视上级任务的完成而轻视农村社会的发展和群众的需要。20 世纪 90 年代到 2006 年取消农业税前，这一时期县委、县政府对乡镇干部考核的主要内容是征购提留的完成情况、计划生育政策落实情况。而这一时期乡镇政府的主要工作就是围绕考核来开展征购提留、计划生育，被群众戏称为"催粮逼租、刮宫流产"，或戏称乡镇干部三件事"要命、要粮、要钱"。随着农业税的取消，乡镇干部征购提留这一任务也就历史性地终结了，不再作为考核内容，计划生育工作也随着我国人口结构的变化而进行了调整。

　　近年来，维稳成为考核的主要内容，每年全国人民代表大会和全国政协会议召开期间或奥运会、大阅兵等重大事件期间，基层干部的主要任务就是"维护农村的稳定"，即我们通常所说的"维稳"。H省是距离北京较近的省份，一些地方把防止群众上访作为维稳的主要任务，作为考核干部的首要内容，一旦在这一时间段出现群众上访，就实行"一票否决"，即在年终考核时不论该乡镇在其他任何方面有多大的成绩，只要是有群众越级上访，特别是越级到国家信访局、中央纪委信访室等上访的就要一票否决。所以基层干部把监控群众上访作为头等大事，想尽各种办法，有的基层政府对"老上访户"实行严防死守，在关键时候实行24小时不间断的监视控制。同时，在每年的全国"两会"期间或国家有重大活动期间，一些县乡政府就要组织信访干部、公安干警、法院人员等有关人员组成维稳小组，到北京值班，一旦发现有本辖区上访人员，就采取各种办法阻止群众上访。有的基层公安、法院人员发现辖区内群众有上访的，不问缘由，强行带回，有时还施以暴力；有的基层干部为了防止群众上访，竟然让医院为上访群众开精神病假诊断，然后按没有行为能力人进行控制。另一方面，近年来，敲诈勒索政府的案子屡屡见诸报端。2014年7月9日，A省S市一名农妇因敲诈勒索罪被该市中院二审判处有期徒刑两年四个月。她"敲诈"的对象是街道办事处，以上访为由，索要征地补偿款。对于上访如何能"要挟"到基层政府，该市一街道官员称，"信访对街道年度工作考核起到'一票否决'作用，做不好，街道年终参评的资格都没有"，"很多干部因为信访维稳综治工作不力得不到提拔"，"非正常上访干扰了街道正常的工作"①。

为什么党赋予人民群众的信访权难以实现？原本是联系群众和干部渠道的信访制度扭曲到一些基层干部"谈访色变"的地步？根本是因为我们的干部由上级党委任命和考核，而市、县官员把所谓的"维稳"作为重要的考核指标，才上演了一幕幕现代版的《官场现形记》。

七　乡村治理主体关系严重行政化

《村民委员会组织法》规定："乡、民族乡、镇的人民政府对村委会的工作给予指导、支持和帮助，但是不得干预依法属于村民自治范围内的事项。村民委员会协助乡、民族乡、镇的人民政府开展工作。"但在实际运行中两种权力来源，一种是国家授权的乡干部，一种是群众授权的村干部，往往形成控制和反控制的矛盾，其中起主导作用的是乡镇权力严重越位，以行政命令干预村内事务。表现为乡镇政府为了让自己满意的人当选，以便控制村内资源，保证各项任务的完成和既得利益不受损害，对村委会选举进行控制。根据对一些乡镇六年的调查观察发现，一些乡镇在村委会候选人的提名、选举程序中大做文章，致使选举流于形式；并通过财务"村财乡管"，实际上是"代管代用"，来控制村民自治；甚至个别乡镇不顾党纪国法明目张胆地直接任免村委会主任。这引起了村民的强烈不满，上访告状不断。曾被国家民政部表彰的全国村民自治模范市——湖北省潜江市"从第四届村委会换届以来到 2002 年 5 月 1 日，全市被乡镇领导非法撤换的民选村干部多达 619 人，涉及 269 个村，占全市的 81%。其中329 位选举产生的村委会主任被非法撤换 187 人，占总数的 56.8%。而新上任的 589 个村干部没有一个是经过村民依法选举产生的"②。2001 年，S 省 Q 市四个乡镇 57 个村委会主任集体要求辞职，主要原

① 范春旭：《安徽上访农妇被控敲诈街道办　每次接回付 6 千元车费》，2014 年 10 月19 日，人民网（http://ww. society. people. cn/n/2014/1019/c1008-25861593. html）。

② 黄根兰：《从"潜江暗流"到"潜江模式"》，《中国改革》2003 年第 7 期。

因是乡镇用行政权力过度控制村委会工作。从 2000 年到现在，H 省一些乡镇普遍实行"村财乡管"制度，村级财务由乡财政所管理，村级开支要到乡来报账。同时，一些乡镇将村委会印章收到乡镇统一管理，村民自治在一些地方已经变味，村级组织成为乡级政府的一个执行机关。

乡镇治理主体之间的"行政化"，严重影响到农村党支部和村委会的关系。在目前的政治体制框架下，经农村党员选举出来的或乡镇党委考察组建的农村党支部和村民选出来的村委会，必然扮演双重角色。农村党支部扮演传递、贯彻乡镇党委意志的角色，因为村党支部是基层党委的一个支部，和上级党委保持一致这是党章的基本要求。而在乡镇党委和政府却是"一套人马、两个牌子"，乡镇党委实际上负责乡镇的行政工作，在乡镇政权机关的运行中，乡镇党委书记是"一把手"、乡镇长是"二把手"。所以农村党支部与乡镇党委保持一致，也就是与乡镇政府保持一致。村委会是由群众选举产生，代表广大村民利益贯彻村民意志、搞好自治的角色。当群众利益诉求和上级党委安排部署不一致时，会使村党支部、村委会在上级党委、政府和村民之间，以及它们彼此之间出现不协调的现象，导致一些农村存在"大事小事，一切都由党支部说了算"的现象；一些农村出现村委会越权，大权独揽，排挤党支部的领导核心作用的现象；一些农村出现村党支部与村委会在争权过程中不分上下的态势，造成村内工作难以正常开展的现象。这些现象都严重影响了村民自治健康有序地发展，这就要求必须理顺"两委关系"。

导致乡、村关系行政化的根源是乡、村权力的来源，一些地方乡镇党政领导在形式上由党代会和人民代表大会选举产生，实际上却由上级任命，由上级任命的官员缺乏民主意识和民主习惯，对村干部的产生也想用同样的办法，选取"听话的、能和自己保持一致的"，或自己认为能干的，或有关系的等，这就导致一些乡镇干部插手干涉村民自治。很多学者已经洞察到这一弊端，"三农"问题专家党国英指出："目前在全国将村民自治釜底抽薪的操作者主要是乡政府，不改变乡政府的权力结构，村民自治不仅没有重要的意义，反而会引起更大的社会摩擦。我们认为，是不是搞'乡公所'，乡镇是不是要一级财政，都不是很重要，重要的是权力授予机制。"① 乡镇政府在经济和政治上都对村委会的事务加以很强的干预，使得农村发展稳定遇到很大的阻力。要使中国农村能够得到长期稳定的持续发展，就必须解决好农村基层民主发展问题。而要解决好村委会的自治问题，就要处理好村委会和乡镇政府的关系，减少乡镇政府对村委会的过度干预。解决这个问题的最好办法，就是在乡镇政府也实行民主选举，将在村委会进行的自治式民主提升到乡镇政府一级。

八　县乡治理主体关系缺乏法治规范

现代政府中上下级的关系在职责权限划分上应是规范化、制度化的，哪些职权属于上下级共有，哪些方面下级必须执行上级的政策、决定，哪些属于下级独有的职权、上级不能干预，必须厘清。对此我国并没有明确具体的法律规定，以至于在历次机构改革中出现"一放就乱、一收就死、一死就叫、一叫就放"的困境，出现了上级对下级过度控制和部分失控的状况。在县乡党委、政府关系上，县乡关系法律界定非常笼统。《中国共产党农村基层组织工作条例》笼统地规定：乡镇党委执行上级党组织的决定；《中华人民共和国地方各级人民代表大会和地方各级人民政府组织法》第六十一条规定：乡镇政府执行上级国家行政机关的决定和命令，办理上级人民政府交办的其他事项。由于法律界定含糊，没有规定哪些职权属于乡级政府，上级政府不能干涉，再加上过去长期实行计划经济体制以及权力高度集中的政治体制的影响，县委、县政府与乡镇党委、乡镇政府之间的关系是简单的、直接的，而且是单向垂直的命令和服从的上下级关系。

在实际中，县乡关系严重扭曲，乡镇党委、乡镇政府就是县委、县政府的执行机关。县对乡镇的控制不是靠法律而是靠人治，主要依靠的是县委对乡镇领导干部的任免升迁权，也就是"一手高指标，一

---

① 党国英：《乡村低水平制度均衡的破解路径——一个案例研究》，《战略与管理》2003 年第 4 期。

手乌纱帽"。随着市场经济体制的建立，看经济增长的政绩考核日益凸显，特别是自 1994 年实行财政"分灶吃饭"，较好的税源收为国税后，县乡财政非常紧张，增加财政收入、保证行政人员和教师等人员的工资成为头等大事。在中西部和东北的农业县，农业税费成为县财政的主要来源，乡镇已成为农业县的主要"税收机关"。随之，高指标也就从经济发展指标转变为县下达的各项税费任务，也就是说在有些地方县乡关系主要是一种利益关系。在县委、县政府"乌纱帽"的高压或诱导下，乡镇为了完成农业税费征收等任务，采取合法的或非法的、人道的或不人道的办法，确保完成上级的各项任务。而由于县乡利益上的一致，为了解决"生存"问题和更好地为自己"谋利益"，有些县委、县政府逐渐变成乡镇的庇护伞。为了保证乡镇完成任务，县政府通常采取"放权让利"的办法或出台"土政策"，即开政策"口子"，默许乡镇"抓人、办各种学习班"，等等，致使中央和上级的政策在县乡中出现梗阻，表现为"上有政策，下有对策"。少数县乡工作在"用好政策"的口号下，公开提出"打政策擦边球，钻政策的空子，找法律的漏洞"。在这方面最突出的表现就是中央三令五申有关减轻农民负担的政策，文件政策年年出台，而减轻农民负担收效不大。甚至在"小康验收"中，有些县乡一起"造假"，一群牛从这村赶到那村，一些学生从这个学校搬到另一个学校，一车图书从一个村运到另一个村。

　　有些地方乡镇干部的违法和越轨行为，往往得到县委和政府的支持、默许。县乡联合起来对付群众，特别是对付群众到县上访告状，县多采取推、拖的办法，甚至和乡镇一起欺骗、压制上访群众。群众称"中央、省是晴天，市是阴天，县乡是雨天"，万般无奈只能赴省进京"告御状"，这也是前些年集体访、越级访居高不下的内在原因。正如含泪直接向总理上书的湖北省监利县棋盘乡原乡党委书记李昌平所说："逐级反映问题难以得到解决，地方政府不是对情况不清楚，捂还怕捂不住呢！"就是李昌平这样因上书总理引起中央高度重视的乡党委书记，因触犯了地方利益，也遭到排挤、打击，不得不"主动"辞职。上访告状的群众遭打击报复更为普遍。在访谈时，一位乡党委书记说："县委书记开会时公开讲，不要怕群众骂你，你能否升迁我说了算。"① 一位镇长说："县委领导在开会时讲，县交办的任务你完不成、不愿干，写辞职报告，有人能完成，有人愿意干。"② 一位退休镇长讲，曾经县长让他做一件违法的事情，他对县长说，这件事与法律有冲突，当时县长就说，法律上也没有写让你做镇长。③ 可见，县乡关系扭曲、乡镇干部不对群众负责的根源就是乡镇领导干部的产生体制存在问题。

这样个别县乡政府之间形成了一个特殊的关系网，相对于国家政权处于失控或半失控状态。县乡这种以"乌纱帽"为纽带，以牟取政治和经济利益为目的，以进入个人庇护网、保护圈为安全地带，以牺牲国家利益、歪曲国家政策、损害群众利益为代价而形成的不正常关系，严重侵蚀着国家权威，对国家构成"软危机"。

第二节　农村乡级现代治理能力弱化及其表征

由于治理体系的不完善、不科学，以及少数乡级干部文化素质较低，责任担当意识不够，服务意识不强，导致乡级治理能力低下，其主要表现为少数乡级干部治理行为失范，乡级政府引导农业现代化发展的能力不足，建设农民精神文化家园的能力低，发展农村教育事业的能力欠缺，保护农村生态环境的能力不强，这严重制约农业现代化的发展和美丽乡村建设。

一　少数乡级干部行为失范素质差

（一）少数乡级干部从政行为失范

一些基层干部学历低、素质较差，在对 10 个乡镇政府的 380 名

---

① 笔者在黑龙江省委党校读硕士期间，和一位乡镇党委书记谈话时他讲的大概意思如此，当时农村治理环境、计划生育任务很难完成，干群关系异常紧张，县乡关系严重扭曲。

② 2014 年 12 月，笔者在和一位镇长谈话时，他谈到县领导在布置拆迁、城中村改造等难度较大的任务时的讲话内容。

③ 2015 年 6 月，笔者在对一位退休镇长访谈时，他谈到县长要让他所在的镇进行违规征地时的讲话内容。

乡镇干部调查中，有 312 名干部是本科以下学历，再加上委任制或变相的委任制使一些干部心中只有领导，眼里没有群众，自视为"土皇帝"，独断专横、目无法纪、吃拿卡要、贪污腐化。"安徽省利辛县路营村发生了一起震惊中央的事件，该村丁作明因带头反映农民负担重，在乡镇领导的授意下，被人民的执法机关乡公安派出所的执法人员给活活打死。"① 群众怨声载道，称"防火防盗防干部"，称农村三大害为"棉铃虫、村支书、乡政府"。党群干群关系紧张恶化，在个别地方已到了一触即发的地步。2013 年 12 月 4 日，因为长期被征收"糊涂"的社会抚养费，H 省 H 市 Q 县梁二庄镇龚堡村村民来到该村党支部书记家讨说法，最终却在村支书家中因喝农药中毒，经医院抢救无效后身亡。② 2014 年 8 月 30 日下午，H 省 D 县 W 乡西赵庄村一位 53 岁的村民，在乡政府院内被乡党委副书记兼计生委主任伙同他人暴打致脸部受伤，导致右眼眶及脸部缝 8 针，入住县医院救治。③

（二）个别乡级干部腐败行为严重

乡镇政权居于基层，远离国家政权的中心，属于"天高皇帝远"的边缘地带。党和国家很难对基层干部实行直接监督，并且直接监督成本过高。基层干部又和群众朝夕相处，其行为和群众利益直接相关。在国家监督较弱的情况下，群众监督就尤为重要。目前由于干部选拔制度缺陷较大，群众无权监督。缺乏监督的权力大棒可以不负责任地到处挥舞，一些拥有政治资源者肆无忌惮地滥用资源，牟取私利，腐败现象屡禁不止。首先是用人上的腐败，"当官要致富，首先动干部，只研究，不公布"，在个别地方已是公开的秘密。"乌纱帽"的"批发和零售"成为贪官"发财致富"的捷径。在个别地方，跑官、要官、买官、卖官现象已严重到令人愕然的程度，且屡禁不止。"亿元巨贪"马超群就足以说明，一些基层部门看起来岗位级别低、

---

① 陈桂棣、春桃：《中国农民调查》，人民文学出版社 2004 年版，第 20 页。

② 《新观察：社会抚养费下一步怎么走?》，2013 年 12 月 11 日，网易新闻网（http：//www. news. 163. com/1311211/0919FQADO21300014JB5_ 2. html）。

③ 《河北大名县：乡干部因一句话不满在乡政府内暴打村民致伤》，2014 年 9 月 3 日，民主与法制网（http：//www. mzyfz. com/index. php/cms/item-view-id-1076502）。

权力小，但由于涉及国计民生、公共资源，其隐性的"特权"以及贪腐空间其实更大。据报道，2014 年 9 月 B 市纪委透露，正在对 56 名乡村干部违纪违法问题严厉查处。其中，C 区 S 乡原党委书记受贿近 6000 万元，H 区 X 镇皇后店村原会计挪用资金 1.19 亿元，Y 县 J 镇农村经济经营管理中心原主任挪用公款 2400 万元。

　　程度不同的吏治腐败在基层普遍存在，笔者在平时工作中听到和调查了解到一些类似情况。如某县群众戏称一位姓黄的县委书记为"黄百万"，又说"死个娘，盖座房；死个爹，买部车"。从村记工员升到副省长的某位"干部"总结升官秘诀——"只要你能搞出政绩，就算你能，能上，但政绩不是让老百姓看，关键是让领导看"。在其主政 F 市时，一位老干部说，买个乡镇长要 10 万元，买个局长 50 万元。曾任三个县的"一把手"，政绩不俗，最终却堕入犯罪深渊的另一位"官员"，2012 年 2 月担任 D 县县委书记时，在办公室收受当时 D 县某镇党委书记所送现金人民币 40 万元，这名行贿人随后被任命为 D 县某局局长。一年后，其又以借为名向此人索要 15 万元，该局长筹集了 20 万元放到其办公室文件柜内。记者梳理向其行贿的官员名单发现，其中既有县委常委，也有县局局长、镇党委书记、乡长、村支书等。①

　　政府官员存在的理由就是维护社会秩序，提供公共产品，如果一个政府官员不能为社会提供公共服务，那么他也就失去了存在的价值。乡镇政府官员本应该为维护农村的社会稳定，为农民的生产生活提供服务，促进经济和社会发展。但由于个别地方乡镇党政领导实质上是由县委任命，20 世纪 90 年代，乡镇的职能也就蜕变为以完成上级任务为中心的"刮宫流产、催粮逼款、火化殡改、造假迎检"，在农业税费取消之前曾经出现"十几顶大盖帽压向一顶破草帽"的凄惨景象。学者宏盛在看到内蒙古个别乡镇政府向农民出售假种子、假化肥后，愤怒地指出："有的地方，有些基层部门，向养活他的人民

---

　　① 《县委书记何以沦为亿元巨贪？》，2015 年 8 月 3 日，人民网（http://www.society. people.com.cn/n/2015/0803/01008-27399060.html）。

提供的已不是公共物品，而是灾祸。"造成这些问题的原因除了一些干部素质低之外，我们不能不在制度体制层面上寻找答案。

（三）一些地方官僚主义严重

"实事求是"是中国共产党思想路线的核心，是每一名乡镇干部应坚持的基本原则，实干兴邦、空谈误国，只有实事求是创造性地开展工作，才能把党的政策落到实处，才能得到群众的拥护。但是，由于个别地方形式上的选举制，而实质上的委任制，导致少数干部对上负责，而不对下负责，唯上是从，只怕领导不高兴、不怕群众不满意，这样就造成了官僚主义、形式主义在一些地方泛滥，一些地方领导将主观意志强加在百姓头上。比如2014年，H省N县开展了由县委发起，各乡镇政府组织的一场轰轰烈烈、声势浩大的农村厕所改造运动，即将农村用的"旱厕所"改造为像城市一样的水冲厕所，其目的是提高农民的卫生条件和文明程度，为农民办好事、办实事。这承载着践行群众路线的光荣使命，成为检验乡村干部群众路线落实是否到位的重要指标，这一任务自然成为这一阶段各乡镇工作的重中之重。2015年中秋节、国庆节等全国法定假日里，这些乡镇干部因要从事这一项"重要"的工作，而没有放假，各包村干部昼夜奋战在村，督促各户改造厕所，但这项为农民办好事的大工程，受到了98%的群众的强烈抵触。在调查中农民讲，这项厕所改造完全脱离农村实际。一是农村自来水不常用，很难做到及时用水冲厕；二是农村厕所90%在室外，冬天结冰，根本无法用水冲刷；三是农村建水冲厕所，只能是在自家的院内挖一渗井，而渗井和厕所又难以设置回水槽控制臭味的回流；四是假如建设渗井，每两三个月需要有专门人员用专业设备抽取一次，这样既增加农民的负担，又难以及时找到专业人员等。而使用群众的旱厕，当如厕后用炉灰掩埋比较卫生和经济，并且农家肥还能改良土壤、增加肥力。

基于以上原因群众强烈反对，乡镇干部在村根本无法开展工作，于是乡镇领导要求，凡是在外工作人员必须回家做本家和直系亲属的工作，并且必须在限定的时间内完成厕所改造任务，否则就扣发工资，年终不能评为优秀。这项工作就这样在上级的高压下，奋战了三个月，最后只有在外工作的人员本家和一些村干部的家里进行了改造，占农村住户的 10%。而这些改造的住户，由于在使用时遇到很多不方便，在2015 年 3 月经上级检查验收后，大部分又恢复了旱厕。这样一场历时三个月，上千县乡干部参加的一项"造福农村"的民心工程，成为一项劳民伤财的害民工程。在一些地方农民真正期盼的修街、修路等，却没有乡村干部组织，其背后纯粹是官僚主义、形式主义思想在作怪。

二　引导农业现代化发展的能力不足

创造良好的发展环境、促进经济发展是各级政府的基本职责。改革开放初期，乡级政府在充分发挥农民首创精神的基础上，在中央政府的积极支持和引导下，大力推进农村家庭联产承包责任制，放活农村土地经营权，调动了几亿农民的生产积极性，农村经济获得了前所未有的发展，农村乡镇企业异军突起，农村生产力得到巨大解放，解决了 13 亿人口的吃饭问题，人均纯收入获得了巨大的提升。

然而 20 世纪 90 年代，改革从农村走到城市，特别是分税制后，优质税源都收归国税，农业税居高不下，其后的几年农村经济发展出现了长期的迟滞，出现了丰收之年勉强养家糊口、歉收之年举债度日的局面。如 H 省 Q 县第二疃村的一位农民，早年在部队服役，从部队转业后曾在人民公社任合同制干部，后回村务农，是远近闻名的种田能手。但他在 1995—2006 年几乎每年都要借债，2000 年他二儿子结婚时借债 5 万元，其后五年才还清债务。他的情况在当时是较有代表性的，真实反映了当时农民的生存状况。2006 年后，随着中国工业化的发展，对劳动力需求的暴增，大量农村劳动力外出务工，到2014 年，在一些传统的农业地区外出务工人员已占到农村劳动力80% 以上。随着外出务工人员的增多，农民的纯收入也有了较大的提升，农民的收入结构也发生了较大变化。在调查的村中，86% 的家庭主要收入来源是外出打工的收入，外出打工收入占家庭总收入的比重为 70%—80%。由于有知识、有文化、年富力强的年轻人都外出打工，农村经济发展迟缓，乡镇政府在农村经济发展方面作用发挥十分有限，具体表现如下。

　　缺乏维护农村市场环境的能力。维护诚信、有序、开放的市场环境，是政府应为农村经济发展提供的基本保证。然而现在农村市场环境较差。一是基础设施差。农村的集贸市场，一般还是"晴天一身土、雨天一身泥"，也缺乏规划，交易一般都在路边进行，严重影响了市场秩序，阻碍了交通，造成了市场的脏、乱、差现象。二是假冒伪劣产品较多。农资、种子、化肥等农业生产的基本物质资料经常出现假冒伪劣产品，严重影响了农民的生产；作为个体的小农户，缺乏鉴定能力和条件，而县质监局、乡镇工商所很少做应有的检查和检验，所谓的管理也就是收费。三是引导农民开辟网上市场的能力不足。随着网络的发展，网上销售农产品已经是一个重要的销售渠道，而很多农民缺乏网络知识，甚至根本不知道什么是网络。在调查的中部12个农业乡镇368名农民中，38名农民从来没有听到过网络这一名词，138名农民知道网络，但从来没有使用过网络，只有16名农民利用网络进行购物，3名农民利用网络进行农产品销售。"互联网+农业"是现代农业的重要内容，而要发展"互联网+农业"，除需农民自发学习利用网络外，乡镇政府的引导、支持是非常必要的，需要联系电信部门，加强对农村网络基础设施建设，教授农民网络知识，组织年轻人进村入户帮助农民利用网络进行销售。但是，在这方面很多乡镇政府没有任何作为，在调查的12个农业乡镇中，11个乡镇对农村网络建设、农民网上购物和销售，没有采取任何鼓励和支持措施。

　　缺乏引导农民工返乡创业的能力。农民工返乡创业既有利农村经济的发展，也能解决农村留守儿童、留守老人和留守妇女问题，还能促进农村政治和文化建设。2015年6月，国务院办公厅印发的《关于支持农民工等人员返乡创业的意见》指出，支持农民工、大学生和退役士兵等人员返乡创业，通过大众创业、万众创新使广袤乡镇百业兴旺，可以促就业、增收入，打开新型工业化和农业现代化、城镇化和新农村建设协调发展新局面。要加强统筹谋划，健全体制机制，整合创业资源，完善扶持政策，优化创业环境，全面激发农民工等人员返乡创业热情，全面汇入大众创业、万众创新热潮，加快培育经济社会发展新动力，催生民生改善、经济结构调整和社会和谐稳定新动能。① 同时，《意见》也要求基层政府在乡村创业园建设、创业意识和创业能力的配需、创业服务的提供等方面提供条件。然而目前很多乡镇政府在支持和鼓励农民工返乡创业方面，只是停留在文件上、口头上，没有按照《意见》要求，结合乡镇的地域优势、产业特色制定和实施具体的方案。

在引导农村规模经营和培育新型农业经营主体方面能力弱化。规模化经营是农业现代化的基础，促进土地有序流转和培育现代农业经营主体是乡镇政府的基本职责。县乡政府要建立土地流转平台，为农民土地流转提供信息服务，提供政府担保，用政府的信用来促进土地流转，培育现代农业经营主体。然而在调查的 12 个乡镇政府中，没有一个乡镇建立土地流转平台，乡镇土管所的工作人员，也只是对农村违法私搭乱占行为进行罚款，对农村宅基地纠纷进行调解，根本没有在促进农村土地流转方面做文章、想办法、出政策。同时，在培育家庭农场、农村经营大户和农业合作组织中，也很少采取科学、有效的支持措施，只有两个乡镇提出培育现代职业农民的口号，但没有制定和采用有效的措施。

三　建设农民精神文化家园的能力低

文化是人类在社会历史发展过程中所创造的物质财富和精神财富的总和。文化是民族的根脉，是人们的精神家园，任何民族都离不开文化，人类的延续本身就是文化的传承和延续。文化具有涵养功能，能够滋润人的心灵、净化人的灵魂，使人纯洁高尚，使家庭和谐幸福；文化具有整合功能，能够维系社会道德秩序，提升民族认同感，是一个民族区别于其他民族的根本标志；文化也是重要的生产力和创造力的源泉和动力。纵观人类历史，我们不难发现，人类社会由蒙昧进而至于开明，其历史不仅是一部生命繁衍、岁月推移的历史，不仅

---

① 《国务院办公厅印发〈关于支持农民工等人员返乡创业的意见〉》，2015 年 6 月 21 日，新华网（http：//www. news. xinhuanet. com/politics/2015-06/21/c_ 1115681937. html）。

是改造自然、财富积累的历史，更是一部文化进步、文明传承的历史。乡村文化是乡村发展的灵魂，是农民的精神依归，是乡风文明的载体，是农村发展的精神和智力支持。

为了深入了解农民的文化生活状态，笔者利用在大学工作的有利条件，组织大学生对"百乡千村"的800名60岁以上的农民的文化生活进行调查，发现农村老年人文化生活极其贫乏、单调。在调查的800人中，只有28人参加琴棋书画、唱歌跳舞等文艺活动；其中442人，占调查人数的55%，每天主要任务就是到田间劳动、干些家务活，或帮助子女照顾下一代，唯一的文化生活就是午饭和晚饭时看一到两个小时电视；其中126人，占调查人数的15.8%，几乎没有文化活动，也没有其他爱好，除干些家务外主要文化活动就是聊天；其中128人，占调查人数的16%，几乎不干农活，每天或"堆骨牌"或打麻将，很少有其他的文化活动；其中68人，占调查人数的8.5%，他们的文化生活主要就是信仰宗教、从事宗教活动；还有个别农民由于没有知识，文化生活匮乏，甚至迷信"法轮功""全能神"等邪教，这虽然是极少数，但是危害巨大，既危害家庭的和谐，也危害个人的发展。在对800名20—59岁农村青壮年的文化生活调查中发现，农村青壮年精神文化生活匮乏，理想信仰缺失，他们中有655人三年没有读过一本书，他们最迫切的愿望就是多挣些钱。

由于农村文化建设的滞后，导致农村文化荒漠化，农民精神生活匮乏、信仰缺失，迷信在一些村庄盛行，赌博屡禁不止，传统乡风文明中淳厚朴实、敬老爱幼、和睦相处、待客如宾、童叟无欺、邻里守望的良好传统在一些地方淡化了。现代文学艺术、音乐舞蹈等文化符号成为都市的独有文化现象，一些农村变成了文化荒漠，还有的道德失衡、价值沦丧，拜金主义、享乐主义、个人主义严重泛滥，家庭暴力、邻里纠纷层出不穷，这无不与文化的缺失有关。人们的心灵受到巨大伤害，宁静美丽的村庄多了许多隐患，大大降低了农民的幸福指数，农村失去了生机和长远发展的内生动力。

乡镇政府在乡村文化发展中具有宣传、引导、支持的作用，是在农村弘扬社会主义核心价值观、培育先进文化，抵制媚俗、低俗、庸俗文化的主要组织者，可是大部分县文化局、乡镇文化站在农村文化基础设施建设、丰富群众文化生活方面没有发挥应有作用。在对 12 个乡镇的 36 个村调查中，近三年来有乡镇文化工作人员到乡村开展文化建设的只有三个村，建设有文化书屋的只有两个村，乡镇政府在引导发展农村文化上能力弱化是农村文化建设严重滞后的主要原因。

四　发展农村教育事业的能力欠缺

教育是民族振兴的基石。教育既是国事，也是家事；既关系着一个国家的今天，也关系一个国家的明天。教育公平是社会公平的基础，大力发展农村教育、培育高素质的劳动者和新型农民，是消除城乡二元差别、实现城镇化和农业现代化的关键。

城镇化为农村教育提出了较高的要求。城镇化核心是人的城镇化，是农民、农民工的市民化，而农民、农民工市民化的基础是农民工到城市获得长期稳定的工作、稳定的收入、稳定的住所和较好的社会保障，实现安居乐业。改革开放以来，农民市民化的渠道主要有三个。一是一些农民子弟考入较好的大学，一般应为本科以上，并能学到一定的知识和技能，毕业后到城市有一份长期稳定的工作，或自己创业小有成就，能够在城市安家落户，享受市民福利待遇，成为完全意义上的市民。在过去 40 年，这是一条主要的道路，农村俗称"跳农门"，通过这一途径农村子女实现市民化的在所调查的村中占农民市民化总数的 58.6%。二是农村的孩子参军入伍，入伍后"提干"，在部队服役一段时间后以"干部"身份转业到机关事业单位或大型企业工作，实现市民化。在过去 40 年城市化过程中，通过这一途径实现市民化的农村子女在所调查的村中占总数的 33%，但随着部队通过部队院校来培养"干部"，农民子弟通过参军入伍"提干"再转到城市就业的路越来越窄，几乎被堵死。三是少数农村孩子初高中毕业后到城市打工，他们经过自己的长期打拼，在城市谋求到一份稳定的职业，或自主创业，在城市安家落户。这是近 10 年来随着户籍制度改革，而形成的新型的农民市民化道路，但文化层次较低的农村孩子通过这条路实现市民化的比例仅占7%。可见，农民市民化的最主要途径是通过发展农民基础教育，使大部分农村子女接受高等教育，成为高素质的管理者、有技能的劳动者，才能更好地适应城市生活、融入城市，实现高水平的城市化。

同样，大力发展农村教育也是培育职业农民、实现农业规模化和现代化的基础。农业规模化和现代化需要两大条件：一是农村土地规模经营，一家一户的"井田制"不可能实现机械化、现代化农业；二是农民素质不断提升，即必须培育现代农民，或称为职业农民。人的因素是第一因素，一个现代农场的建立，一个大型合作社的建立和发展，需要一些高素质、懂技术、会管理的现代农民，而目前在农村种地的90%为老人和妇女，这与实现农业现代化、培育现代职业农民相差甚远。

我国规划到2020年，有1亿农民工融入城市，这就意味着要培养一亿较高素质的农村劳动者，他们在城市有长期稳定的工作、固定住房，享受城市社会保障，子女能够在其工作的城市读书上学。同时，党的十八届三中全会提出发展现代农业、培育职业农民，这些都需要发展农村基础教育。相对于目前农村的教育状况及农村的升学情况，这是一个非常艰巨的任务。据统计，2012年农村学生高校录取人数占全国录取人数比例达到59.1%，其中农村学生本科高校录取人数所占比例达到52.5%，第一批次高校录取人数所占比例达到45.7%。经过多年努力，目前农村学生高考录取人数所占比例与其报名人数所占比例大体相当，农村学生与城市学生进入普通高校学习的机会基本相同，但上重点高校的比例仍然偏低。目前农村学生进入高等学校学习的数量，与到2020年有1亿农民实现市民化的差距甚远，理论上平均每年要实现1666.7万农民的市民化。假如农民实现市民化的60%是依靠农村子女通过提高自身素质，成为有知识和技能的劳动者融入城市，那么每年需要1000万农村子女进入高等学校学习，而2014年高考总计报名人数990万，录取人数为712万。2014年9月4日国务院新闻办公室举行的新闻发布会上，教育部原副部长杜玉波介绍道："农村学生上重点大学的问题，确实社会各界都很关注。

增加农村学生上大学特别是上重点大学的人数，是促进社会公平的重要内容。从目前录取情况看，农村学生考上大学的比例，包括本、专科学校，与城市学生大体相当。但由于城乡基础教育水平存在差距等多种因素，农村学生上重点高校的比例相对较低。"[1]农村子女能够到大学读书的为 357 万人，与城镇化要求的 1000 万人差距甚大。为此，必须大力发展农村义务教育，提高农村学生进入高等学校学习的比例和绝对数量，特别是要大力发展职业教育，使 95% 的农村学生都能到高等学府或职业学校进行学习。

但是，目前农村教育非常落后，远远不能适应城镇化和农业现代化的要求。进行"百村千户"调查的结果显示，在 22—50 岁这一年龄段，具有大学本科以上文化程度的为 6%，具有专科文化程度的为 9%，具有高中文化程度的为 13%，具有初中文化程度的为 69%，具有小学文化程度的为 2%，没有读过书的为 1%。而过去 30 年在以上调查村农民市民化率为 11%。大部分农民在城市打工只能做些临时的、简单的、脏累差的体力劳动，工作不固定，比如今年在北京打工、明年在西安打工。这些农民工只能做"候鸟"，在农村安家、在城市打工，很难真正融入城市。

造成农村教育落后的表现和原因主要有以下几个方面。一是农村师资状况较差，多数农村教师学历低。在对 326 名农村小学教师调查中发现，中师毕业的为 78%，初中毕业后做民办教师后转正的为 12%，高中毕业的民办教师转正的为 7%，大学毕业的仅为 3%。更为荒唐的是，在 H 省南部的一些县，一些 40 岁左右的农村"骨干教师"竟然是 20 世纪 90 年代"买来"的。在 1994 年分税制后县财政极端困难，这些县为了解决财政困难，竟然公开卖教师的财政指标，每个"吃"县财政的教师指标为 3 万元到 5 万元不等。而这些教师有的只有小学文化程度，他们交钱后，到县职业学校经过两年的学习，发一个职教高中毕业证，办理教师入编手续，就成为正式的教师。其

---

① 《今年农村学生上重点高校人数比 2013 年增加了 11.4%》，2014 年 9 月 4 日，中国教育新闻网（http://www.jyb.cn/gk/gksx/201409/t20140904_596697.html）。

中一些靠掏钱买来的教师汉字不认识几个，数学几乎不通，只会误人子弟。这些县"卖教师财政指标"比"卖官"危害更大，庸官、贪官危害一方，而"庸师"会贻害一代代学子。

二是农村教师待遇差。目前 H 省一些地区农村教师的月薪在3600—4200 元，很多教师生活相当艰难。H 省 G 县某位教师，生于1982 年，大学毕业后，在 G 县第一中学教书，担任高三年级班主任。2012 年 4 月 27 日，他在学校办公室服毒自杀，并在遗书中写道："活着实在太累了，天天这样无休止地上班让人窒息，所领的工资只能月光。"这天他收到工资提醒短信，当月的工资到账 1450 元。在调查中发现 N 县一名小学教师，因工资太低，生活困难，竟然课余时间在家里养羊、养鸡以补贴家用；个别教师干脆辞职去打工；更多的中小学教师坚守在教育一线，有些是因为对孩子、对教育事业的热爱，最主要的是因为教师是事业编制、财政开支、稳定、有退休金。实际上教师微薄的收入早已失去其吸引力，也使很多教师失去了对教育的热情和投入，更多的是抱怨和牢骚。正如曾在乡村任教七年，读研、读博后在中国教育科学研究院任职的孙强，在第 30 个教师节过后写的，"农村老教师在一天天的倒计时中，等待着退休的到来；年轻教师，则想方设法寻找着离开的出路。城里下来交流的老师，注定是要回城的。可是那些留守乡村的教师却要在乡村工作一辈子，一想到这些，心理就有种落差"。

三是农村家长对孩子上大学失去了信心。在调查中发现有 56% 的家长认为，上大学没有什么用，一般大学毕业后也是打工，还不如初中毕业后就去打工。初中毕业生打工不挑三拣四，什么活都能干，而大学毕业生在大学没学到多少知识，反而以大学生自居，苦活、累活、脏活不想干、不愿干也干不了。同时读高中、大学需要五年到八年时间，假如打工每年挣三万元左右，这几年至少也能挣 15 万—25万元；而上高中需要花一两万元，大学又要多花 4 万—6 万元，两项相差就是 20 多万元，在某些贫困地方，上大学意味着返贫。

四是乡镇政府没有担负起发展农村教育的重任。按照我国《教育法》第十四条规定，"国务院和地方各级人民政府根据分级管理、分工负责的原则，领导和管理教育工作。中等及中等以下教育在国务院领导下，由地方人民政府管理"。根据这一原则，发展农村中小学教育乡镇政府应负有责任，然而乡镇政府在发展农村教育方面没有承担起相应责任，河北省邢台市广宗县一些乡镇长竟然认为发展农村义务教育是县教育委员会的事情，与乡镇无关。

五　保护农村生态环境的能力不强

生态环境是人类社会赖以生存和发展的基础。资源枯竭、土地沙化、大气污染已经成为制约我国发展的重要因素，成为危害人民群众生命健康的重要因素。城市工业污染、汽车尾气、雾霾等已经引起国家、社会和每一个公民的高度重视。我国农村面积广大、农民居住分散，信息获取成本高，面源污染难以监管，乡镇政府环境管理机构不健全，重视程度低，环保措施有限，导致农村环境恶化，这一切正威胁着农村的可持续发展，损害农民的身心健康，乃至于整个国民的健康。

农村生态环境破坏严重。一是化肥的污染。随着农业生产技术的发展，农民以家庭为生产单位，自家喂猪、放羊、养鸡，农家肥用来肥田的循环生产模式几乎消失。农民一般机械化作业，现在种地施肥多用化肥，一亩地每年大约用 100 公斤氮肥、80 公斤磷肥和一些钾肥，大量氮磷钾等化肥的使用，造成农村土地板结。"我国农业面源污染在各类环境污染中的比重占到 30%—60%"①，使我国成为世界上土地荒漠化最严重的国家之一，"现有荒漠化土地 2.62 亿公顷，占国土陆地面积的 28.3%，20 世纪 80 年代以来，还每年以 2400 平方公里的速度扩展"②。二是农药的污染。农药的长时间大范围使用更是造成了严重的空气污染和农作物污染，现在几乎所有的农作物都要多次喷散农药，再加上粗放式飞撒，每到春秋天，乡间的田野里就弥

---

① 陈英旭：《转变环保工作重点　防治农业面源污染》，《中国青年科技》2004 年第3 期。

② 张从：《中国农村面源污染的环境影响及其控制对策》，《环境科学动态》2001 年第 4 期。

漫着刺鼻的农药气味。更有甚者，一些农民在栽种韭菜等农作物时就向根部施农药以防虫害，这种方法既污染了土壤，也造成了大量农药在农作物中的残留，危害到舌尖上的安全。三是工业污染。随着各地工业化步伐的加快和"招商引资"热的经久不衰，乡镇企业发展迅猛，但是乡镇企业在排污治理和环境保护方面投资少、技术落后，甚至一些企业的废水、废气、废料在没有经过任何处理的情况下，直接排放到河流、天空，造成了严重的污染。在对37家乡镇企业的调查中发现，有31家企业环保设施不达标，6家根本没有环保设施，特别是一家严重污染的造纸厂，其产生的废水直接排放到海河中，更有甚者打"渗井"将废水直接排到地下。在所调查的263个村中90%的河流水质已经污染，68%的地下水受到不同程度的污染。这严重威胁到当代人的生存，也影响到子孙后代的生存和发展。四是农户散煤燃烧成为重要的污染源。河北省农户平常做饭、冬天取暖，大都是烧低价劣质煤，造成了严重的污染。"河北农村年耗煤达到4000多万吨，而且多数农户使用劣质煤和传统炉具，导致冬季污染物排放居高不下。目前河北设区市主城区周边的县城空气质量普遍差于主城区，大气污染呈现'农村包围城市'的态势。记者从石家庄市环保局了解到，石家庄市农村共有164万户农户、年用煤400万吨，全部低空直接排放，没有任何污染防治措施，年排放二氧化硫6.8万吨、氮氧化物1.6万吨、粉尘1万吨。而根据石家庄市2013年12月到2014年3月采暖期的统计数据，市区周边县区的二氧化硫和PM2.5浓度均值分别高于市区均值的52%和8.8%。"①

农村居住环境趋于恶化。随着农村生产方式的改变，农民生活水平的提高，农村的生产垃圾和生活垃圾也越来越多，一些村出现了"垃圾围村"现象，严重影响了农民的健康和村庄的环境。在调查走访的263个村中，有168个村存在垃圾乱倒、乱扔的现象，其中29个村周围垃圾遍地，夏天苍蝇满天飞。如何治理农村垃圾，已经成为

---

①《河北农村散煤燃烧成重要污染源　年耗煤4000万吨》，2015年9月28日，新华网（http://www.news.xinhuanet.com/local/2015-09/28/c_128273969.html）。

乡镇政府必须要考虑的一件大事，需要资金、专门的卫生保洁人员和专门的运输工具以及垃圾处理场地。大部分乡村在村容村貌治理方面存在严重的欠缺，治理能力弱化，这与建设美丽乡村的要求相差甚远。

第四章　推进乡级治理体系现代化的制度建构

乡级治理体系现代化要求构建多元协商的民主治理机制，为农民、农村新型企业主、新兴职业农民提供参与乡级事务管理、监督的平台和制度保障；强化信息公开，严格落实《中华人民共和国政府信息公开条例》规定除涉密信息外全部公开，建立公开平台、完善公开透明的信息共享机制；健全完备有效的监督制衡机制，畅通群众监督的体制和机制、科学合理的考评机制，让群众成为考评乡镇政府的主体；畅通群众利益表达机制，完善信访制度、民主恳谈制度，维护群众的话语权和正常的利益诉求；依法界定县乡政府间权责，实现权责法定；理顺乡级政权机关与农村党支部和村委会的关系，构建现代国家和社会的关系。这些体制机制相互配合、相互作用，形成一个有机现代治理体系。

第一节　构建农村乡级治理现代化的制度体系

乡级治理体系现代化的核心是构建多元的治理机制、民主的权力生成机制、公开透明的信息共享机制、完备有效的监督制衡机制、科学合理的考评机制、畅通的利益表达机制和法治化的权力运行机制，保障人民的选举权、知情权、参与权、表达权、监督权、决策权、管理权力，维护人民的基本利益和基本诉求。

一　构建乡级现代多元治理体系

多元共治是现代治理的要义，是统治和治理的重要区别所在。"统治的主体一定是社会的公共机构，而治理的主体既可以是公共机构，也可以是私人机构，还可以是公共机构和私人机构的组合。治理是政治国家与公民社会的合作、政府与非政府的合作、公共机构与私人机构的合作。"① 建立于法治基础上的多元共治蕴含了法治、协商和自治的理念，它是一个基于法治和一定程度自治的相互融合的复杂的开放系统。多元共治中，对不同治理主体的权力、公共责任处理必须以法治为基础。多元主体一定程度的自治是共治的前提条件，因为缺乏一定自治权的多元主体无法摆脱自上而下的官僚控制，无法限制公权力的扩张，与共治的开放、平等、协商的理念相背离，限制了各主体发挥各自功能和优势，无法实现共治的目标，会重新折回到一元治理模式。多元共治既是现代治理的核心要义，也是与党的十八大、十八届三中全会所要求的"发展基层民主，畅通民主渠道，开展形式多样的基层协商，推进城乡社区协商制度化、规范化和程序化"一致的。

（一）多元共治机制在乡村的演进

中国农村的熟人社会的特质和"有事好商量"的解决农村纠纷和农村公共事务的传统习惯，是天然、原始的多元共治的雏形，农村"乡邻乡亲、低头不见抬头见、讲面子"的乡村文化，决定了乡村治理中协商机制的历史文化基础。近年来备受社会关注的温岭民主恳谈会的实践是多元共治的很好注脚。民主恳谈会主要就学校怎么搬、道路怎么修、移民怎么安置等进行民主恳谈，话题选择没有明确规定，但有一个原则，一定是关系到公共利益的话题，不是个人的事情。目前，在农村推行的"四议两公开"制度，就是多元共治的一种制度安排，主要针对村集体资产处置、经济社会发展规划、筹资筹劳方案、土地征用、兴办公益事业和大额集体资金使用等涉及农村经济发展和农民切身利益的重大事项，由村支部提议、"两委"商议、党员大会审议、村民代表会议或村民大会决议。这些都是多元共治的创新和发展。

但是目前在少数乡级治理中，乡镇政府在唱"独角戏"，农民、

---

① 俞可平主编：《治理与善治》，社会科学文献出版社 2000 年版，第 6 页。

农村新型经济组织、农村社会组织参与较少，这既造成乡镇政府的一些决策脱离农村实际，农民不配合、不参与，也是乡级治理中官僚主义、形式主义产生的一个重要根源。

（二）构建乡级多元共治体制

构建科学的多元协商机制，是乡级治理现代化的要求，需要在乡级确定多元共治主体、明确协商内容、完善多元协商的程序。

明确多元协商共治主体。农民是农村的主人，也应是治理的主体，中国共产党的领导就是组织和支持人民创造自己的幸福生活。在农村治理中，农民是最多、最重要的治理主体。在革命战争年代，党在农村之所以能取得群众的理解、信任和支持，就是把群众当成主人，为人民着想，让群众参与决策管理村级事务。改革开放以来，党在农村实行村民自治，就是要组织和支持农民实现民主决策、民主管理、民主监督。所以要实现善治、推进乡级治理现代化，最根本的就要实现农民成为真正的治理主体。在新形势下，农民在社会管理中、在生产生活中又形成很多组织，这些组织理应成为治理的主体。如村党组织、村民委员会、村务监督委员会、村民小组等村级管理组织，它们在村级治理中起到领导和组织作用，也是乡级治理的主体；新型农村集体经济组织、农民合作组织、家庭农场是农村未来的发展方向，它们有望在将来既成为社会经济组织，也成为社会管理组织，应是乡级治理的主体。为此，要明确多元治理主体，构建以乡镇党委为领导，乡镇政府为主导，村党支部和村委会为基础，农民为主体，合作组织和家庭农场等新型经济组织为重要组成部分的多元治理体制。

确定乡级多元共治的内容。根据各乡镇经济社会发展实际，科学合理地确定乡村协商内容，并且使之制度化和法定化是多元协商治理的关键。在乡镇层面多元协商的内容主要包括：本乡镇范围内经济社会发展中涉及农民切身利益的公共事务、公益事业；农民反映强烈、迫切要求解决的实际困难问题；党和政府的方针政策、重点工作部署在农村的落实；农民工、新型农业经营组织各类协商主体提出协商需求的事项。在村级层面应主要包括：村民自治章程、村规民约的制定和修改；村财务年度、半年度收支情况；村集体资金使用安排；村建设规划的编制和调整；重要工程建设项目及承包方案；村民承包土地的变更、调整及征收与征用；村集体企业、资产、资源等的承包、出租和出售；村干部享受误工补贴的人数及补贴标准；公益事业建设资金的筹集；其他涉及多数村民利益的公共事务和公益事业。

规范多元共治的程序。一是多元协商议题的提出：乡镇多元协商的议题，由乡镇政府提出，经乡镇党委研究确定，要在充分调查研究的基础上，召开党政联席会议，研究提出初步意见或方案；村公共事务和居民切身利益的事项，1/10以上村民联名或1/5以上村民代表联名提出，由村党组织统一受理，并召集村党组织和村民委员会会议，研究提出初步意见或方案，组织利益相关方进行协商；涉及两个以上村的重要事项，单靠某一村无法开展协商时，由乡镇党委牵头组织开展协商。二是多元协商的议程：主持人通报本次"多元协商"会议提出的缘由及初步意见或方案，参加"民主恳谈"会的人员具有同等的发言权，均可对讨论事项提出建议、意见、要求和主张；对于多元协商的问题意见分歧、争议较大的事项，在乡镇层面应由镇政府提请人大主席团召开镇人民代表大会，由镇人大代表审议表决作出决定，在村级应由村民会议或村民代表对讨论事项进行表决作出决定，组织实施协商成果，向协商主体、利益相关方和居民反馈落实情况等。

二 科学界定乡级治理主体职能

乡级治理主体职能，是指乡级治理主体作为国家管理的执法机关，在依法对国家政治、经济和社会公共事务进行管理时应承担的职责和所具有的功能。它体现着公共行政活动的基本内容和方向，是公共行政本质的反映。乡级政府是乡级治理主体的核心，这里所要界定的乡级治理主体的职能，主要是指乡镇政府的职能。乡级政府是最基层的政府，与中央政府、省市政府相比，具有其特殊性，其职能也有别于上级政府。根据《中华人民共和国地方各级人民代表大会和地方各级人民政府组织法》第六十一条规定，乡、民族乡、镇的人民政府行使下列职权：执行本级人民代表大会的决议和上级国家行政机关的决定和命令，发布决定和命令；执行本行政区域内的经济和社会发展计划及预算，管理本行政区域内的经济、教育、科学、文化、卫生、体育事业和财政、民政、公安、司法行政、计划生育等行政工作；保护社会主义的全民所有制财产和劳动群众集体所有的财产，保护公民私人所有的合法财产，维护社会秩序，保障公民的人身权利、民主权利和其他权利；保护各种经济组织的合法权益；保障少数民族的权利和尊重少数民族的风俗习惯；保障宪法和法律赋予妇女的男女平等、同工同酬和婚姻自由等各项权利；办理上级人民政府交办的其他事项。地方组织法从宏观上规定了基层政府的职能，涵盖经济、文化、社会管理等方面。按照国家法定职责，结合农村经济社会发展实际，乡级政府职能概括起来就是落实党和政府的农村政策，为农村的发展提供公共服务，做好对农村市场的监管，维护农村的和谐与稳定。具体讲要突出两大职能，即建设农村现代特色小城镇和建设美丽乡村。

（一）建设农村现代特色小城镇的职能

城镇化是世界发展趋势，推进城镇化是我国的发展战略。其中小城镇发展滞后是我国城镇化中的短板，把乡镇政府所在地建设成为连接乡村和城市的美丽小镇，构建交通便利，集教育、医疗、养老、购物、娱乐等功能齐全的小城镇，既是城镇化的要求也是新农村发展的要求。因为未来几十年农村规模化的现代农业建立后，农村人口除一部分到大城市落户外，其余大部分要转移到乡村小镇或中心村，所以发展小城镇是乡级政府的主要职能。而目前大部分乡镇政府，特别是北方的一些乡镇政府，由于人财物的限制，在小城镇建设上几乎没有作为，很多小城镇就是大农村，基础建设落后，还是"晴天一身土、雨天一身泥"，教育、医疗、卫生条件较差，与现代美丽小城镇相差甚远。为此，要把小城镇建设作为乡镇政府的一项重要职能，乡镇政府要根据地方经济社会发展，把建设具有产业特色、民俗风格，"望得见山、看得见水、记得住乡愁"的小城镇作为重要职能。同时上级政府要把小城镇建设作为考核乡镇政府的一项重要内容，并且在各级预算中每年要单列出一些资金作为小城镇建设资金，划拨乡政府，作为专项资金，专款专用。

（二）建设美丽乡村的职能

推进美丽乡村建设始终是乡级政府的核心职能，按照"生产发展、生活宽裕、乡风文明、村容整洁、管理民主"的要求，协调推进农村经济建设、政治建设、文化建设、社会建设和党的建设。一是指导和引领农村经济发展。加快农村集体土地、宅基地确权登记发证，依法确认和保障农民的土地物权，进而通过深化改革，还权赋能，最终形成产权明晰、权能明确、权益保障、流转顺畅、分配合理的农村集体土地产权制度。同时，乡级政府要建设土地流转市场，促进农村规模经营发展，要培育职业农民，鼓励和支持合作社、家庭农场等新型农村经营主体的发展，促进农业现代化发展。二是推进农村政治文明建设。加强农村党支部建设，指导村民自治的健康发展，保障人民的选举权、决策权、监督权、知情权、参与权，落实好"一事一议"制度，有效维护农村各项权益。三是大力发展推进农村文化教育建设。建设农村书屋，繁荣农村文化，发展农村教育，对农村学校的硬件建设要从土地规划、资金保障上给予支持；加强师资队伍建设，建设一支高素质的师资队伍；关心、关爱留守儿童的成长和发展，建设留守儿童学校，配备留守儿童心理和生活老师，使农村6000万留守儿童有"家"的归属感。四是发展农村养老、医疗、低保等社会事业。要大力发展乡级公共养老设施建设，建立农村留守老人相互帮扶机制，探索乡级政府"花钱买服务"的社会救助模式；大力发展乡村医疗卫生事业，把乡级卫生院的建设纳入乡级政府的基本职能，提高乡级卫生院的医疗水平，真正做到"小病在乡级卫生院、大病到医院"，使分级诊断治疗得以实现；完善农村低保评审机制，让村民代表来评审享受低保的具体农户，从制度上杜绝优亲厚友现象的发生；加大农村危房改造的力度等。要把农村社会事业建设好，保障"老有所养、病有所医、学有所教、住有所居"。五是加强农村党支部建设。农村党支部是农村发展的战斗堡垒，乡镇党委对农村党支部建设负有不可推卸的责任，要建一个好班子，带出一支好的党员队伍，为农村发展提供强有力的组织保证。

三　健全乡级权力民主生成机制

推进乡镇党政领导干部选拔任用制度改革，逐步实行乡镇党委书记和乡镇长由党员和公民直接选举产生的制度安排，这属于党内民主和国家层面的民主制度改革，是个复杂的系统工程。它既是一个实践问题，又是一个法理问题，涉及选举方式的改革，选举程序中选区划分、选民资格、候选人介绍、预选、投票、计票、唱票等问题，还有选举经费、违法选举的审查处理等。这不仅包括宪法、地方组织法的修改，而且要创制相应的乡镇直接选举法或乡镇自治法之类的专项法律。较之村民自治这一社会层面的民主，其意义将更加深远，设计制定相应的法律、制度和选举的程序应更加慎重，更加科学合理。本书在总结为数不多的试点经验基础上，根据民主选举的一些基本原则，尝试提出一个框架性的设想，以求对乡镇政治体制改革提供一个参考依据和大致方向。

（一）乡镇政治体制改革的总原则

1. 坚持党的领导和党管干部的原则

乡镇政治体制改革目的是完善党的执政方式、领导方式，推进党内民主和人民民主的发展，最终达到顺应人类政治文明发展的规律，跳出历史"周期律"，巩固党的执政地位，实现我国经济和社会的全面发展。20多年来，在党的领导下，我国在经济领域实行增量渐进式改革，成功地实现了经济体制转轨和经济高速增长。同样，政治改革也必须坚持党的领导。从中国历史上看，中国传统政治文化中存在民众和官员在和平时代是顺从和冷漠，在动乱年代是盲从和暴力的倾向。从中国的政治现实看，多民族共存，经济发展不平衡，民主传统较少，民主习惯不强，民主技术不成熟，在推动民主政治建设的过程中如果没有一个强大的政治力量进行推动、驾驭、整合，就无法避免混乱和暴力充斥整个社会，那时最大受害者是普通民众。

为了更好地坚持党的领导和党管干部的原则，就必须改善党的领导，改变党管干部的方式。坚持党管干部原则是党领导和执政的重要体现和保证，这一原则必须坚持。但是党以什么样的方式、方法管干部，是一个大问题。个别人认为坚持党管干部原则就是党委要牢牢掌握直接推荐、任命、提拔干部的权力，否则就背离党管干部的原则。党的领导就是组织和支持人民当家作主。党管干部不是党委直接任命干部，而是党委制定有利于人民选举、监督、罢免干部的制度，制定符合实际的干部标准。在全部选举过程中，在发扬民主的基础上，党委要加强对人民的教育和引导，要给人民传达正确的用人导向，防止群众的盲从和被误导、个别人破坏选举和贿选等不正常现象发生，保证制度公正、公开、有效地运行。从乡镇各改革试点看也都是在坚持党的领导的前提下进行的，是在新形势下对"党管干部"原则的新阐释和新实践。

2. 坚持从实际出发、循序渐进的原则

推进中国的民主进程必须从实际出发，既要考虑到历史因素，又要考虑到中国的政治现实；既要考虑到民主的基本原则，世界民主的发展状况和趋势，又要考虑到中国的国情；既要考虑到党内民主和人民民主的密切联系，又要考虑到党内民主和人民民主的区别和不同特点。不要天真地希望一夜之间实现高度民主，要积极探索，循序渐进，否则不但不可能实现民主，还会导致动乱，给中国带来灾难。中国的改革既要坚持民主原则，又要避免一些学者超越现实条件的理想主义倾向和简单照搬西方民主理论和制度的主张。要坚持从实际出发，充分考虑到现存政治制度的路径依赖，从党内开始，从基层做起，在现行的体制内逐步改革，增量渐进，逐步完善。在经济、政治、文化发展的同时，推进中国的民主进程。乡镇政治体制改革也是一个渐进的过程，首先每个省选几个条件好的乡镇，作为党委书记和乡镇长直选试点，然后在总结经验的基础上逐渐铺开。没有进行直选改革的地方要完善现行的乡镇党代会和人代会的间接选举制度，尽量克服和减少选举中的弊端。

3. 间接选举向直接选举过渡的原则

乡镇政治体制改革的核心是选举方式的改革和完善，而选举方式的改革和完善应坚持由间接选举向直接选举过渡的原则。直接选举能够避免中间环节对民意的曲解，使选举的结果能真正反映人民的真实意愿，使被选举者直接对人民负责，加强选举对国家政治生活的影响。

直接选举符合世界民主发展趋势。从民主的历史发展趋势看，普遍、直接、公开、平等的选举是人类政治文明进步的显著标志。《世界人权宣言》和《公民权利和政治权利国际公约》的宗旨是任何国家、政府的权力只能来源于人民的同意，人民的同意是通过定期在普遍、平等和秘密投票的基础上举行的真正的、自由的、公平的选举来表达的。

直接选举是马克思主义民主理论的要求和体现。马克思认为，民主的发展程度，社会对国家的制约程度，乃至公民社会的成熟程度，都可以从公民参加选举的广度和深度上得到反映。列宁曾深刻指出，党的所有负责人员、所有领导人员、所有机构都是选举出来的，是必须向党员做工作报告，是可以撤换的。刘少奇同志说："我们的选举制度是要逐步地加以改进的，并在条件具备以后就要实行完全的普遍、平等、直接和秘密投票的制度。"[①]邓小平同志对中国民主政治的渐进发展有过宏观展望，他在1987年指出："大陆在下个世纪，经过半个世纪以后可以实行普选。"[②]江泽民同志再三强调："扩大农村基层民主，保证农民直接行使民主权利，是社会主义民主在农村最广泛的实践。"2004年4月26日，胡锦涛同志在中央政治局第十二次集体学习中强调，要坚持和完善社会主义民主的各项制度，丰富民主形式，发展基层民主，扩大公民有序的政治参与，保证人民依法实行民主选举、民主决策、民主管理、民主监督的权利。2005年6月17日，习近平总书记在金华市调研时指出，村级民主政治建设的方向十分明确，就是积极推行"民主选举、民主决策、民主管理、民主监督"，对这四个方面的内容要全面地加以理解。民主选举是基层民主政治建设的一个核心内容，是实现村民自治的前提和基础。

直接选举乡镇党委书记和乡镇长的意义非常重大。最根本是理顺

---

① 《刘少奇选集》（下卷），人民出版社1981年版，第156—157页。

② 《邓小平文选》第3卷，人民出版社1993年版，第220页。

权力的授受关系，按照谁授权就向谁负责的政治学铁律，用制度保证乡镇主要领导向群众负责，真正实现对党负责和对群众负责的高度统一。直接选举有利于保证"三严三实"重要思想的落实。基层一些领导干部有悖于党的宗旨和"三严三实"的要求，跑官要官、买官卖官、贪污受贿、欺压百姓、吃拿卡要、欺上瞒下、玩数字游戏、搞形象工程，甚至利用黑社会来鱼肉百姓，置党和人民的利益于不顾，致使个别地区干群关系紧张和激化。为什么一些人行动起来总是把党的宗旨、人民的利益置于脑后，罔顾民瘼，明知故犯呢？原因当然很多，包括干部的素质良莠不齐、理想信念的动摇等，但最根本的还是缺乏制度保证。我们现行干部选举制度不完善，使一些干部手中的权力实际上都是来源于上级机关或上级领导人，所谓"权力来源于人民"只能流于空谈。既然权力并非人民授予，那么所谓为人民服务，也不可能落到实处。直接选举乡镇主要领导干部，真正实现人民的授权，改变权力的流向，用制度保证基层干部向群众负责，用制度保证"三个代表"重要思想的贯彻和落实。这有利于增强干部的责任意识、公仆意识、自律意识，规范从政行为和从政道德，维护党和干部形象；有利于在以人为本的科学发展观的指导下，避免"保乌纱帽的形象工程"，推进农村的全面发展；有利于巩固党的阶级基础，扩大党的群众基础，提高党的执政能力，巩固党的执政地位。

（二）乡级治理权力生成体制改革的方案探讨

乡级治理权力生成体制改革总的方向是，按照党的领导即组织和支持人民当家作主和坚持党管干部的原则，改变党管干部的方式，有领导、有步骤健康地推进以实行乡镇党政领导干部直接选举为核心，以科学界定候选人资格、改革提名办法、完善选举程序、加强选举过程监督和推进配套改革为重点的乡镇政治体制改革。

1. 实现乡镇党委书记和乡镇长直接选举

直接选举是指代议机关的代表或国家机关的公职人员由选民投票直接选出，一般能更公正、准确地表达选举人的意志。与此相应的间接选举，指由选民选出的代表投票选举代议机关的代表和国家公职人员。在间接选举中，由于选举环节的增多，更重要的是由于选民选出

的代表有可能以自己的意愿代替选民的意愿，从而使间接选举的结果
与选民的意愿相背离。

我国人民代表大会的代表选举，采取间接选举和直接选举相结合
的方式，即由人民直接选举产生乡镇和县两级人大代表，然后再由县
级人大代表选举产生市级人大代表，这样从县级开始逐级选举直至全
国人民代表大会代表。我国国家公职人员的选举属于间接选举，即由
各级人民代表大会选举产生同级国家公职人员，乡镇的党委书记和镇
长分别由乡镇的党代会和人代会选举产生。

间接选举和直接选举是两种不同的选举方式，选举方式的变革在
选举中具有决定性意义。乡镇党政领导干部选拔方式由间接选举向直
接选举过渡，最终实现乡镇党委书记和乡镇长分别由乡镇全体党员和
全体公民直接选举产生，是乡镇党政领导干部选拔任用制度改革中具
有里程碑意义的重大变革，是扩大社会主义民主，较好实现人民授权
的制度安排，是经济市场化、民主化的必然要求，是克服现行乡镇政
治体制弊端的治本之策。现行乡镇党政领导干部由党代会和人代会间
接选举产生，党代会和人代会的代表人数在40—100人，人数少，容
易被个别"领导"操纵和控制，而且这些"领导"往往并不能代表
民意，这也是间接选举"扎扎实实搞形式、认认真真走过场"的主
要原因。想要克服这一弊端，在乡镇就是要严格按照选举程序直接选
举乡镇党委书记和乡镇长。

目前大多数乡镇党政领导干部改革试点都把改革完善乡镇长选举
制度作为重点，大多数学者也把乡镇长选举制度改革作为重点研究对
象。我们在研究乡镇长选举制度、选举方式改革，呼吁扩大基层人民
民主、实行乡镇长直选的同时，更要研究、倡导扩大基层党内民主，
实行以直选乡镇党委书记和乡镇长为重点的乡镇政治体制改革。

在目前的体制下，直选乡镇党委书记意义更大，因为在乡镇权力
体系构成中，党委书记是中心，是名副其实的"一把手"，不但要管
党务，而且对于行政事务同样具有决定权。笔者工作过的乡镇，大到
干部调整、计划生育、税费征收，小到救济款的发放，每一元的财务
开支都由书记决定。在这种体制下，乡镇党委书记已不仅仅是党员的

书记，已变成全乡群众的"书记"，由党员乃至群众选择党委书记、监督党委书记，保证党委书记对全体党员、群众负责就显得尤为必要。同时，直选党委书记也是扩大党内民主，用党内民主来推动人民民主的最好形式。

乡镇党委书记的直接选举主要有两种方法。一是乡镇党员直接选党委书记。乡镇党委书记可以由乡镇全体党员按选举程序直接选举产生，全乡镇党员人数较少，素质较高，选举成本和风险较小，这种选举符合政党民主制的一般原则。二是实行两票制。首先制定和公布乡镇党委书记候选人资格，然后以自我报名为主确定初步候选人，乡镇全体具有选举资格的公民对初步候选人进行投票，推荐2—3名正式候选人——这是第一票，为公民推荐票或称民意测验票。第二票由全体党员直接投票，从正式候选人中选举产生乡镇党委书记。这样就扩大了党委书记的民意基础，毕竟在现行体制下党委书记是乡镇政权的"一把手"，由全镇公民来推荐候选人或投信任票是合情合理的。这种将党内民主和人民民主高度结合的方法符合中国政治运行的实际情况，非常有利于扩大党的群众基础，巩固党的阶级基础，提高党的影响力、凝聚力和战斗力。

2. 科学界定乡级领导干部候选人资格

什么样的人有资格成为候选人，是选举民主化程度的重要标志。《宪法》第二章第三十四条规定：中华人民共和国年满十八周岁的公民，不分民族、种族、性别、职业、家庭出身、宗教信仰、教育程度、财产状况、居住期限，都有选举权和被选举权。但是目前我们乡镇党政领导干部候选人的资格是非常严格的，一般都必须是吃"皇粮"的国家干部。这些成文和不成文的规定与宪法规定的公民的平等权相违背，剥夺了大部分公民的被选举权。改革开放以来我们在一定程度上改变了领导职务终身制的现状，但丝毫没有打破干部身份终身制的弊端。长期以来，"官""民"界限分明，"官"掌握着大量的社会资源，意味着终身享受一种特权，这是官本位存在的现实制度根源。在制定乡镇党政领导干部候选人的资格时，既要大胆地放宽条件，真正实现不唯身份，又要坚持德才兼备的原则，根据实际在学历、能力、资历等方面制定一定的标准。这样既可以打破干部身份的壁垒，实现干部能上能下、能进能出，又可以保证候选人较高的能力和素质，还可以减少选举成本，提高工作效率。

3. 关于改革乡镇领导干部候选人的提名方法

候选人是投票之前按照法律和党章规定的程序提出的供选民或代表投票选择的人。提出候选人是选举的重要环节，是选举民主程序的关键阶段，是保证选举普遍、公平、公正的前提。乡镇党政领导干部候选人产生方式主要有以下两种。

一是自我报名。自我报名应是乡镇党政领导干部候选人产生的主要方式。凡符合乡镇党委书记候选人资格的党员，符合乡镇长候选人资格要求，又有志于参加竞选的公民都可以报名。自我报名的候选人首先表明自己愿意参选、愿意承担责任、认为自己有能力胜任这个职务，然后再由人民来选择。如果本人没有这个意愿，仅靠别人提名，即使非常有能力的人，也都没有意义。为了限制报名人数，可以规定报名者要有一定数量选民或代表的联名支持，还可以加上地域推荐的方法，如可以规定除了要有选民的联署外，还需要几个村的联署。

二是党委提名。党委提名乡镇长和自我报名可以结合起来统一进行。党委提名乡镇长候选人，是目前法律允许进行的形式，也符合共产党作为执政党的政治环境。党委提名的乡镇长候选人不能够由党委直接指派，而应该在党内有一个严格的本人报名、资格审查、竞选和投票的党内预选过程，只有这样党委提名的候选人才有合法性的基础，才可以成为正式候选人，不参加自我报名候选人的预选，直接进入最后正式选举。在这方面步云乡直选做得就有些遗憾，党委提名的候选人既没有经过党内预选，也没有参加自我报名候选人的预选，沿用了过去党委直接指派的办法，也就是党委指派了一个候选人，直接参加正式选举。这样确定的候选人给人的印象是特殊化的，让人感到不平等，也是后来受到批评较多的地方。因此一定要建立一个党内提名的制度，这个制度一定要有严格的程序，从而通过党内预选产生一个比较好的乡镇长候选人，参加全民的竞选。

4. 完善乡级领导干部选举程序

选举程序是选举活动相关主体行使权利时必须遵守的方式、步骤、过程、顺序的总和。选举程序的基本功能是保证选举在形式上的公正。从某种意义上讲，程序设计的合理、公正是保证选举民主程度的基础。程序具有九大性质：确定性、有序性、不可逆性、周期性、公开性、公正性、竞争性、法定性和可救济性。不论是在现行的政治体制下，乡镇党委书记、乡镇长分别由乡镇党代会和人代会间接选举产生，还是在逐步改革中，乡镇党委书记和乡镇长分别由乡镇党员和公民直接选举产生，完善选举程序，保证选举的公开、公正、真正体现民意，都是至关重要的问题。

（1）关于实行预选

预选在目前试点中已经成为乡镇党政领导干部选举中的一个必不可少的重要环节。当候选人的条件放宽，提名渠道拓宽，特别是允许自己报名时，初步候选人的人数会比较多，如大鹏镇提名候选人多达67人。如此多的初步候选人不可能全部参加正式选举，这就要通过预选产生2—3名正式候选人。这就使预选成为非常重要、非常关键的一步。预选过程的很多细节性规定都会影响到选民能否对正式候选人产生决定性作用。

乡镇长的预选有两种办法：一是由全乡选民进行投票，从自我报名的候选人中选出1—2名正式候选人，这样的预选需要较长的时间和较高的经费，但这样选出来的正式候选人，可能会比较符合民意；二是组织一个选举团，这个选举团由各方面的代表组成，由这个选举团从初步候选人中选出正式候选人。因为由公民直接选举正式候选人的成本高，目前的改革试点大部分都组织了一个选举团，对个人报名数量较多的初步候选人进行投票选举产生2—3名正式候选人，这个选举团的作用非常大。但目前改革试点中这个选举团的组成人员不合理，干部多、领导多、党员多、群众少。笔者认为选举团中50%以上必须是各村群众代表，绝不能完全由乡村干部代替。整个预选程序要严格，要和正式选举一样。乡镇党委书记的预选也主要有两种方法：一是符合党委书记候选人资格的自我报名，由党员代表对初步候选人进行投票选出 2—3 名正式候选人；二是在自我报名的党委书记候选人中由群众投推荐票或信任票选出 2—3 名正式候选人。

预选中要体现党管干部的原则，要注意对选举人要求条件的宣传，使广大党员和选民真正明确应该选"什么样的人"。当然不是划框框、定调子，而在于根据党管干部的原则和当地经济社会发展的实际需要及广大党员群众的意愿，正确引导群众。没有政治上的引导，仅有程序上的规范也不能完全实现预期目的。

（2）关于实行竞选

竞选是选举的核心问题，只有通过竞选，才有可能让广大的老百姓了解谁是最好的、最值得信赖的、最能为他们谋利益的领导人。竞选的主要内容是候选人的宣传介绍。我国 1979 年的《选举法》第三十条规定："各党派、团体或者选民，都可以利用各种形式宣传候选人。"由于候选人的介绍方式不受限制，随后在一些地方出现了轰轰烈烈的竞选活动，在一些高校，候选人组织自己的选举办公室，四处张贴、宣传自我介绍材料，举行演讲，十分热闹。由于个别人利用这一机会散布资产阶级自由化思想，1982 年修改《选举法》时规定："推荐代表候选人的党派、团体或者选民可以在选民小组会议上介绍所推荐的候选人情况。"按照这一规定，介绍候选人的方式受到很大限制，只能在选民小组或代表小组上介绍，使得竞选在一定程度上流于形式。这一竞选制度严重滞后于民主政治发展的要求，必须进行改革，建立以候选人自我介绍为主的竞选机制，鼓励正当竞争。

为此应建立相应的竞选机制。允许候选人建立后援班子，帮助进行宣传、介绍，但后援人员必须是义务人员，不得雇用有偿工作人员，建立后援班子必须向选举机构登记并公布。允许候选人在选民小组上进行自我介绍，向选民寄送宣传品，举办演讲，在广播电视上进行宣传介绍，但每个候选人必须机会均等。同时严禁候选人进行贿选活动，凡发现有贿选活动的一经查实，一律取消候选人资格，构成犯罪的，移交司法机关处理。

我国实行中国共产党领导的多党合作和政治协商制度，各民主党派是参政党，是同共产党通力合作、共同致力于社会主义事业的亲密友党，参与国家事务管理。在保证中国共产党是社会主义事业领导核心的前提下，在乡镇长直选中，我们可以考虑让民主党派提出自己的候选人，并组织支持自己的候选人参加竞选。

（3）关于投票

投票是选举中的一个重要而又十分复杂的过程，涉及委托投票、选票的设计、划票间的设立、计票、唱票等很多内容。这里强调几点。一是委托投票。目前在选民登记时，不是选民本人自己去登记，而是选举委员会根据户籍关系，只要户籍在本村，全部进行登记，并张榜公布。但村镇很多人因外出打工等已经长期不在村，投票时只能由别人代投票。这样虽然可以保证非常高的参选率，但也出现许多问题，相当多的不在选举现场的人让委托人随意投票，即便说明自己要选的候选人，委托人也很可能按照自己的意愿去投票。更有甚者，一些基层干部利用一些虽已进行选民登记但举家外出的空额，制造假选票，严重践踏了民主。因此建议改变现在选民登记办法，由公民自己到选举委员会亲自登记，取消委托代票规定，只要某一选民不进行选民登记或投票时不在场，他就等于放弃自己的选举权。二是秘密划票。目前基层选举大部分没有设立秘密划票间，很多人在一起投票，一些人怕打击报复，不敢按自己的意志投票，只能"随大流"。乡镇党政领导干部直选一定要在投票现场设立划票间，进行秘密投票，使投票人在没有人干预和没有威胁的情况下进行投票，这是保证公平、公正的主要条件。三是公开点票。在村镇基层选举中很多地方仍然实行秘密点票，不让选民知道点票过程，只让选民知道投票结果，这种方法非常有利于上级控制选举结果，个别人制造假票，修改选举结果。而且由于暗箱操作缺乏透明度和公开性，即便计票过程中不发生问题，也容易引发党员和群众对计票真实性的质疑，削弱选举的权威性。因此，在乡镇党政领导干部选举中应该实行公开点票制，即投票一结束，马上当众点票，马上公布选举结果，这样使投票成为一个公开、透明的过程。

5. 加强乡级领导干部选举监督

列宁曾深刻指出，没有公开性而谈民主制是很可笑的。强有力的监督、阳光作业是保证选举公正、公平竞争的基本条件。在以往的选举中，一些地方选举流于形式。其中一个很重要的原因就是暗箱操作，没有或不允许监督，更没有一个强大的体制外组织监督。选举中存在种种弊端，村民自治进行了很多年而效果不佳，乡镇人代会和党代会选举流于形式等，均与此有关。没有强有力的监督，一些基层干部就目空一切，操纵选举，为所欲为。要用法律和制度保证选举可以被观察、监督、调查。允许候选人自己委派观察员到不同的投票站进行观察，监督每个投票站是否按照选举规定进行。观察员对选举的结果如果满意，可以签字；如果有贿选、修改选票等不公正的现象，可以不在选举结果上签字，也可以向选举委员会申诉。国外的做法是不同党派的人在进行投票的时候，可以派出本党的观察员到各个投票站进行观察，以确认投票是否合法。对于那些独立参选人来讲，选派自己的观察员，是一种有效的办法，应该在乡镇选举中推广，可以避免贿选、造假等行为。

四　构建群众利益表达回应机制

在推进农村基层治理现代化过程中，构建制度化、法治化的农民利益表达机制，是保障农民话语权、维护农民利益的重要内容。在农村基层治理中应完善基层人民代表大会制度、信访制度等已有的利益表达机制，充分发挥农民合作组织的作用，建立农民协会，成立农民利益表达组织，畅通农民利益表达机制。现有政治体制内的利益表达机制是党和政府联系群众的制度性安排，是宝贵的制度资源，有其合法性、科学性和合理性，全面完善这些制度性安排，疏通党和政府联系人民主渠道需要从以下几个方面努力。

（一）完善基层人民代表大会制度

人民代表大会制度是我国的根本政治制度。一是要用制度保障县乡人民代表大会真正发挥其选举、罢免、重大事项决定权等功能，改变目前一些基层县乡人民代表大会"橡皮图章"的作用。为此，要建立乡镇长定期向乡镇人民代表大会进行述职报告，接受乡级人民代表大会质询的制度；实行乡级人民代表大会每年召开一次，实现每年一次会议制度。二是改变县乡人大代表的候选人提名办法，在候选人提名方面要遵守《选举法》第二十九条规定，即"各政党、各人民团体，可以联合或者单独推荐代表候选人。选民或者代表，十人以上联名，也可以推荐代表候选人"。但是在实际运行中，乡镇人民代表大会代表的候选人，一般由乡镇选举委员提名，实质上由乡镇领导和村干部协商确定，选民或代表提名的比例很低。在调查的 22 个乡镇、56 个村中，没有选民提名候选人。而候选人的产生是选举的基础环节和重要环节，在农村要用制度鼓励和保障选民提名候选人，使选举真正具有竞争性。三是提升人民代表素质，建立人民代表和人民之间的长效联系机制，强化人民代表大会与乡镇政府官员之间的权力授予和监督关系，疏通制度内农民通过人民代表影响政府决策进行利益表达的渠道，使人大代表更好地联系群众，更好地表达农民的利益。

（二）完善农村基层信访制度

信访是群众利益表达的主要渠道，完善信访制度，畅通信访渠道，提高通过信访解决群众问题的数量和质量要从以下几个方面着手。一是提升县信访机构规格，县信访局作为受理群众上访案件、协调有关部门解决的单位，要提高其协调能力，就必须提高其权威性。而基层法治思维和依法行政不健全的情况下，就要提升信访部门的规格，要明确主要领导管信访，靠领导的权威来协调信访案件的解决。二是实行信访案件首办责任制，按照信访案件谁主管谁负责、注重效率、奖惩分明的原则，落实信访案件第一责任人，严格考核，责任追究。三是实行领导包案制度，明确县乡主要领导分包重点信访案件，现场督办落实，将群众反映的问题在第一时间解决。四是建立有效约束机制，对于分管的案件单位要进行考核，对未能及时解决的要进行通报批评，甚至问责处理。

（三）建立农民维权组织体系

组织就是力量，组织越大越严密，话语权就越强，影响力就越大。亨廷顿认为："组织是通往政治权力之路，也是稳定的基础，因而也是政治自由的前提。"[①] 农民的话语权没有力量，因为农民多是

---

① ［美］塞缪尔·亨廷顿、琼·纳尔逊：《难以抉择——发展中国家的政治参与》，汪晓寿等译，华夏出版社 1989 年版，第 89 页。

分散的个体，组织程度低，难以形成合力，即使暂时为了共同利益而结合起来，也是缺乏法律地位、缺乏组织领导的体系。建立农民组织体系是农民话语表达权的重要途径。一是鼓励建立和发展农民合作社。农民合作社既是经济利益共同体，也是政治利益共同体，农民合作能够以组织的力量来同其他利益主体进行平等的利益谈判，可以进行集体维权。二是建立农民协会。行业协会是指介于政府、企业之间，商品生产者与经营者之间，并为其服务、咨询、沟通、监督、公正、自律、协调的社会中介组织。农民协会是农民的自治组织，能够很好地把农民组织起来发展生产，进行自我管理、自我服务、自我约束，也是农民和企业谈判的有效形式、和政府沟通的桥梁。要建立农民协会首先要制定农民协会章程，成立全国农民协会，各地再建立自己的农民协会。在成立农民协会的过程中，要避免把农民协会变为半官方机构，成为地方政府的代言组织，要使其真正成为农民自己的组织。

五　健全乡级政务信息公开机制

公共权力公开透明运行和政府官员信息公开，是治理现代化的基本要求和基本特征，是建设廉洁高效政府的基础，是反腐倡廉的重要保障，是群众知情权、监督权的基本保障，没有信息公开和监督机制，就没有高效廉洁的政府。乡镇政府作为行政权力的末梢，信息公开有利于群众及时了解政府职责，有利于避免权力任性，有利于节约行政成本，有利于方便群众办事，有利于群众监督，有利于提高工作效率，能够有效地避免小官大贪，减少官僚作风，创造风清气正、高效廉洁的服务型政府。而目前一些乡镇政务公开避重就轻、避实就虚、流于形式，甚至假公开、不公开，引起群众的强烈不满。为此应从以下几个方面加强乡镇政府信息公开和监督机制。

（一）完善乡级政务信息公开机制

完善信息公开机制包括信息公开的内容要全面及时，信息公开的渠道要多样化，信息公开的监督考核要常态化。具体讲，一是明确乡级政务信息公开内容，要严格按照信息公开条例要求，坚持"公开为常态、不公开为例外"原则，结合乡镇的实际，细化明确公开的内容。以下内容必须公开：乡镇政府的财政收支，各类专项资金的管理和使用情况，乡镇土地利用总体规划、宅基地使用的审核情况，征收或者征用土地、房屋拆迁及其补偿补助费用的发放、使用情况，乡镇的债权债务、筹资筹劳情况，抢险救灾、优抚、救济、社会捐助等款物的发放情况，享受低保的条件和享受低保的家庭，乡镇集体企业及其他乡镇经济实体承包、租赁、拍卖等情况。同时，要建立和公开乡镇政府权力正面清单和负面清单，全面公开部门职能、实施主体、职责权限、管理流程、监督方式等事项。二是要积极拓宽信息公开渠道，乡镇政府根据需要，要在办公场所、社区服务场所设立信息公开窗口、信息公告栏或者通过村务公开栏、广播、召开会议等方式向社会公开政府信息。特别是要利用好现代网络这一信息公开平台，各乡镇要设立专门人员负责网络信息公开，建立网络信息公开网站，全面提升政府信息公开工作的权威性、时效性和影响力。三是严格考核督查，要把信息公开作为乡镇考核指标体系的重要内容，对公开内容全面性、真实性、及时性进行考核和督查，同时开设公众监督评议平台，邀请群众对乡镇政府政务信息公开内容进行投票评议，全方位开展乡镇政府政务信息综合评估，定期发布评估结果，将评估结果作为干部任用的重要标准和依据。

（二）完善乡镇干部个人信息公开机制

政治人无隐私，这是一个基本的政治原则。因为政治人掌握着公共权力和公共资源，最有条件和可能出现以权谋私、权钱交易、权权交易、权情交易、权色交易等腐败行为，只有干部基本信息全部向社会公布，官员才能有所忌、有所戒、有所怕。这是从制度层面推进党风廉政建设的重要措施，也是国家反腐建设的重要内容和重要经验。要推进官员信息公开，应从以下几方面进行积极探索。一是国家要做好顶层相关法律制度设计，创设公务员个人信息公开方面的法律和规定等。明确规定不同层级、不同职务的领导干部必须进行个人家庭信息公开，如中央部委和省直机关及相应层次的公务员，处级以上领导干部在任职和离职时其个人信息必须公开；在设区市工作的公务员，科级以上干部在任职离职时，个人信息必须全部公开；在县乡机关工作的公务员，副科级以上的领导干部任离职时个人信息要公开。同时，必须明确官员需要公开的个人信息内容，主要包括：官员家庭收入、房产、银行存款、股票等有价证券，配偶子女及直系亲属的从业情况等，所有这些信息必须全部如实公开，接受群众监督。二是加强对官员信息公开的监督，各级纪委和审计部门要结合离任审计对官员公开的信息进行审计，还要发挥群众的监督作用，要为官员的信息公开提供监督平台，如实施不动产统一登记制度等。

六　完善乡级民主监督检查机制

党的十八届三中全会通过的《中共中央关于全面深化改革若干重大问题的决定》中明确提出："落实党风廉政建设责任制，党委负主体责任，纪委负监督责任。"习近平总书记在《中共中央关于全面深化改革若干重大问题的决定》的说明中指出："要加强对反腐败体制机制创新和制度保障，主要是加强党对党风廉政建设和反腐败工作统一领导，明确党委负主体责任、纪委负监督责任，制定实施切实可行的责任追究制度。"①

（一）充分发挥乡镇党委纪委的监督作用

乡镇党委在乡镇各项工作中处于领导核心，同样对乡镇的党风廉政建设负有主体责任。由于一些乡镇党委认识不到位，认为党风廉政建设就是纪委的责任，在党风廉政建设上有缺位现象。2015年8月中共中央办公厅印发的《推进领导干部能上能下若干规定（试行）》第七条规定：加大领导干部问责力度，对落实从严治党责任不力，贯彻党风廉政建设责任制不到位，本地区本部门本单位或者分管领域在较短时间内连续出现违纪违法问题的，要进行问责。根据以上规定，乡镇党委对本乡镇党委政府自身的党风廉政建设负有主体责任，对农村党风廉政建设和农村干部的廉洁自律负有主要责任。

---

① 《十八大以来重要文献选编》（上），中央文献出版社2014年版，第505—506页。

乡镇纪委作为基层纪律检查机关，是直接监督管理基层党员干部、加强基层党风廉政建设最基本和最重要的力量，是我们党和政府纪检监察系统中不可或缺的组成部分。一是针对目前乡镇纪委难以对乡镇党委进行监督的问题，要改革乡镇党委和乡镇纪委的关系，提升乡镇纪委的地位。将乡镇纪委改为县纪委的派驻机构，使其在人财物等方面不再受同级乡镇党委的领导，乡镇纪委要定期向县纪委汇报工作，受县纪委的领导。二是落实乡镇纪委廉政责任制和责任追究制，使任务到肩、责任到人，防止有事无责、有人说事、没人干事，达到事与责的统一，从而推动乡镇纪委工作的深入开展。三是加强乡镇纪委自身建设，要按照德才兼备的原则，选任政治素质过硬、思想作风正派、能坚持原则并且具备一定的纪检监察专业知识和有一定基层工作经验的同志担任乡镇纪委书记。同时加大对乡镇纪检监察干部的培训和交流力度，提高乡镇纪委的履职能力。

（二）充分发挥群众的监督作用

乡镇干部直接接触群众，群众的眼睛是雪亮的，乡镇干部的好坏群众是感受最深的，最具有发言权。乡镇干部是勤政还是懒政，是否对群众有吃拿卡要的现象，是否存在门难进、脸难看、事难办的情况，群众在生活中、办事中体会最深。充分发挥群众的监督作用，能有效地避免一些干部说一套、做一套，避免一些乡镇干部的"双重人格"——在领导面前装"孙子"，在群众面前是"爷爷"。要保障群众的监督作用，就要设立一套评价机制。一是在政务公开办事大厅，要像银行、电信等服务单位一样，设立群众电子评价机制，群众在办完事后对乡镇干部的服务态度进行评价。二是组织群众定期或不定期对包村领导干部进行测评，最好委托社会第三方专门进行测评。并且把群众评价的结果，作为对干部年终考核的重要依据，作为干部升迁的重要依据。三是要设立公开中央、省、市、县纪委的监督电话和监督网站，群众有意见、有问题可以直接向县纪委反映，县纪委解决得不满意或难以解决的，可以向上级纪委反映，各级纪委对群众反映的问题要做到"件件有回应，事事有着落"。

七 构建乡级多元并重考评机制

科学的考评机制是指挥棒、风向标，是治理现代化的重要组成部分。干部考评是评价干部工作政绩的重要方式，是决定干部职务晋升发展的重要依据，关乎干部的政治生命。有什么样的考核方式就会有什么样的作为方式；由谁来考核，被考核者就应为谁服务；考核什么内容，被考核者就应做什么。构建科学的考评体系有利于引导干部树立正确的价值观、政绩观，提高行政效能，密切干群关系。不同层级的政府职责不同、权力行使的对象不同、考核体系也应不同。乡镇政府是最基层的政府，是党和政府联系群众的桥梁纽带，是党的各项方针政策的执行者和落实者，其工作内容、服务对象、工作性质与上级政府不同。因此对乡镇工作和乡镇干部的考核应有一套符合基层行政特点的科学完备的考核体系。

（一）构建多元并重的考评体系

科学的评估体系应是多元并重，对乡镇干部的考评应是有群众、上级部门、第三方机构等多元参与的考核。一是完善县级党政机关对乡镇工作和乡镇主要领导干部的考评机制。乡镇党委政府是受县级党委政府的领导和监督，应高标准、高质量地完成上级交办的各项任务，县级党委政府应该是一个重要的考评主体。在目前的实际运行中，县级党委政府应该是乡级党委政府考评的组织者，考核制度的制定者，考核规则的维护者，制定完善的制度保证群众公正、客观地参与考评。二是确立群众在考评中的主体地位。乡镇干部工作好坏的评价者，首先应当是乡镇干部的服务对象即群众，因为乡镇干部直接面对群众、服务群众，其工作态度、工作方法、工作成效群众感受最深、体验最深，群众最具有评判权，群众应是最主要的评价主体。正如在银行、商场等工作人员的好坏是顾客评价的一样，只有通过各种有效途径让顾客对其进行评价，并把顾客评价的结果作为对工作人员的奖惩、晋升的重要依据，银行、商场的工作人员才能将顾客视为"上帝""衣食父母"来全心全意为"顾客"服务。从理论上，让群众评判乡级干部工作是中国传统文化中敬天保民、民贵君轻、民为邦本、本固邦宁等民本思想的体现，更是马克思主义群众观和群众路线的体现，是中国共产党宗旨的基本要求，是中国共产党走群众路线的内在要求。"人民，是永远的江山！群众，是永恒的考官！"敢不敢打开大门，能不能用好群众监督，考验从严治党的诚意和勇气。既然群众热情高涨，那么，能不能用制度化的形式将这股热情引导好、作用发挥好？既然群众目光如炬，那么，可不可以在评价体系中多给群众些权重？如果说从严治党是一场永远在路上的"赶考"，那么群众既是命题人，又是监考人，还是打分人。"官评官"的考核方式，必须让位于"民评官"，这也是世界社会主义实践中的优秀传统。早在巴黎公社时期，就出现了多种形式的群众评议活动。[①] 群众参与评价官员的关键是建立有效的制度体系，保障农村群众的知情权、参与权、监督权，促成公民积极、有序、有效地参与地方政府绩效评估，确保公民参与的制度化与规范化。三是引进第三方独立机构对乡镇政府政绩进行考评。县级政府要通过各种有效方式与大学、科研机构、民间团体合作，建立非营利性地方绩效评估机构，并完善相关的制度和技术手段，保证评估的客观性、有效性和准确性。

（二）考评内容要全面化

考评内容是考评体系的核心，科学设计考评内容应坚持以建设服务型乡镇政府、民生型乡镇政府为导向，把群众需要、群众满意放在第一位，乡镇政府的一切工作都是为了造福当地百姓，使人民生活幸福安康，而不是搞一些上级喜欢、群众讨厌、劳民伤财的形象工程、豆腐渣工程。为此要改变过去以 GDP 和"维稳"作为考评内容，构建符合当地实际、全面的考核内容。一是将与农民息息相关的农村社会建设作为重要考核内容，主要包括农村教育、医疗、养老、居住、社会保障等考核内容，特别是一些经济条件较好的农村，要把改善民生作为重要的考核指标。二是把发展农村经济、农业增产、农民增收作为重要考核内容，当然政府不能直接干预农村经济的发展，主要是

---

① 《人民日报评论部：相信群众，知政失者在草野——从严治党再出发之五》，2014 年 10 月 17 日，人民网（http://www.opinion.people.com.cn/n/2014/1017/c1003-25851227.html）。

考核乡镇政府在引导农民发展、创造良好发展环境上做了哪些工作、取得了什么实效。三是将环境资源保护、促进农村生态文明建设作为重要的考核内容。不同地区要根据该地区、该县、该乡镇的实际制定考评内容，贫穷落后的地区要把乡镇政府能否引导农民脱贫致富作为重要考核内容。

第二节　构建多层互动的现代治理运行机制

构建科学化、法治化的政府之间运行机制是现代治理体系的基本要素，县级治理主体和乡级治理主体之间、乡镇治理主体和村委会之间职权的科学合理的界定，依法有序的良性运行，避免随意性、人治化，是基层治理现代化的基本要求。

一　构建乡村之间良性互动机制

乡村治理主体之间良性互动，是乡级政府和乡村社会良性互动的关键。理顺乡镇党委、政府与村党组织、村委会的关系，理顺村党组织与村委会的关系，这既是农村政治文明建设的重要内容之一，也是推进村民自治和农村政治文明建设健康发展的重要保证。乡镇党委、政府要站在讲政治、讲法律的高度，摆正角色定位，理顺各种关系，推动农村政治事业发展。

（一）实现乡级治理主体与村级治理主体良性互动

明确乡镇政府和村委会的法律定位。权责法定是现代政府间关系的基本准则，我国宪法和相关法律对乡镇政府和村委会的法律关系已经作出明确的界定。我国宪法明确了"村民委员会是基层群众性自治组织"，这就以国家根本大法的形式确定了村民委员会的性质。《村民委员会组织法》第四条规定"乡、民族乡、镇的人民政府对村民委员会工作给予指导、支持和帮助，乡镇政府不得干预属于村民自治范围内的事项"，并且也具体规定了村民自治范围内的事项，即村民委员会主任、副主任和委员，由村民直接选举产生，任何组织或者个人不得指定、委派或者撤换村民委员会成员。这就以法律的形式规定了村委会由村民选举产生，乡镇政府应该组织、指导、帮助农村选举依法有序进行，但不能干预村民选举的具体事项。同时，《村民委员会组织法》规定了村民会议讨论决定的村内重大事项，如集体收益使用、宅基地发放、征地补偿款发放和使用、公益事业的兴办及建设承包方案等事项，这些事项乡镇政府必须给予支持，但不能干预村民委员会的决定。

依法保障村级财权和事权的独立。村级财政权力的独立，是村民自治的基础，要保障村级财务的独立，就要改变目前一些地方实行的村级财务由乡镇政府财政所代管现金、代管记账，村内每一笔开支都要到乡镇财政所去报账的做法。这一做法实质是乡镇政府对村级财务的控制，限制了村级财务的独立性、自主性，乡级财政所对村级财务要实行监督指导，但不能代管现金、代管记账，代管现金、代管记账是不符合《村民委员会组织法》规定的。同时，要改变一些地方村党支部和村委会印章由乡镇统一管理的做法。印章是党支部和村委会行使各项权力的象征，乡镇将村党支部和村委会印章统一管理，实质上是直接干预村民自治权力的运行，也是一种违法行为。民政部、公安部《关于规范村民委员会印章制发使用和管理工作的意见》指出："村民委员会印章要有专人保管，保管人由村党支部、村民委员会提名，并经村民代表会议讨论后决定。"并明确规定村内重大事项，如土地承包、宅基地发放、工程建设等重大事项使用村委会印章时，需经村民代表大会或村民大会讨论同意、村委会主任签字后才可使用。这就明确规定了村委会印章的管理使用权属于村民委员会，任何组织和个人不能以任何理由代管村委会印章。乡镇政府要指导村委会建立印章管理、登记和使用制度，依法维护农村财权和事权的独立，这是处理好乡镇政府和村民委员会关系的重要内容。

树立正确执政理念，建设服务型政府。要处理好乡村关系，就要转变乡级政府执政理念，实现由管理型向服务型转变。过去乡镇政府是一个全能型政府、管理型政府，村内的事情乡级政府什么都想管、都要管，并且乡级政府对村委会也多是以行政命令的方式来布置工作、安排任务。这种理念和做法一定要改变，乡镇政府的职能应定位成为农村经济社会发展创造良好环境，为农民排忧解难，促进农村和谐、农民幸福。在工作方式上要善于利用市场手段，通过市场来引导农村、农业和农民的发展；要营造发展环境、创造发展条件，而不是具体指导农民的生产经营行为；要有服务意识，主动解决农民的生产生活中的各种困难；要有法治思维，依法解决民间纠纷；要靠宣传教育引导农民行为，而不是强制命令；要把党和国家的方针、政策与农村、农民的实际需要相结合，创造性地开展工作，在服务农村经济社会发展中体现管理，在改善民生中取得群众的信任和认可，积极做好指导和服务工作。

要明晰村"两委"的权责关系。依法科学界定农村"两委"的关系，在此基础上乡镇党委、政府通过指导帮助农村党支部、村委会开展工作，引导农村发展，形成乡村良性互动的关系。农村工作是一个有机整体，农村党组织和村委会作为当前村级组织机构，必须在维护和发展村集体利益的原则下形成高度的统一。这就要求不仅在制度上明确各自的职责，而且在制度实施的各个环节加强联系和合作。现行的《中国共产党农村基层组织工作条例》和《村民委员会组织法》是正确处理农村"两委"关系的基本法律依据和指导方针，农村党组织要依法领导、支持村委会工作和村民开展自治活动，村委会要在党组织的领导下开展工作、发挥作用。乡镇党委、政府要指导村"两委"的责任分工，确保农村"两委"团结协作，共同推动农村各项事业发展。

（二）实现乡干部和群众的良性互动

中国共产党执政前的最大优势是密切联系群众，执政后的最大危险是脱离群众。乡镇干部是党和政府联系群众的桥梁和纽带，党的各项政策都要靠乡镇干部来执行和落实，群众的利益诉求又要靠乡镇干部来收集汇总上报，为各级党委和政策的决策提供依据。实现乡镇政府和农村社会的良性互动，是践行党的群众路线，密切党群干群关系的关键环节，为此要科学构建乡镇政府与农村社会的良性互动机制。

构建乡镇政府与农村社会良性互动的制度保障。一是实行乡镇领导干部包村制度，要求从乡镇党委书记、乡镇长到乡镇所有班子成员都实行包村制度，明确规定每月乡镇党委书记、乡镇长等所有领导班子成员要有 2/3 的时间是在村办公，并要有工作日志，群众签名，实现和群众良好互动。这是因为只有接触群众才能了解群众的所想、所思、所需，才能了解群众的问题，才能培养对群众的感情。过去在战争年代，党和群众的鱼水深情就是因为党深入群众，和群众打成一片，解决群众的困难，视群众为亲人。二是推行"民情日记"制度，乡镇机关干部深入农户家庭调查与记录民情，做到"三定"：定主题，即每月确定一个调研主题；定时间，即从星期一至星期五自定时间；定户数，即每月每人走访群众不少于 15 户。通过入户拉家常方式，把群众生产生活中所思所盼的问题，记录在统一发放的记录本和调查登记表上，然后汇总、分析，确定解决思路与举措，使问题及时解决，达到群众满意的目的。目前很多乡镇领导干部不进村入户，而是坐在办公室讲经论道，其主要时间和精力放在琢磨领导意图、应付上级检查、考虑自己升迁发财之上，不是密切联系群众而是密切联系领导。因此要制定完善领导干部包村制度、走访制度。

构建乡镇政府和农村良性互动的平台。一是定期召开交流座谈会。如每个村确定一个法定的交流座谈日，座谈的主题如果能提前确定的要提前确定，各方都要准备，群众也可随时提出问题，即使群众没有问题，座谈会上干部和群众拉拉家常增进感情，也要进行。乡镇党委书记或乡镇长，必须有一名主要领导参加交流座谈会，参加交流座谈会的群众要广泛，要有群众代表，有农业合作社、家庭农场等农村新型经营组织的代表，其他群众都可以参加。二是建立网络交流平台。领导干部与群众要通过现代媒体，如 QQ、微博、微信进行交流互动，要求每名包村干部必须学会开通新媒体交流工具，同时培训村民网络知识，特别是加强与农民工的联系，要求包村干部把自己所包村外出务工的农民中只要会用网络交流的，都加入自己的网络朋友圈，和他们做朋友，了解他们的所需、所求，掌握他们的工作情况，听取他们对家乡发展的意见和建议。

二　构建县乡间法治化运行机制

依法治国作为我们的基本治国方略，是国家长治久安的重要保障。依法治国的核心要义是用法律规范权力的运行，依法科学界定权力的边界，包括政府间横向和纵向的权力划分，使各级政府间权责明确，运行顺畅。正如李克强总理所强调的："用权力清单划定政府的职责边界，明确了政府应该干什么，'法无授权不可为'。一张职权法定、边界清晰、主体明确、运行公开的权力清单，有利于更好地处理政府和市场的关系，释放市场潜能和发展动力，是全面深化改革和建设廉洁、服务型政府的内在要求。"① 县乡政府间目前权力职责运行，虽有些基层组织法律界定，但实质上县乡权力缺乏法治化的界定，人治色彩十分浓厚。

县乡政府间权力主要涉及财权、事权和人权，用法律科学合理地界定县乡政府之间这三个方面的权力，才能真正实现权力法定。一是财税权。财政是政府运行的基础，乡镇政府作为一级独立政府，就应该有完整的财税权。要废除乡镇政府财政由县级政府代管制度，让乡镇成为一级财政实体单位，具有独立的财政权力；乡镇税务所要归乡镇政府管理，乡镇税务机构所收税款按一定比例上缴后，留下的税款要如数交给乡镇财政所，由乡镇政府统一支配；上级转移支付给乡镇的经费，要全部按期拨付到乡镇财政所，保持乡镇政府财税权的独立；县政府、县财政局、县审计局等单位要负责对乡镇财务的监督和审计工作。二是要科学合理地划分县乡事权，坚持把能下放给乡镇政府的权力全部下放，将乡镇辖区内的一般事权交由乡镇政府负责，如小城镇建设、环境保护、国土资源保护、食品安全、公共道路建设、社会保障等权力下放给乡镇政府。三是乡镇政府要有独立的人事权，探索实施乡镇长由乡镇群众直接选举产生，县委组织部负责制定其选举程序、候选人产生条件和办法，并负责监督实施，保障选举公平、

---

① 《政府权力清单：划定政府职责边界》，2014年9月21日，中国经济网（http://www.ce.cn/xwzx/gnsz/golxw/201409/21/t20140921_ 3569643. shtml）。

公开、公正。选举产生乡镇长后，乡镇长提名副乡镇长，其提名候选人选要经乡级人大代表委员会 2/3 代表投票同意，报县委组织部备案，这样形成乡镇长由群众选举产生，对群众负责；副乡镇长由乡镇长提名，对乡镇长负责的权力产生体制，既保证乡镇政府对群众负责，又保证其高效运行；乡级一般公务员由乡镇党委、政府根据编制和实际需要，报县委组织部和县人社局，由上级公务员主管部门统一招录考试，招考完成后到乡镇工作，其管理使用权归乡镇党委、政府。

县乡关系法定、理顺县乡关系就要推进县级机构改革。"对农民的最大剥夺来自县，不改革县政府的权力体系，农村的改革是无望的。县政府的权力体系过于强大，机构过于臃肿，财力虚耗几乎不受节制。"① 到目前进行了几次全国规模的县级机构改革，也大多流于形式，只是机构简单的合并，人员低年龄的退休，造成人力资源的浪费，财政负担并没有减少。中央为解决"三农"问题，开始制定并出台了一系列向农村倾斜的相关政策。但是，如果不及时进行县乡机构改革，中央和省级对农村的财政转移支付较之庞大的县乡财政支出仍是杯水车薪，也会被随后县乡增加的或变相增加的各种"费"所吞噬，农民负担仍然不会减轻。《大学》有云："生之者众，食之者寡，为之者疾，用之者舒。"现在农村倒过来了，一个县十二三万人口，吃财政饭的多达 5700 人，如果不精简机构，不减少人员，农民的负担不能得到彻底解决，县乡财政权的界定也很难落到实处。

---

① 党国英：《乡村低水平制度均衡的破解路径———一个案例研究》，《战略与管理》2003 年第 4 期。

第五章　推进乡级治理能力现代化的路径选择

　　乡级治理能力现代化是国家治理能力现代化的重要组成部分。推进乡级治理能力现代化要提升乡级干部的学习能力、科学决策能力、组织协调能力和依法治理的能力；提升乡级治理主体在促进农村现代村镇发展，建设"望得见山、看得见水、记得住乡愁"，具有现代产业和现代服务体系的新型美丽村镇的能力；提升引导农业规模化经营和推进农业现代化发展能力；提升推进农村民主政治建设、发展政治文明的能力；提升发展农村文化教育，涵养乡风文明，建设农民精神家园的能力；提升维护乡村治安、化解乡村矛盾，应对乡村突发事件，促进乡村社会和谐的能力；提升维护农村生态环境、建设生态文明的能力；并提升保障和改善民生的能力。

第一节　培育和提升干部现代治理能力

　　毛泽东同志提出："政治路线确定之后，干部就是决定的因素。"习近平总书记讲："要抓住领导干部这个'关键少数'。"乡级干部是党的基层执政者、施政者和服务者，是农村政治、经济、文化、社会、生态的建设者。习近平总书记还指出："乡村两级是我们党执政大厦的地基，乡村干部是这个地基中的钢筋。"乡级干部的价值追求、思想素质、治理能力、行为方式直接影响着乡级治理能力。高素质的乡级干部想群众之所想，急群众之所急，两袖清风、造福一方；低素质的乡级干部以权谋私、吃拿卡要，会给当地群众带来灾难。因此乡级干部队伍的整体素质水平，决定着乡级治理的水平。

一　提升干部素质、优化干部结构

目前乡级干部队伍整体上素质较高、能力较强，在带领经济社会发展、维护农村稳定、促进美丽乡村建设中作出了一定贡献。但是也存在结构不合理、年龄偏高、文化素质偏低、法治意识淡薄、依法行政能力差等问题。在对 H 省 N 县的调查中，N 县共有在编乡级干部897 名，其中合同制干部 342 名，临时工 136 名。该县有 260 名大学生村干部，名义上在农村工作，实际上 80% 左右的大学生村干部在乡镇政府借调工作，并且是乡镇政府中的重要力量，承担了大量的日常工作。该县乡级干部平均年龄偏大，为 41.6 岁，30 岁以下的年轻干部较少。其中在该县深山区的两个偏远乡政府中，一个乡政府干部的年龄均在 40 岁以上，另一个乡政府干部的年龄在 35 岁以下的只有一人，是 2010 年通过河北省公务员 "四级联考" 考入的，但是很快被抽调到县政府办公室帮忙工作。在编干部中拥有本科学历的只有 9%，大专学历的有 46%，合同制干部几乎都是年龄偏大、学历偏低的，临时工一部分学历较低，一部分是在大学毕业后一时找不到合适的工作，暂且在乡镇工作。

由于大部分乡级干部年龄偏大，升职空间较小，加上学历偏低，造成一些干部缺乏进取意识、责任意识和担当意识，还不同程度上存在熬天混日子的思想。在对一些 40 多岁而又没有职务的一般干部访谈时，笔者发现他们基本上认为自己的职业生涯看到头了，个人在政治上无欲无求，不求有功但求无过，熬到退休万事大吉；另外一些人认为自己资历老，拈轻怕重，"我就这样了，你能怎样"，工作不认真、不积极，缺乏开拓创新精神；甚至还有的想一有机会就大捞一把，极力想把自己手中的小权力变现为金钱，于是吃拿卡要，造成恶劣影响。合同制人员更是升迁无望，"熬天混日子" 思想很严重，临时人员大部分得过且过，无所作为，这些严重损害了群众的利益，影响了党的公信力。

优化干部队伍结构，提升乡级干部素质，打造一支服务意识强、具有开拓创新精神的乡级干部队伍需要采取以下措施。一是提升乡级干部整体素质，加强培训教育，坚持把定期培训与不定期学习结合起来，将政治学习和业务学习结合起来，提高基层干部的服务意识、宗旨意识，将为民创业内化于心、外化于行。要把市场经济、互联网技术、金融、农业科技等知识在乡级干部中进行普及，使其掌握现代知识和技术，更好地服务农民，促进农村发展。二是通过公务员招考、事业单位招录等方式充实公务员队伍，将一些优秀的大学生吸纳到乡级干部队伍中。在公务员招录中，招录人数要向乡镇政府倾斜，偏远乡镇要适当降低门槛和条件，同时提高乡镇公务员的政治待遇，拓展乡镇公务员的晋升空间。三是完善公务员流动循环机制，打通基层公务员上升通道，鼓励优秀毕业生到乡镇任职锻炼，县、市、省、中央各层级需要补充公务员时，从基层进行遴选。目前这一制度已经开始运行，这样就形成了鼓励优秀大学毕业生到乡镇工作锻炼，然后通过遴选再到市、省、中央工作的循环机制，这一制度应法定化、常态化。通过一系列强有力的措施，着力改变目前乡镇公务员素质差、年龄高、学历低的现状，建设一支结构优化、有作为、敢担当的公务员队伍。

二　培养乡级干部现代治理能力

乡级干部的能力包括学习能力、执行能力、科学决策能力、创新能力和依法行政能力。只有乡级干部具备了这五大能力，才能适应社会的发展，不折不扣地落实党和国家的大政方针政策，并根据农村发展的实际创造性地开展工作。

培养乡级干部的学习能力。学习能力是一个干部应具备的基本能力，是其他能力生成的基础，是一个人基本素质的体现，是把知识资源转化为知识资本、工作实际能力的基础。所有党员干部要把学习作为一种精神追求、作为生活的一部分，养成多读书、爱读书、读好书的情趣，从书中吸取营养、开阔视野、丰富自己，推进学习型组织、学习型社会建设。建设现代乡级干部队伍，建设乡镇学习型机关，使乡级干部能够适应信息社会、知识经济、市场经济的发展，深刻领会党和政府在农村的各项方针政策的精神实质和基本要义，指导和引领农村社会的发展。而目前一些乡级干部学习意识淡薄、学习能力较差，在对 368 名乡镇干部调查中发现，其中 46% 的干部年内读书不到一本，7.8% 的干部不会上网，26% 的干部很少看新闻联播，76% 的一般乡级干部近五年没有参加进修和培训。可见，乡级干部的学习能力的提高已经是一个非常迫切的任务了。

构建乡级干部学习能力提高的长效机制。一是提高乡级干部的学习意识。要增强学习重要性教育，大力宣传国内外经济社会的新变化、社会的新形势、党的新政策、农民的新要求，营造良好的学习氛围。二是制定定期学习制度。乡镇党委政府可将每周五下午规定为集中学习日，聘请专家讲农学知识、信息技术、管理知识、国家政策；也可乡级干部之间相互交流学习心得体会。党委、政府要把乡级干部的培训纳入干部培训总体规划，每三年对乡级干部培训一轮，每轮培训时间不少于 25 天。三是强化学习考核，每年都要对乡级干部进行考试。考试内容要涵盖党的大政方针、基本的管理知识、基本的信息技术、基本农业科技等与农村经济社会发展息息相关的知识。对于考试不合格的年终不能参加评奖评优，不予优先使用提拔，用刚性制度促使乡级干部养成善于学习、善于思考的习惯，使学习成为一种生活自觉。同时，还要优化学习环境，要为乡级干部提供办公学习的场所，配备电脑等学习工具，条件较好的乡镇可充分利用文化站，建立阅览室，办学习板报，办自己的内部报纸等。

培养乡级干部的执行力。乡级干部是党和政府农村政策的落实者和执行者，代表着党和政府的形象。"上面千条线，下面一根针"，这形象地比喻了党所有方针政策要靠乡级干部来贯彻落实的现实。优秀的乡级干部能够把党的方针政策创造性地落实，积极地开展工作，引导农村发展，造福群众。如果乡级干部没有较强的执行力，那么再好的政策也会成为一纸空文。甚至一些素质低下的乡级干部歪曲党和政府的方针政策，把党的政策作为牟取利益的工具，作为优亲厚友的资本，严重损害了党的公信力，破坏了党群、干群关系，引起了群众的极大不满。比如，在一些地方，农村低保的实施过程中群众的意见就很大。在对 96 个农村的 875 名群众调查中发现，其中 85 个村的

789名群众对低保实施情况不满意，认为存在优亲厚友现象。可见，培养乡级干部执行力已成为提升乡镇政府执政能力的重要内容。

构建培育乡级干部执行力的保障机制。一是强化乡镇党委书记和乡镇长的主体责任，抓住这个"关键少数"，使他们有执行意识和执行能力，这样才能引导和带领一个团队的执行意识和执行能力。二是乡级干部要深入领会上级政策的精神实质，并能够深入调查研究，掌握本乡镇的经济、政治、文化、社会、生态、乡风民情以及地理条件等，能够很好地将上级政策与当地的实际相结合，创造性落实上级要求。三是完善监督检查机制，对国家的方针政策的落实情况要进行定期和不定期检查，特别是上级的主管部门对乡镇要进行暗访，尽量避免提前通知、大张旗鼓地检查，中央、省、市相关部门也要对乡村进行巡视，发现落实不到位，特别是弄虚作假的问题要严肃问责乡镇领导干部和相关部门责任人。四是要让群众监督，各级涉农部门的相关电话、网站都要公布，欢迎群众监督，对群众反映的问题要做到件件有批示、事事有回音，特别是对群众反映属实的问题，对乡级领导和督查人员进行严格处理。总之，执行力的培养既要靠乡级干部素养意识的提高，更要靠严格的制度保障。

培养乡级干部科学决策的能力。科学决策能力，是治理能力现代化的基本要求和基本标志，是提高治理水平的核心要素。历史一再证明，国家层面富有前瞻性、战略性的决策是国家繁荣富强的重要保障，否则将是灾难，如"文化大革命"这一错误的决策，给国家和民族造成了巨大的损失。同样，乡镇科学决策，能够促进区域发展，造福一方百姓。乡级干部是乡镇区域经济社会发展的决策者，其决策的能力直接影响着党和政府的政策落实。那些高素质、高水平的乡镇领导干部，能够科学决策，造福百姓；反之一些好大喜功的乡镇领导干部，"拍脑门决策、拍胸脯保证、拍屁股走人"，不但造成人财物的浪费，使一些地方错失发展的机会，还损害了党的公信力。为此，必须提高乡级干部科学决策的能力和水平，要保证能够做到科学决策。

培养调查研究的习惯和能力。调查研究是谋事之基、成事之道。

深入调查研究，掌握第一手资料是科学决策的前提。毛泽东指出，没有调查就没有发言权。他在战争年代能够出神入化地指挥战争，其中一个重要的原因是善于调查，根据影响战争的各种因素的变化，制定正确的战略和战术，创造了战争史上的奇迹。习近平总书记指出，要在全党大兴调查研究之风，领导干部要"拜人民为师，向人民学习""'身入'更要'心至'"。这就要求基层干部深入调查研究本地的实际情况，制定具体措施和办法，推动党和国家的大政方针和决策部署在基层落地生根，让群众有获得感和幸福感。党的十八大以来，为了解决农村贫困问题和促进农村发展，习近平总书记深入到全国特困地区进行调研，从高原到丘陵，从红土地到黄土地，从"贫瘠甲天下"的甘肃定西到白雪覆盖的四川大凉山深处。正是在深入调研的基础上，以习近平同志为核心的党中央制定了"精准扶贫"、乡村振兴战略等一系列重大方针政策，为农村的发展指明了方向。乡村干部是党和国家在农村各项政策的落实者，是乡村振兴战略的领导者和组织者。但是我国农村幅员辽阔、各地情况差异很大，要把精准扶贫、乡村振兴战略落到实处、收到实效，就要求乡村干部在深入学习、把握国家政策的基础上，深入到农村的田间地头，拉家常、听民情，了解群众的诉求，了解农村经济、政治、文化、社会、生态建设方面存在的问题。在此基础上，把党的方针政策和本地的实际相结合，制定出符合本地实际的精准扶贫和乡村振兴的具体措施，才能得到群众的拥护和支持，才能把乡村振兴战略落到实处。为此，要通过教育培训、制度保障、实践养成、监督检查等措施，培养乡级干部调查研究的能力和习惯，让其成为乡级干部的基本工作方法和基本素养。

在决策中要充分发扬民主。科学决策也要民主化，广泛听取民意、集中民智才能形成科学的决策。民主决策既要靠乡镇领导干部的素养，更要靠制度，我们要建立一套完整的民主决策制度。如凡是涉及一个村的事情都要经过村民代表80%以上同意，方可形成决议；凡是涉及几个村或乡镇所辖的所有村的重大决策，都要经过全镇群众代表80%以上同意。群众代表要有广泛性，一般10户要出一个村民代表，且代表要有一定的文化水平及参政议政的热情和能力。要建立专家咨询机制，凡是涉及专业性和科学含量高的项目，都要经过专家论证。

树立和培养正确的政绩观。有怎样的政绩观就有怎样的价值观，就会作出怎样的决策。一些干部好大喜功、逐名逐利、热衷于做表面文章，在作决策时就会搞面子工程、形象工程，往往劳民伤财。一些干部安于现状、不思进取、只想当"太平官"，往往敷衍了事、得过且过，绕着矛盾走。而那些坚持为党和人民事业奋斗的人，他们坚持民心所望、施政所向的理念，他们的处事原则是只有对人民有利、对社会有利、对党的事业有利的事情才可为、才必须为。"功成不必在我""一张蓝图绘到底"，坚持这样的政绩观的人，才能沉下心去，做深入的调查，才能虚怀若谷，听进不同的意见，才能作出符合多数人利益、符合客观规律、符合社会发展方向的科学决策。

第二节　培育建设农村特色小城镇的能力

党的十八大明确提出"坚持走中国特色新型工业化、信息化、城镇化、农业现代化道路"，并提出了加快城乡一体化和农村城镇建设的总体要求。2014 年中共中央、国务院印发了《国家新型城镇化规划（2014—2020 年）》，把农村城镇建设放在突出重要位置，为发展中国特色农村城镇指明了方向和道路。该规划强调要大力建设农村特色宜居小城镇，吸引城镇周边农村农民到小镇工作、居住、生活，为培养现代职业农民，推进农业现代化创造条件。发展农村特色宜居小城镇有利于拓展城市发展空间，促进城镇化进程；有利于改变农村落后面貌，促进农村工业化进程；有利于转移农村劳动力，促进农民就近就业致富；有利于带动社会经济发展，促进农村全面小康早日实现。

乡镇政府作为农村城镇建设的前沿指挥所，要立足当前农村城镇化水平低，滞后于农村经济、政治、社会发展进程的现状，牢牢把握国家建设农村城镇的总基调，合理规划，明确方向，稳步推进农村城镇建设。按照控制数量、提高质量、节约土地、体现特色的要求，推动农村城镇发展与疏解大城市功能相结合、与特色产业发展相结合、与服务"三农"相结合。[①] 根据城市周边镇、区位优势镇、特色资源镇等不同农村城镇特点,合理规划建设,走出差异化、特色化、新型化的农村城镇道路。

农村城镇建设的体制、政策有待进一步完善,乡镇政府受传统体制下人权、财权、事权的制约,调控能力弱,工作推进难度大,普遍存在农村城镇"建设上缺钱、管理上缺人、执法上缺权"的情况。在此条件下,一方面,国家要积极推进乡镇行政体制和财政体制改革,扫除农村城镇建设中的机制障碍;另一方面,乡镇政府仍要勇于突破,积极作为,主动打开农村城镇建设的新局面。

一　打造现代特色宜居农村城镇

宜居宜业是农村城镇建设的主旋律。建设宜居宜业农村城镇就是要注重农村城镇产业发展,积极吸纳就业,实现人口集聚功能;要注重农村城镇生态建设,涵养生态环境,建设绿色美好家园;要注重农村城镇基础设施投入,配好公共服务资源,保证农村城镇建设的内在质量。根据调查了解,当前农村城镇建设中存在以下一些问题。一是农村城镇建设随意性大,缺乏科学合理的规划。有的把城镇当成集市贸易的场所,忽视了城镇的整体发展,建设档次低,配套不齐全;有的搞形象工程、政绩工程,把规划区做大,致使城镇规划面积的扩张速度大大快于人口城镇化的速度。二是政府对农村城镇建设投入不足,民间资本运用乏力,公用服务设施建设不到位。三是对农村城镇的镇容镇貌管理不善,缺乏污水处理措施,垃圾乱堆放,造成各种污染,影响群众的生活质量。总之,农村城镇建设投入不足,功能不完善,集聚能力差,发展比较缓慢。2010 年我国农村城镇人口占城镇总人口比重从 20 世纪 90 年代最高的 27% 下降到 20.7%,目前全国有20% 的农村城镇无集中供水;86% 的农村城镇无污水处理设施,人均

---

① 《国家新型城镇化规划(2014—2020 年)》,2014 年 3 月 16 日,中国政府网(http: www.gov.cn/zhengce/2014-03/16/content_ 2640075.htm)。

市政公共设施投入仅为城市的 20%。[1]

（一）注重农村城镇建设整体规划

农村城镇化的前提是科学规划，在农村城镇化的规划中总要坚持以人为核心，要具有系统性、前瞻性、科学性和长远性，要富有浓郁的文化特色和地方特色，要与地方经济社会相适应，要适应一、二、三产业融合发展的趋势，要统筹人口和自然资源，有利于促进城乡一体化发展。

笔者在实际调研中，特别关注山区农村城镇的规划与建设，重点对河北省邢台市西部深山区乡镇的农村城镇规划与建设情况进行了系统调查研究。山区乡镇具有面积大、人口少、距离县城远及相对贫困的特点，县城对山区乡镇的辐射带动作用弱。因此，发展山区农村城镇的意义不言而喻，特别是建设中心农村城镇，是推进山区农村城镇化的重要措施，可以弥补县城经济辐射不到、带动不了的缺点，同时对推进贫困地区扶贫攻坚也具有十分重要的意义。以邢台县浆水镇为例，浆水镇距县政府驻地 50 多公里，镇域面积 162 平方公里，下辖 51 个行政村，人口 2.4 万，2014 年被住房和城乡建设部等七部委确定为全国重点镇，明确为农村城镇建设发展的重点和龙头。早在 2011 年，浆水镇人民政府就聘请河北诚致规划建设设计有限公司，规划编制了《邢台县浆水镇总体规划（2011—2020 年）》，坚持"围绕生态建设、发展壮大特色产业、建设邢台市后花园"原则，确定了"林果强镇、旅游强镇、经济强镇"的农村城镇建设方向，走在了山区农村城镇规划建设的前列，为山区农村城镇及其他农村城镇建设提供了范例。

（二）提升农村城镇的公共服务质量

城镇化过程是农村人口向城镇转移的过程，这就要求农村城镇具有优质均等化的公共服务，对农村人口具有足够的吸引力。主要是要有良好的户籍管理制度、交通设施、居住、医疗、教育、文化等基础

---

[1]　国家发改委宏观经济研究院课题组：《迈向全面建成小康社会的城镇化道路研究》，《经济研究参考》2013 年第 25 期。

设施和基本公共服务，吸引农村人口移居到城镇来安家落户，让进城农民有序市民化。一要深化改革户籍制度，使农民无障碍地向农村城镇流动，促进农民市民化，更重要的是消除户籍制度背后的子女入学、医疗养老保险等方面对进城工作、居住市民的歧视，让他们都能享受到同样的市民待遇。二要根据农村城镇预期规模，建立完善的卫生医疗、教育、养老、文化娱乐等机构和设施，配齐技术及相关人员，完善管理体制机制，让小镇成为一个集现代教育、医疗保健、文化娱乐为一体的现代小城镇，让每名城镇居民都能够共享良好的公共资源和现代优质服务。三要转变政府职能，实现乡镇政府从行政管理型向公共服务型的转变，积极为居民提供良好的就业、计生、社会保障、便捷的交通等服务，切实提升社会治理水平，维护小镇的安定和谐，为居民提供安居乐业的生活环境，真正以农村城镇发展带动民生事业发展。

（三）注重农村城镇生态环境建设

建设农村美丽生态小镇是农村城镇化的重要内容。2013年底，中央城镇化工作会议提出，让居民"望得见山、看得见水、记得住乡愁"，指出了走生态文明、传承文化的新型城镇化道路。当前，在一些地方的城镇化过程中，生态效益与社会效益的脚步没有和经济发展同步，粗放式的发展方式给区域环境带来了很大影响，严重破坏了当地的生态环境，损害了自然资源。

农村城镇的可持续发展就是要重视生态环境建设和保护。乡镇政府在农村城镇建设中要注重生态保护，以绿色、协调、可持续为发展理念，发展绿色环保产业特别是绿色农产品深加工产业，注重城市绿化美化以及生态建设，注重城镇的内涵发展，以较小的资源、较少的社会成本投入推动城镇化的健康发展，真正走出一条生产、生活和环境之间和谐发展的农村城镇建设道路。在此，特别强调农村城镇建设发展中的污水和垃圾处理问题。针对此问题，笔者深入调研了河北省邢台市西部山区农村城镇建设中，关于污水和垃圾处理与重要水源地保护的问题。位于子牙河系滏阳河支流沙河上的朱庄水库，是邢台市的重要饮用水源地。其控制流域包括沙河市、邢台县、内丘县三县数十条河流，流域面积 1200 多平方公里，是邢台市的生态涵养区。以邢台县为例，朱庄水库上游有宋家庄镇、将军墓镇、浆水镇、路罗镇等重点农村城镇。当前这些乡镇在推进农村城镇建设中，对污水、垃圾的处理相对滞后，生活污水、工业污水大多直接排入河流，少部分垃圾掩埋处理，更多的垃圾露天堆放甚至沿河堆放，形成了严重的污染隐患。在今后农村城镇的持续发展中，如果不重视污水、垃圾处理问题，势必会影响邢台市的饮用水安全。因此，必须在农村城镇建设中，完善污水、垃圾处理机制，建设相关配套设施，切实保证水生态等生态环境的安全。

二　构建农村城镇现代产业体系

现代产业是农村城镇发展的基础，为农村小城镇发展提供产业支撑，只有发展农村现代产业才能吸纳农村劳动力到小城镇就业。而就业是民生之本，是城市发展之本。乡镇政府在发展农村城镇现代产业中，要以统筹城乡发展、促进城乡一体化为重点，坚持从本地实际出发，选择符合本地实际的发展模式，坚持因镇制宜，构建充满活力的块状经济区，促进镇域特色经济快速健康发展。

（一）狠抓产业支撑，形成城镇持久发展生命力

农村城镇的发展要根据自己的区位优势、资源优势、人才优势抓住已经形成和正在形成的特色产业和品牌产业。以农业为主的乡镇，要把农产品深加工作为特色产业，延长农产品生产链，既能为小城市发展提供经济支撑，又能带动当地农业发展；以乡村旅游为特色的乡镇，农村小城镇就要打造特色文化品牌，发展现代服务业；以工业为主的乡镇，农村小城镇要发展现代商贸流通和现代服务业。总的来讲，要发挥各自独特的优势，形成自己的特色产业。以河北省邢台市为例，该市涌现出一批特色产业名镇。比如，巨鹿县巨鹿镇，重点发展金银花深加工业和枸杞深加工产业；平乡县河古庙镇，重点发展自行车产业，镇域内建立了省级自行车工业园区，吸引 70 余家国内外知名企业入驻，形成了完善的自行车产业链条，被评为"河北省自行车产业名镇"；临西县河西镇，重点发展轴承产业，取得了显著成绩，

该镇被认定为"河北省轴承产业名镇",以特色产业发展带动了农村城镇的建设与发展。

（二）注重优势互补，实现农村城镇产业抱团壮大

在农村城镇产业发展中，要注重各农村城镇之间的产业分工，防止产业趋同，避免恶性竞争。要充分发挥比较优势，实现产业抱团发展，促进农村城镇整体建设水平上台阶。以河北省邢台滏阳经济开发区为例，该开发区成立于2014年底，由河北省隆尧县莲子镇、任县邢家湾镇、巨鹿县西郭城镇三个地域相连的乡镇构建。以前三个小镇各有自己的产业项目，莲子镇具有东方食品城美誉，邢家湾镇是国内著名的民用机械生产基地，西郭城镇以食品加工和机械制造为支柱产业，它们各自为政，没有实现产业互补和资源共享。如莲子镇热电厂每天产生4800吨蒸汽，本镇只用一半蒸汽，因没有统一规划和统一管网，虽然其他两镇企业需要热源，但因管网不同不能利用，造成资源浪费。因此，邢台滏阳经济开发区按照"产城一体、城乡一体、四化同步"的原则，强化交通一体、产业连接、服务共享、生态共建理念，使产业的发展、就业的转移、公共服务的提供和人口的聚集互相统一，全力打造城乡融合统筹发展的标杆区。三镇融合后，建设现代化工业园区，区域发展动力大大提升，迅速吸引了大批企业，在开发区成立之初，就有总投资40亿元的19个产业项目集中落地，三镇走上了"抱团取暖"又差异化发展的农村城镇现代产业发展道路。

三　建设农村城镇现代服务体系

农村城镇居民要生活得好，必须有好的服务。除了乡镇政府向服务型政府转变外，还要积极构建完善社区服务和商贸餐饮服务业等服务体系，切实提高农村城镇建设的内在水平，为居民提供良好的生活、生产、娱乐等条件。

良好的社区服务是为居民提供公共服务的载体。农村城镇的持续发展，在管理和服务上，必然要依托社区。根据笔者在河北省邢台市、邯郸市的调研显示，农村城镇社区服务普遍处于萌芽状态，基本没有真正的社区出现，当地居民对各种社区服务的认识很浅，很多地

方的农村城镇管理还是按照农村的管理模式运行。为此，建立农村城镇现代服务体系势在必行。

商贸餐饮等服务业是提高农村城镇居民生活质量的保证。城镇经济的吸引力、聚集力主要通过资金流、信息流、物流等服务行业的良好运行得以实现，而服务业在城镇的聚集效应又会促进新型城镇化进程。城镇是发展现代服务业的载体和依托，城镇化的过程就是人口聚集和产业聚集的过程。伴随着人口在城镇的集聚，必然会对商贸、餐饮、房地产、教育、文化体育、卫生医疗等生活性服务业产生巨大的需求；伴随着越来越多的产业在农村城镇的聚集，必然会需要物流、金融、信息、中介、技术服务等生产性服务业的支持。正是这些需求的增加，吸引越来越多的服务企业在农村城镇聚集。因此，发展农村城镇服务业应深入贯彻落实十八大提出的"增强城镇的产业发展、公共服务、就业吸纳和人口集聚功能"，开展相应的为生产、生活服务的服务业，以服务当地企业、居民为主，特色服务辐射外地为辅。控制农村城镇数量，扩大其平均规模，按小城市的规模和标准来建设；实施扩权强镇和产业集聚，打造一批经济强镇，鼓励和吸引农民进入农村城镇，从事第三产业；鼓励城市工商企业在农村城镇开办农资配送、农产品批发、商业连锁等行业。通过农村城镇建设，带动农村服务业发展，缩小城乡服务业差距，加速推进城乡一体化，切实提升整个农村城镇的服务业发展水平。

第三节　培育乡级建设现代化新农村的能力

习近平总书记指出："即使将来城镇化达到70%以上，还有四五亿人在农村。农村绝不能成为荒芜的农村、留守的农村、记忆中的故园。城镇化要发展，农业现代化和新农村建设也要发展，同步发展才能相得益彰，要推进城乡一体化发展。"[1] 中央一号文件连续12年聚

---

[1] 《习近平：农村绝不能成为荒芜的农村》，2013年7月22日，人民网（http://www.politics.people.com.cn/n/2013/10722/c1024-22284776.html）。

焦"三农"问题，意义重大不言而喻。在经济发展步入新常态、农村发展面临新挑战的背景下，处于农村改革发展前沿的乡镇政府，一定要吃透新精神、新部署，迎接新挑战，紧紧围绕发展现代农业、推进乡村政治文明、建设美丽乡村等重点任务，谋求各种突出问题的破题之举，努力推进"三农"事业发展，逐步实现农业强、农村美、农民富。

一　培育发展农业现代化的能力

我国农业正处在由传统农业向现代农业过渡的时期，加快发展农业现代化已成为共识。发展农业现代化要以现代科学技术、现代农业设备、现代经营管理理念和方法来改造传统农业，转变农业发展方式，延长农业产业链条，走新型农业发展道路。

（一）保证粮食安全

习近平总书记指出："中国始终高度重视国家粮食安全，把发展农业、造福农村、富裕农民、稳定地解决 13 亿人口的吃饭问题作为治国安邦重中之重的大事。"[①] 这就要求乡镇政府和农村基层政权：一是要杜绝以各种形式和名誉对农村耕地的侵蚀，特别是要划定永久耕地保护区，保护 18 亿亩耕地红线不被突破；二是要加大财政支持力度，吸收社会资本，加强农田基础设施建设，搞好科技支农服务，增加农业的科技含量，提高农业的生产率，完善农业社会化服务体系；三是完善土地流转平台建设，促进农村规模化经营。河北省南部是全国重要的商品粮生产基地和粮食生产核心区域，素有"冀南粮仓"美誉。以河北省隆尧县为例，该县获评"全国产粮大县"，隆尧县固城镇、山口镇、东良乡三个乡镇是农业部确定的整建制乡镇粮食高产创建点，三个乡镇围绕粮食高产、稳产积极做文章，保护耕地数量，加大科技投入，推动粮食生产向集约化、规模化发展，切实保证了粮食产量的连年增长。

---

① 《习近平谈"三农"：端牢"饭碗"推进农业强农村美农民富》，2014 年 8 月 13 日，中国经济网（http://www.ce.cn/xwzx/gnsz/szyw/201408/13/t20140813_3345312.shtml）。

（二）延长产业链条

2015 年中央"一号文件"首次提出，推进农村一、二、三产业融合发展。增加农民收入，必须延长农业产业链，提高农业附加值。以市场需求为导向，大力发展特色种养业、农产品加工业、农村服务业，扶持发展一村一品、一乡一业，带动农民就业致富。笔者担任邢台学院巨鹿县研究所所长，一直关注河北省巨鹿县及周边县的农业产业融合发展和特色农业发展问题。巨鹿县坚持以特色产业助推富民强县，充分利用杏、金银花、枸杞三大特色农业，通过"农旅结合"，实现一、二、三产业融合发展，满足人们亲近自然、休闲度假的消费需求。巨鹿县堤村乡"棘园红"采摘园既是农家果园，也是休闲旅游景点，黄杏、白杏、明杏……有味道、色泽各不同的杏，前去采摘的各地游客一拨接一拨。该县像"棘园红"这样集观光、采摘、休闲为一体的农业采摘园已有 20 多家，年接待游客约 10 万人次，成为该县农业经济的新亮点。与巨鹿县接壤的隆尧县也是典型的农业大县，在发展农业产业化、推进农业产业融合发展上做了大量尝试，取得了显著成效。该县有农业产业化龙头企业 120 多家，拥有华龙、今麦郎、嘉士利三个全国驰名商标。该县十分注重产业规划，邀请中国农业科学院专家对隆尧县 12 个乡镇、750 平方公里土地进行梳理定位，划定粮食生产区、蔬菜畜牧种养区、食品加工区、休闲观光区等，搞好顶层设计，构建起全县一、二、三产业衔接融合的蓝图。[①]位于隆尧县莲子镇的泽阳园生态观光园，是集养殖、种植、生态观光游、设施蔬菜、苗木种植于一身的农业园区，走出了农村一、二、三产业融合发展的新道路。

（三）促进土地规模化经营

土地问题是农村的根本问题，土地的经营方式适合生产力发展时就促进生产力发展，否则就阻碍生产力发展。同时土地问题也是关系农民生产的根本问题。在革命战争年代，中国共产党在农村就是靠

---

① 高立峰：《发展现代农业的县域探索——隆尧县推进农业"接二连三"融合发展》，《共产党员（河北）》2015 年第 11 期。

"斗地主、分田地"赢得了中国革命；20世纪50年代末，也是因为在农村开展脱离农村实际的"一大二公"的人民公社，严重影响了农民的生产积极性、主动性，成为三年自然灾害的重要原因；改革开放以来，又是因对农村土地实行家庭联产承包责任制而解决了温饱问题。

目前农村生产力得到巨大发展，很多农民已经从土地上解放出来，到城市务工，一家一户的小农经济已经严重滞后于生产力的发展。如何立足中国这一农业大国的基本国情，逐渐引导农民走规模化经营，是经济社会发展规律的客观要求，这既需要顶层设计，又需要基层主动探索和大胆尝试。关于如何实现土地流转在学界有不同的意见和建议。一是一些学者认为应由政府统一收回农民对土地的承包经营权，由政府统一规划大方农田承包给一些经营大户、农业合作社等新型农业经营主体，这种激进的观点目前政府没有采纳。原因是在这个具有五千年农耕文明历史的农业大国，目前绝大多数的农民对土地有深厚的感情，他们视土地为生命、为生存之本。更为重要的是目前农村养老、医疗等社会保障体系处于刚刚起步的阶段，难以保障失去土地和劳动力时的基本生存和生活。如农村养老保障，目前国家基本保障标准是年龄满60岁后，每月可领取70元的养老金，而这70元的养老保障金，根本无法维持他们的基本生活。故此土地成为他们生存、生活、养老的最好和重要保障，在此背景下如果强制统一收归集体经营，会引起农村社会的动荡。二是在学界存在土地私有化的主张。他们认为目前地方政府对农民的最大盘剥就是就以各种名誉，采取各种方式，将土地从农民手中收走，然后再高价卖给企业和房地产开发商，从而为地方财政创收，这就是人们平时所说的"土地财政"。同时在土地出让过程中也产生了巨大的腐败现象，一些地方领导在土地"拍卖"时以所谓的引进资金、项目为名，将土地底价卖给开发商，而开发商作为"回报"，给官员重金行贿。造成了官商勾结，共同侵吞国有资产。而产生这种现象的主要原因是农村土地归集体所有，农民只有经营权，没有处置权，这样就使得一些地方政府以土地集体所有为名，强行从农民手中收回土地的根源所在。为此，他们主张实行土地私有制，将农村集体所有变为农户个人所有。这一主张虽有一定道理，但与我们党和国家的土地政策相抵触，不符合我国的基本国情。

党和政府在农村土地政策上是在坚持和完善家庭联产承包责任制基础上，构建新型经营体系，促进农村土地流转，促进土地规模化经营的。党的十八届三中全会指出，要加快构建新型农业经营体系。坚持家庭经营在农业中的基础性地位，推进家庭经营、集体经营、合作经营、企业经营等共同发展的农业经营方式创新。习近平总书记强调："坚持家庭经营在农业中的基础性地位，鼓励土地承包经营权在公开市场上向专业大户、家庭农场、农民合作社、农业企业流转，鼓励农村发展合作经济，鼓励和引导工商资本到农村发展适合企业化经营的现代种养业，允许农民以土地承包经营权入股发展农业产业化经营。"① 党的十九大报告指出：保持土地承包关系稳定并长久不变，第二轮土地承包到期后再延长三十年。构建现代农业产业体系、生产体系、经营体系，完善农业支持保护制度，发展多种形式适度规模经营，培育新型农业经营主体，健全农业社会化服务体系，实现小农户和现代农业发展有机衔接。

目前一些地区积极探索建立新型经济组织，促进土地规模经营，已经作出了很好的示范。河北省任县大屯乡是蔬菜种植大乡，该乡因地制宜，依托河北捷如美农业科技开发有限公司，积极推广"公司＋育种基地＋种植示范区＋农户"的模式，着力转变经营方式，调整农业结构，发展特色农业。大屯乡通过土地流转，建设了占地百亩的蔬菜种子培育基地——捷如美科研育种基地，该基地三系配套种子培育、土壤检测、病虫害监测预警、无土栽培、基质栽培等样样俱全，基地利用现代化蔬菜大棚引进、培育各类蔬菜良种，通过育种基地试验后，将优质种子传送到农业经营者及种植者手中，逐渐形成科研—示范—生产—大面积推广的完整链条。捷如美公司在大屯乡东许花村建立了萝卜种植示范区，吸进一批农户发展新品种蔬菜种植，形成了

---

① 《习近平谈治国理政》，外文出版社 2014 年版，第 81 页。

百亩蔬菜种植示范区。该公司实行代购代销模式，即育种基地免费提供原种给农户种植，收获后全部按照合同价回收，切实带动农民发家致富。

（四）培育职业农民

职业农民是将农业作为产业、懂技术、会经营的现代农民，职业农民必须全身心地投入农业生产和经营，必须把从事农业生产和经营作为独立的职业。通过专业知识、专业技能和管理知识培训，把普通农民变成高素质的职业农民。鼓励立志以农业为职业的大中专毕业生到农村从事农业经营，并转变成职业农民，这是农业现代化的必要条件。以河北省为例，从 2014 年起，启动了新型职业农民培育工程，重点培养生产经营型职业农民、专业技能和社会服务型职业农民。河北省邢台市有分布在巨鹿县、沙河市、平乡县等六个县市的 10 个新型职业农民培训基地，2014 年培育职业农民 2210 人，2015 年重点培育 1181 名生产经营型职业农民。河北省平乡县农业广播电视学校和平乡县职业技术教育中心被确定为河北省新型职业农民培育工程培训基地，2015 年 5 月，基地重点培养了 80 名优秀农机手，全体学员参加了结业理论考试，并给考试合格者颁发了新型农民职业培训证书，开创了新型职业农民培育的新局面，走上了农业人才依靠科学技术种田的崭新道路。乡镇政府要主动为新型职业农民的培育和使用创造条件，积极引导新型职业农民带头致富、带领群众致富，切实发挥推动区域农业发展的作用，把新型农民群体作为带领群众致富奔小康的重要力量。同时各级政府加大农业科技投入，就是要转变农业发展方式，由劳动密集和资源密集向资本密集和技术密集转变，走技术创新为主导的路子。随着经济发展，自然资源和劳动力对经济增长的贡献越来越小，而资本要素投入和生产率对经济增长的贡献率越来越显著。特别是要健全和完善乡镇政府主导的基层农业基础推广站所，保证人员配备，切实发挥作用，真正提高农业科技成果转化应用水平。

二　提升乡村民主政治建设的能力

乡村是社会肌体的"细胞"，乡村强健，社会肌体自然强健；基层是社会肌体的"毛细血管",党和政府的基层治理能力提升了,"毛细血管"自然顺畅。党的十八届三中全会提出:"创新社会治理,必须着眼于维护最广大人民根本利益,最大限度增加和谐因素,增强社会发展活力,提高社会治理水平。"农村基层是管理服务人民群众的第一线,要想提高农村基层社会治理水平,乡镇政府就必须从推进政治文明建设能力入手,重点围绕基层党组织建设,不断提升村民自治水平,逐步推进基层民主进程,真正实现农村治理的民主化、现代化、科学化。

（一）坚持党的领导,筑牢战斗堡垒

在农村基层政治建设中,必须充分发挥党在基层民主建设中的领导核心作用,加强和改善党的领导。只有坚持党的领导,发挥农村基层党组织的凝聚力和战斗力,才能推进农村改革、发展和稳定。坚持党的领导和人民当家作主在本质上是一致的。不折不扣地执行党在农村的基本政策,把党的领导贯穿于农村各项工作之中,保证党组织在农村治理中的领导核心作用是农村政治文明的前提条件。笔者在实际调研中发现,一些村党组织建设存在薄弱环节和问题,出现了"两个弱化",即党组织领导核心作用弱化、党员先锋模范作用弱化。有的党组织软弱涣散,凝聚力和战斗力不强,缺乏吸引力和感召力;有的党组织书记家长制作风严重,缺乏民主作风,不能适应新形势下农村的需要;有的农村党员政治素质不高,责任意识淡薄,体现不出党员的先进性,正如群众所说的"党员不党员,只差两毛钱"。这严重影响了党在群众中的形象和威信,弱化了党在农村的群众基础和执政基础,致使党组织难以在村民自治建设中发挥核心作用。因此,乡镇党委、政府要紧紧围绕基层党组织建设和农村党员队伍建设发力,切实夯实党的执政基础,充分发挥党员作用。

要发挥农村党组织战斗堡垒作用。习近平总书记指出:"基础不牢,地动山摇。""必须扎实做好抓基层、打基础的工作,使每个基层党组织都成为坚强战斗堡垒。"在新时期下,要充分发挥农村党组织战斗堡垒作用,乡镇党委、政府应重点从三方面入手。一是整顿软弱涣散基层党组织。2014 年,中央明确提出,要整顿软弱涣散基层党组织，这是抓住农村党的建设薄弱环节的关键一招。要明确软弱涣散的具体表现，合理划定整顿范围；要科学确定整顿方案，确保整顿方法有效；要开展帮扶活动，下派"第一书记"、党建指导员，派干部驻村等，统筹整顿合力，确保整顿效果。在2014年，全国有六万多个软弱涣散基层党组织被整顿。① 二是建设基层服务型党组织。此项措施是建设学习型、服务型、创新型马克思主义执政党的基础工程，对于密切党同人民群众的血肉联系，提高党的执政能力，夯实党的执政基础，具有重要意义。建设基层服务型党组织，要以服务群众、做群众工作为主要任务，以改革创新为动力，以群众满意为根本标准，坚持服务改革、服务发展、服务民生、服务群众。从2014年起，河北省大力推进基层服务型党组织建设，推出了"三级平台""两个代办"机制，切实提高基层党组织服务能力。"三级平台"，即县政务服务中心、乡镇便民服务中心、村便民服务站。"两个代办"，即为民服务全程代办、重点项目服务全程代办。笔者在邢台、邯郸等地农村调研，实际了解到"三级平台""两个代办"执行情况较好，基本实现了"让群众好办事，为群众办好事"的目标。三是大力实施"领头雁"工程。农村党组织书记是农村事业发展的"领头雁"，要切实加强党组织书记队伍建设。强化素质教育，提高党组织书记服务群众意识、拒腐防变能力和带领发展水平。进一步提升农村党组织书记的经济、政治和生活待遇，深化落实"一定三有"（定权责立规范，收入有保障、干好有希望、退后有所养）政策，全面激发农村党组织书记干事创业的活力。以邢台市为例，该市涌现出了邢台县前南峪村党组织书记郭成志、临西县东留善固村党组织书记吕廷祥等一批"领头雁"，他们成为带领农村群众致富奔小康的中坚力量。

要发挥农村党员先锋模范作用。农村党员队伍建设的基础工作是发展党员，要把好党员入口关。2014年新修订的《中国共产党发展党员工作细则》提出了"控制总量、优化结构、提高质量、发挥作

---

① 《六万多个软弱涣散基层党组织被整顿》，《人民日报》2014年5月31日第4版。

用"的要求,重视从青年工人、农民、知识分子中发展党员。此外,要发挥党员先锋模范作用,乡镇党委、政府还应该从以下三点入手。一是强化党员"双带"能力培养。就是要重点培养农村党员"带头致富、带领群众致富"的能力,通过农村现代远程教育网络平台、职业教育等方式,有计划、有针对性地开展党员农业实用技术培训,着力培养一批党员种植养殖、农村产业经营能手。并通过项目扶持、资金扶持、技术扶持、政策扶持等手段,加强党员创业的激励和扶持,让党员成为带头致富的标兵,带领群众致富的模范。二是大力开展党员志愿服务活动。每一名有条件的农村党员都应该成为志愿者,定期开展志愿服务活动,发挥在农村一线服务群众、服务发展、服务民生的作用。2014 年 5 月,河北省在全国率先以省委名义出台了《关于全省共产党员广泛参与志愿服务活动的意见》。全省党员志愿者总数达到 241.3 万人,占全省党员总数的 50.8%,占全省志愿者总数的47.9%,建立起以共产党员志愿者为中坚的志愿服务体系。① 三是深化落实农村党员权利责任。农村党员要正确行使党员权利、履行党员义务,树立主体意识,切实发挥先锋模范作用。在这方面,河北省一直推广农村党员"七权七责",取得了良好效果。"七权七责"是河北省大城县提出的细化党员权利责任的制度。"七权七责"指:党的政策知情权、村级大事审议权、村务运行监督权、民主选举参与权、积极分子推荐权、选优评先提名权、福利发放建议权;组织决定执行责任、政策法规宣传责任、社情民意反馈责任、矛盾纠纷化解责任、村民致富帮带责任、班子团结维护责任、弘扬正气表率责任。对于此项制度,各地应深化落实,发挥党员作用,提高农村基层党组织建设水平。

　　(二) 强化村民自治,推进基层民主

　　村民自治是指村民实行自主管理服务,它的基本内容是"四个民主",即民主选举、民主决策、民主管理、民主监督。然而,由于中

---

① 《河北　过半党员当志愿者》,《人民日报》2015 年 4 月 30 日第 1 版。

国农村根深蒂固的人治传统影响，使得现代农村的依法治村机制远未形成。① 笔者在实际调研中发现，不少村的村民自治流于形式，村民没有真实参与到各项农村事务的决策、管理和监督当中去。因此，要想推进更加广泛的基层民主，必须将基层民主建设的各个环节纳入法律轨道，通过完善农村基层民主法律体系，逐步形成事前防范、事中控制、事后惩戒的环环相扣、相互协调监督的管理机制。

1. 规范民主选举

规范选举程序是提高农村选举质量的基本保证。在选举前要进行广泛的选举动员，并完善选民信息登记制度。详细记载选民信息，杜绝重登、漏登、错登现象，及时发布选举信息，使选民能够第一时间得到最真实的信息。要把握选人标准，切实发挥村民选举委员会作用，健全选举组织办法、候选人产生办法、候选人竞选规定、公开选举结果等制度，让村民亲身参与推选、选举全过程，确保选举公开。要畅通监督渠道，动员全体选民对选举程序进行有效监督，对贿选及不公平竞争情况进行举报，切实保证农村选举权与被选举权的实现。笔者在实际调研中发现，一些地方村民对村委会选举工作出现了不热情、不关注的倾向，存在"谁当干部都一样"的思想。究其根本原因，除现在人口流动大，人们的心思放到挣钱上外，就是人们民主意识淡薄的影响。因此，要想推进现代农村政治文明建设，就要引导村民积极参与民主实践，要让他们明白，"民主不仅是一种政治形式，它首先意味着寻求更多的社会保障与经济福利"，从而调动村民参与政治建设的热情和积极性。②

2. 科学民主决策

民主决策是加强农村基层民主政治建设的重要内容，它事关农民切身利益的维护、民主权利的保障，事关农村廉政建设，事关农村社

---

① 王相月：《社会主义新农村建设视野下的农村政治文明》，《江苏省社会主义学院学报》2009 年第 1 期。

② 刘新民、朱敬义：《关于农村政治文明建设的思考》，《山东社会科学》2005 年第 12 期。

会稳定大局。民主决策科学化就是要做到决策的公开、公平和公正。目前，在全国推行较好的农村民主决策机制是"四议两公开"工作法。"四议"即党支部会提议、"两委"会商议、党员大会审议、村民代表会议或村民会议决议；"两公开"即决议公开、实施结果公开。要求农村所有村级重大事务和与农民群众切身利益相关的事项，都必须在村党组织领导下，按照"四议两公开"的程序决策实施。该工作法由河南省邓州市率先提出。乡镇党委、政府要主动作为，深入推行"四议两公开"工作法，强化政策指导，落实监督责任，促进农村重大事项科学决策、民主决策。

3. 依法民主管理

在各项村务工作中，最经常、最大量的是管理工作。在"四个民主"中，民主管理贯穿始终、连接各个环节。随着经济社会发展，农村各项事务也面临着一些新情况、新问题，这对村务管理也提出了许多新要求。乡镇政府必须走在农村管理体制改革的前沿，着力革新民主管理体制。要下大力气向村民宣传村民自治的法律法规，让农村干部带头学法、知法、守法。同时，乡镇政府要指导各村根据实际情况完善村民自治章程，健全村规民约，切实提高村民自我管理、自我教育、自我服务能力。河北省邢台县前南峪村是河北省知名的文明村、小康样板村，该村就根据实际情况，制定了完善的村规民约，并坚持予以执行。

4. 强化民主监督

新时期建设农村基层民主要特别重视民主监督的作用，要建立完善的监督反馈机制。要拓宽民主监督渠道，扩大民主监督范围，把监督事项覆盖到农村议事、决策的程序上，做到全程公开，全面提高农村各项工作的透明度。要切实落实党务、村务、财务"三公开"要求，强化对权力的制约和监督，在保证群众参与的基础上，充分发挥乡镇党委、政府监督作用，切实改进民主监督工作方法，保证"三公开"真公开、常公开。民主监督是杜绝腐败的最有效防线，农村基层民主建设离不开民主监督的力量。保障畅通的监督渠道，才能及时体察民意，才能真正实现人民当家作主。①

三　培育农民建设精神家园的能力

精神文化是心灵的归宿，乡风是精神文化的重要内容，乡风是由一个地方人们的生活习惯、心理特征和文化习性长期积淀而形成的。乡风文明本质上是农村精神文明层面的要求，包括道德、文化、风俗、法律、社会治安等诸多方面，集中反映了农村人与人之间的关系。乡风文明是新农村建设的灵魂，是发展现代农业的思想基础和平台，具有举足轻重的地位。乡村文明建设，旨在提高农民落后的科学文化素质，改变不良的思想道德观念，继承和发扬民族优秀传统文化，在农村形成积极向上的社会风尚，推进农民的知识化、文明化、现代化，实现农民"人"的全面发展。② 当前，农村存在群众思想观念落后、文化教育滞后、文化活动单一的问题，社会稳定问题突出，宗教势力扩大、封建迷信现象抬头、邪教问题不容忽视。因此，要针对当前我国乡风文明建设存在的突出问题，采取有力措施，加强科学文化知识宣传教育，引导农民崇尚科学、移风易俗、破除陋习、抵制迷信，树立先进的思想观念，在农村形成文明向上的社会风貌，为农村实现全面小康提供强大的精神动力和思想保证。

（一）推进农村文明风尚建设

农村文明风尚建设是乡风文明建设的重点，要把发展农村文化事业、丰富农民精神生活放在突出位置。一是注重农民思想建设。充分利用农民夜校、科技讲座、基地培训等载体，抓好农民思想政治教育、科学文化教育和法律知识教育，普遍提升农民综合素质。同时，按照缺什么补什么、需要什么学什么的原则，传授科技兴农、科技致富方面专业知识。在坚持思想武装头脑的同时，把农民群众的精力吸引到发家致富上来。二是丰富农村文化生活。开展好文化、科技、卫

---

① 尹艳：《新时期农村基层民主建设研究》，硕士学位论文，山东轻工业学院，2012年。

② 孙婉竹：《我国农村乡风文明建设研究》，硕士学位论文，东北农业大学，2013年。

生"三下乡"活动，满足农民群众的文化生活需求。强化农家书屋、文化活动室、党员之家等文化阵地功能，发挥思想教育、科学普及、文化娱乐等作用，使健康文化融入农村千家万户，让农民真正受到先进文化的熏陶教育。重视文体队伍建设，组织各级文化业务骨干到乡村辅导农民文艺人员，为农村文化建设"造血"，建设一支永不走的文化工作队。整合民间艺术资源，扶植民间文艺团体，培育特色文化精品，开展健康向上的文体活动，丰富农村文化生活，最大限度满足农民群众的文化需求。① 三是开展精神文明创建活动。抵制歪风邪气，大力弘扬正气，建立起光荣榜、公德薄、评议栏，使好人好事得到表彰奖励，对红白喜事大操大办、赌博、封建迷信等现象进行批评遏制，使村民在潜移默化中养成良好习惯。深入开展"文明户""五好家庭""科技示范户"等丰富多彩的精神文明评选创建活动，将农村经济发展、基层组织建设、社会治安综合治理、文化教育进步、乡风文明、村容村貌改变等作为创建内容。以河北省任县为例，该县在农村广泛成立群众自治组织"红白理事会"和"道德评议会"。"红白理事会"成员由热心群众工作的党员群众组成，负责制定《红白理事会章程》和"红白事操办标准"，并严格执行，控制车辆数量、烟酒档次等，遏制红白事大操大办之风。"道德评议会"成员由讲公道、威信高的人员组成，负责评选"敬老模范""好媳妇""十星级文明户"等，弘扬传统美德，创建和谐幸福家园。在推进农村文明风尚建设中，乡镇党委、政府要把此项工作提到更加突出的位置，始终坚持两手抓、两手都要硬，真正落实两个文明建设同部署、同落实、同检查的工作机制，落实"一把手抓两手"的领导机制，使乡镇党委、政府成为推进精神文明建设的坚强领导核心。四是大力发展农村义务教育，加大对农村教育的投入，改善农村办学条件，提高农村教师的待遇，改善农村教师的工作环境和生活环境，在职称评定、福利待遇等方面向农村倾斜，要靠感情留人、待遇留人、事业留人，为农

---

① 冯德峰：《加强新农村乡风文明建设的对策措施》，2010 年 1 月 12 日，人民网（ht-tp：//www.theory.people.com.cn/GB/40537/10751785.html）。

村文化教育事业发展提供优秀的人才。

（二）促进农村社会和谐稳定

笔者长期关注农村的和谐稳定问题。当前，农村邻里纠纷问题频发，农村家庭不和谐问题突出，农村治安案件上升，农村信访形势严峻，农村宗派势力影响较大。稳定是发展的前提，也是发展现代农业、建设新农村的环境基础。加强农村治安综合治理，开展以社会治安稳定、社会政治安定、社会环境和谐等方面内容为主的创建平安和谐乡镇、平安和谐农村、平安和谐家庭等活动，促使刑事案件、治安案件、矛盾纠纷不断下降，出现社会稳定和谐、人民安居乐业、经济繁荣发展的新局面。要抓好社会治安综合治理工作，建立和健全维护社会稳定的预警机制、处理突发事件的应急机制、社会治安的防控机制，打击农村黑恶势力，维护农村稳定。建立健全安全生产责任制，排除安全隐患，打击私炮生产、非法采石和农用车非法载客等，努力营造稳定的社会政治环境、安定团结的社会治安环境和安全的生产生活环境，确保农民群众的生产和财产安全，促进农村经济社会发展。

（三）规范农村宗教事业发展

农村不规范的宗教活动、封建迷信活动和邪教活动成为影响乡风建设的不利因素。一是封建迷信现象有所抬头，原来废弃的各种庙宇被翻新，一些农民习惯于磕头烧香、占卜问卦。二是农村宗教势力正在形成，外来宗教在乡村的本地化趋势不容忽视，笔者在河北南部一些村子调研时，发现农村基督教有不断蔓延之势。三是邪教和非法传教值得注意，在正常的宗教活动以外，各种邪教势力渗透至农村，蒙蔽群众聚敛财物。一些非法宗教组织也在与合法宗教组织争夺活动阵地和信徒，为社会稳定带来重大隐患。[1] 比如邪教组织"全能神"，当前在广大农村地区比较猖獗，一些信众因信奉"全能神"能"传教度人"，不但奉献钱财，还有工不做、有田不种、有家不归，导致家庭不和，甚至倾家荡产。在一些农村地区，网络信息还不发达，有些村民压根儿就不知道"全能神"是邪教。因此，乡镇政府要发挥

---

[1]　王滔：《乡风文明：建设和谐新农村》，《中共济南市委党校学报》2006 年第 3 期。

作用，规范农村宗教活动，教育农民摒弃迷信思想和迷信行为，要持之以恒地打击邪教组织，切实维护好农村的乡风文明。

四　培育建设现代美丽乡村的能力

党的十八大提出："把生态文明建设放在突出地位，融入经济建设、政治建设、文化建设、社会建设各方面和全过程，努力建设美丽中国，实现中华民族永续发展。"这是美丽中国首次作为执政理念被提出。美丽乡村建设是美丽中国建设的基础，是推进生态文明建设，提升社会主义新农村建设的重要载体。早在党的十六届五中全会上，美丽乡村的概念就已提出。建设美丽乡村重点就是要整治好农村环境、保护好传统村落、建设好生态文明，切实提升农民生活环境、农村生态环境，实现美丽乡村、美丽中国梦想。

（一）整治农村环境，改造提升农村面貌

建设美丽乡村，首先要从整治农村环境卫生入手，乡镇政府在此项工作上大有可为。要加大人力、资金投入，大力开展农村环境整治活动，统筹推进农村道路硬化、村庄绿化、街道亮化、庭院美化，实现农村的"洁净美"。在此项工作上，河北省从 2013 年起，就大力开展农村面貌改造提升行动，重点做好垃圾处理、厕所改造、村庄绿化、危房改造、饮水安全、道路硬化等群众最需要解决的实事。各地方积极开展此项活动，探索出了一些创新性做法，为持续推进环境卫生治理提供了良好的示范。以农村垃圾处理为例，河北省任县推行"垃圾一体化"处置，收到了良好效果。该县实行"户入桶（袋）、桶入箱、箱入车、车入场"的城乡垃圾一体化处置模式。通过政府购买服务的方式，将农村整个垃圾保洁清运环节对外招标，保洁员收集起来的垃圾，通过中标企业的清运车来进行转运，统一运送到垃圾中转站进行处理，再送往垃圾填埋场进行填埋。通过这种"村收集、乡监管、企转运、县处理"的四位一体运作模式，实现垃圾日产日清，解决了农村垃圾出口问题。

（二）保护传统村落，传承农村文化根脉

传统古村落传承着农村文化的根与魂，是美丽乡村一道道古色古香的风景。在建设新农村的大背景下，要学会保护、利用传统古村落，保存好农村优秀文化的精华。在建设美丽乡村、保护传统村落方面，各地也进行了积极探索，作出了许多努力。特别是太行山沿线的河北境地，从北向南分布着蔚县西古堡村、井陉县大梁江村、邢台县英谈村、涉县王金庄一街村等一批传统古村落，这些地方保护完好、开发有序，产生了有影响的文化效应。以"中国历史文化名村""中国传统村落"邢台县英谈村为例，为保护该村原始风貌，市、县、乡统一建立了详细的信息档案，严格规定任何人不得随意拆除、更改古建筑和村民居所。同时，还按照维持村落原有风貌与提升居民生活质量相统一的原则，结合农村面貌改造提升工程，将传统村落列入"美丽乡村"建设计划，大力修缮古民居、古遗迹，美化生态景观，改善村容村貌，提高居民生活质量，保护物质文化遗产，留住美丽乡愁。

（三）建设生态文明，向生态环境要效益

农村要美，就要特别注重生态的保护与建设。在保护好生态环境的同时，牢固树立"绿水青山也是金山银山"的意识，主动向生态环境要效益，实现"农村美"与"农民富"的共赢。以"太行山最绿的地方"河北省邢台县前南峪村为例，20世纪70年代以前，前南峪村还是个穷山庄，无雨成旱、雨大为洪。为了再造秀美山川，前南峪人进行了治山、治水、治沟以及经济林的建设。几十年的努力，山沟长出了"材林头，干果腰，水果脚"，变得有模有样。该村林木覆盖率90.7%，植被覆盖率达94.6%。[1] 前南峪村拥有"国家级森林公园"称号，是"全国农业旅游示范点"，该村坚持向生态要效益，实现了全村经济跨越式增长。2014年，该村总收入19860万元，公共积累9800万元，人均纯收入10600元。[2]

---

① 杨柳：《美丽中国·寻找最美乡村：前南峪——太行山最绿的地儿》，《人民日报》2013年7月26日第2版。

② 肖万钧等：《河北省邢台县前南峪村调查》，2015年6月16日，邢台网（http://www.xtrb.cn/xt/2015-06/16/content_507917.htm）。

五　提高保障和改善民生的能力

农村民生建设是农民生活幸福小康的一项重要内容，社会民生建设重点包括养老、医疗、社会救助等方面。就目前的情况来看，与城镇相比，农村社会保障和改善民生工作相对滞后，根本不能满足农村群众的需求，各级政府特别是乡镇政府在民生建设方面任务还十分艰巨。

（一）构建农村特色养老体系

养老问题在农村不仅是个人问题，更是社会问题，要持续推进农村养老保险制度改革，重点顾及空巢老人、孤寡老人的养老问题。当前，随着农村城镇化进程加速、人口外流严重、农村人口平均寿命延长等因素影响，农村人口老龄化加剧，"养儿防老"的家庭保障模式受到冲击，而新兴市场养老方式，由于成本高、农民养老观念转变难等问题，尚未被农村老人所接受，农村出现养老断层。发展农村养老事业十分紧迫。因此，应逐步提高新型城乡居民养老保险金额，真正让养老保险金成为保障农村老年人基本生活的资金来源。同时，要建立数量充足的农村养老服务中心，着力解决农村留守老人、孤寡老人的养老问题，形成社会养老、家庭养老相辅相成的农村养老体制。

（二）完善农村医疗保险制度

2003 年，我国启动了新型农村合作医疗制度。新型农村合作医疗制度是在市场经济条件下，解决农民医疗保障的新制度，筹资实行政府承担大部分、农民承担小部分的原则，初步解决了农民的医疗保障问题，但是在大病保险上，有待于进一步提高覆盖面，提高报销比例。另外，要实现农民的基本医疗保障，还应当继续加强偏远地区、少数民族地区的投入，改善不合理的医疗资源配置，使农村弱势群体的医疗服务具有可及性，要避免农民因病致贫、返贫现象。在此，还要特别强调三点：一是各级政府应加大政策落实力度，强化对医疗机构的监督管理，严惩涉及医疗保险金的违法犯罪行为，避免套用、滥用医疗保险金的事件发生，切实保证农民的救命钱用到实处；二是强化政策宣传力度，让农民群众明白医疗保险金的使用条件和方法，正确利用养老金；三是规范医疗行为，避免因农民可以报销医疗费用，而出现的过度医疗行为发生。

（三）推动农村社会救助事业

农村社会救助事业是我国社会救助体系中较脆弱的环节，各级政府特别是乡镇政府应当担负起建设农村社会救助体系的重要责任。要确立社会救助事业与社会经济同步发展的原则、公平与效率原则、事权和行政监督权相分离的原则、救助水平低起点广覆盖原则、因地制宜原则，使得社会救助更具有可行性。在拓宽农村社会救助资金筹措渠道的前提下，政府应该加大政策倾斜力度和资金投入力度，在经费投入和政策制定上要与城市社会保障一视同仁，特别在农村社会救助事业发展的关键时期，应该更多地反哺农村，造福于农民。推动农村社会救助事业发展，就是要完善农村特困户生活救助、残疾人救助、灾民补助、五保供养等社会救助体系，真正使困难农民群众生活有保障，共享社会发展的福利。乡镇政府具有分配社会救助资金的一定权限，因此乡镇政府一定要严格标准、把好关口，避免违规违法行为，让真正有困难的人得到救助，切实维护社会的公平正义。

六　涵养乡级依法依规治理的能力

党的十八届四中全会指出："全面推进依法治国，基础在基层，工作重点在基层。"农村是法治中国建设的基层，是推进国家法律贯彻执行和民主法治建设的关键领域，推进农村治理法治化对推进国家治理能力现代化，维护改革发展稳定大局，具有十分重要的意义。当前，农村法治化水平不高，集中表现在"三个不强"，即农民群众依法表达诉求的意识不强，乡村干部依法管理能力不强，基层法治机构辐射带动作用不强。这就要求，政法部门和乡镇政府要紧紧围绕农村法治建设的重点和难点发力，逐步完善法治体系，全面提升农村基层依法治理水平。

（一）增强农民法治意识

在农村普遍存在农民法治意识、法治观念淡薄的问题。一些地方普法学法相当难，群众很少接受法律的熏陶，农民"遇事找人"成为习惯，"讲人情、讲关系"的思想普遍存在。还有很多农民不清楚自己享有哪些合法权益，在自身权益遭到侵害时，不知道怎么运用法律武器来维护。笔者在农村调研还了解到，农民存在"信访不信法"的现象，涉及自己的利益问题都想通过信访来解决，这就造成了各级信访部门成为最繁忙的部门之一的畸形现状，甚至经常出现一些闹访、缠访等影响政府正常工作和社会稳定的事件。因此，加强农村法治建设就是要从增强农民法治意识入手。乡镇政府要始终把普法教育作为农村法治建设的基础性工作来抓，着力建立长效机制。在新形势下，尤其要注意加强和改进普法教育的手段和方式，大力推进"法律进农村"，培育出信法、学法、用法、守法的新型农民，让人们相信法律是维护自身合法权益的利器，让法律成为人们的信仰。教育引导农民群众依法处理个人事务、依法理性表达个人诉求，真正在农村形成农民自觉守法、遇事找法、解决问题靠法的良好氛围。

（二）提升依法治理能力

基层干部直接面对群众，担负着社会管理、服务群众的重要职责，既是法治建设的主体，又是法治建设的客体，只有具备法治思维和运用法治方式参与社会管理的能力，才能依法履职、依法决策，推动农村各项事业健康发展。当前，一些基层干部法律素质偏低，不学法、不懂法，以言代法、以权压法现象突出，依法搞经济建设、处理社会各项事务的能力和水平有待提高。因此，基层干部首先要认真学法用法。要强化法治理念，通过法治具体实践促进法治思维形成。基层干部在依法管理服务中，务必遵循法治原则、法治原理、法治精神，不断提高运用法治思维和法治方式开展工作、解决问题的能力。在基层干部考核中，应注重对法治意识、运用法治方式解决问题的指标的考量。同时，要强化制度控权，建立健全决策权、执行权、监督权相互制约又相互协调的权力结构和运行机制，营造良好的外部法治环境，促使基层干部正确看待权力，无法滥用权力，合理合法用好权力。在这一进程中，乡镇政府除了要加强乡级干部的法治教育外，更要注重培养农村干部的法治思维和法治意识，提升农村干部依法开展村民自治活动的能力。

（三）完善法律服务体系

当前，在农村基层形成了以司法所、派出所、法庭为主的法律服务网络，但是农村法律服务体系仍旧不健全。一些乡镇司法所有名无实，一个派出所管辖几万人，一个中心法庭管辖数个乡镇，经济越是落后的地方，管辖范围越大，执法力量越弱。法律服务、法律援助向基层延伸不够，无法适应广大农民群众的法律需求。因此，应逐步完善农村法律服务体系，最大限度地满足农民群众的需求。要重点加强司法所、法律服务所、人民调解组织建设，广泛推行"一乡镇一法庭"，健全法律援助制度机制，推进法律援助进村、法律顾问进村，有效实施法律援助、司法救助，降低群众用法成本，让法律的服务功能、保障功能得到充分发挥。要着重壮大农村法律服务队伍，建立法律专业人才库，按人口比例配备法律专业人才。比如，从2013年起，河北省邢台市针对农村法律服务稀缺、法律人才匮乏的现状，大力推广"一村一名法律顾问"制度，积极探索建立基层法律服务体系，打通法律服务群众"最后一公里"。该市组织律师、公证员及具有一定法律专业知识和实践能力的法官、公务员等成立法律服务志愿者队伍，担任农村法律顾问，为农民群众开展公益性的法律援助和法律服务。① 乡镇政府要积极作为，主动为法律人才到村工作服务提供方便，解决实际困难，助推农村社会法治化进程，积极提升农村法治化水平。

---

① 《看"一村一法律顾问"如何打通法律服务　群众"最后一公里"》，2014年11月27日，河北省人民政府网（http://www.hebei.gov.cn/hebei/11937442/10756595/10756641/12266305/index.html）。

结　　论

基础不牢，地动山摇。农村是民族存续的根脉，基层治理制度是中国特色社会主义制度的重要组成部分，乡级治理现代化是推进国家治理体系和治理能力现代化的根基，没有乡级治理现代化，就没有国家治理现代化。

中国农村正在经历着从小农经济到现代大农业的历史性变革，农村生产力、生产方式、人口结构、社会阶层、农民素养等治理环境的深刻变化，既对乡级治理现代化提出了新要求，也为乡级治理现代化创造了条件，要求构建治理主体多元化、权力生成民主化、权力运行法治化、利益表达制度化、绩效考核科学化的现代化治理体系，培育建设现代农村特色宜居小城镇、发展现代农业和建设美丽乡村的现代治理能力。

21世纪以来，乡镇政府的服务职能逐渐凸显，在农村社保、基础设施建设等方面发挥了较大作用。但是由于制度路径依赖，治理理念、治理结构、治理体制、运行机制没有随着农村经济社会变化而创新，乡级治理仍然滞后于农村经济社会发展。

推进乡级治理体系和治理能力现代化，需要传承历史治理之精华，借鉴国外治理之经验，结合现代之国情，使其具有民族性、时代性和科学性。对中国传统政治文化中的敬天保民、民贵君轻、轻徭薄赋、无为而治、明德慎罚、天人合一、公生明廉生威的治理理念要扬弃；对近代以来国外的多元治理、依法治理的理论要借鉴；对中国共产党的农村治理经验要传承；更重要的是要根据农村经济社会的发展对乡级治理进行创新。

推进乡级治理体系现代化要进行制度创新，完善政府、群众、社会组织等多元参与治理机制，实现政府和社会的良性互动；科学界定乡级政府职能，建设服务型政府；强化信息公开，完善信息共享机制；建立有效的监督制衡机制，畅通群众监督渠道；构建科学合理的考评机制，让群众成为考评乡镇干部的主体；畅通群众利益表达机制，完善信访制度、民主恳谈制度；依法界定县乡、乡村间权责，实现权责法定。

推进乡级治理能力现代化要选择科学路径。乡级治理能力现代化是国家治理能力现代化的重要组成部分，推进乡级治理能力现代化有以下路径：提升乡级干部的学习能力、科学决策能力、组织协调能力和依法治理的能力；提升乡级治理主体在促进农村现代村镇发展，建设"望得见山、看得见水、记得住乡愁"的具有现代产业和现代服务体系的新型美丽村镇的能力；引导农业规模化经营，推进农业现代化发展的能力；推进农村民主政治建设，发展政治文明的能力；发展农村文化教育，涵养乡风文明，建设农民精神家园的能力；维护乡村治安，化解乡村矛盾，应对乡村突发事件，促进乡村社会和谐的能力；维护农村生态环境，建设生态文明的能力；提升保障和改善民生的能力。

要通过创新乡级治理体制机制，构建多元、民主、法治、透明、高效的现代化乡级治理体系，全面提升乡级经济建设、政治建设、文化建设、社会建设、生态建设能力，促进农业现代化发展和美丽乡村建设，使新型工业化、城镇化、信息化、农业现代化相互融合、相互发展、相得益彰，为实现国家治理体系和治理能力现代化奠定基础。

"三农中国，中国三农"，"三农"问题是一个历史性的大文章，事关中国现代化建设的大问题，事关中国几亿农民的生存和生活的大事情。乡级治理又是解决"三农"问题的一个关键性环节，是实现国家治理现代化的一个基础性工程，推进中国民主政治进程和中国政治体制改革的一个突破口。在这么一个宏大的历史课题中，本书只是抛砖引玉式地草草写了个序言，冀望广大从事"三农"问题研究的学者和从事农村工作的实践者，能够以历史的责任感从事这项研究，并在实践中推进这项改革，推进乡级治理体系和治理能力现代化。

主要参考文献

一 中文著作

[1]《马克思恩格斯全集》第 4 卷，人民出版社 1982 年版。

[2]《马克思恩格斯全集》第 5 卷，人民出版社 1982 年版。

[3]《马克思恩格斯全集》第 6 卷，人民出版社 1982 年版。

[4]《马克思恩格斯全集》第 7 卷，人民出版社 1982 年版。

[5]《马克思恩格斯全集》第 10 卷，人民出版社 1982 年版。

[6]《马克思恩格斯全集》第 17 卷，人民出版社 1982 年版。

[7]《马克思恩格斯全集》第 21 卷，人民出版社 1982 年版。

[8]《马克思恩格斯全集》第 22 卷，人民出版社 1982 年版。

[9]《马克思恩格斯全集》第 41 卷，人民出版社 1982 年版。

[10]《列宁全集》第 24 卷，人民出版社 1990 年版。

[11]《列宁全集》第 26 卷，人民出版社 1988 年版。

[12]《列宁全集》第 34 卷，人民出版社 1985 年版。

[13]《列宁全集》第 46 卷，人民出版社 1990 年版。

[14]《斯大林全集》第 3 卷，人民出版社 1955 年版。

[15]《孙中山文萃》（下卷），广东人民出版社 1996 年版。

[16]《毛泽东选集》第 5 卷，人民出版社 1977 年版。

[17]《邓小平文选（1975—1982）》，人民出版社 1983 年版。

[18]《邓小平文选》第 1 卷，人民出版社 1994 年版。

[19]《邓小平文选》第 2 卷，人民出版社 1994 年版。

[20]《邓小平文选》第 3 卷，人民出版社 1993 年版。

[21]《江泽民文选》第 1 卷，人民出版社 2006 年版。

［22］《习近平谈治国理政》，外文出版社 2014 年版。

［23］［法］托克维尔：《论美国的民主》（上卷），董果良译，商务印书馆 1997 年版。

［24］［美］B. 盖伊·彼得斯：《政府未来的治理模式》，吴爱明、夏宏图译，中国人民大学出版社 2001 年版。

［25］［法］米歇尔·克罗齐、［美］塞缪尔·亨廷顿、［日］绵贯让治：《民主的危机》，马殿军等译，求实出版社 1989 年版。

［26］［美］安东尼·奥罗姆：《政治社会学——主体政治的社会学剖析》，张华青等译，上海人民出版社 1989 年版。

［27］［美］罗伯特·A. 达尔：《现代政治分析》，王沪宁、陈峰译，上海译文出版社 1987 年版。

［28］［美］迈克尔·罗斯金等：《政治学》（第 6 版），林震等译，华夏出版社 2002 年版。

［29］［德］马克斯·韦伯：《经济与社会》（上卷），林荣远译，商务印书馆 1997 年版。

［30］［法］卢梭：《社会契约论》，何兆武译，商务印书馆 1980 年版。

［31］［法］孟德斯坞：《论法的精神》，张雁深译，商务印书馆 1959 年版。

［32］［古希腊］亚里士多德：《政治学》，吴寿彭译，商务印书馆 1965 年版。

［33］［美］E. 博登海默：《法理学：法律哲学与法律方法》，邓正来译，中国政法大学出版社 2004 年版。

［34］［美］汉密尔顿、杰伊、麦迪逊：《联邦党人文集》，程逢如、在汉、舒逊译，商务印书馆 1980 年版。

［35］［意］尼科洛·马基雅维里：《君主论》，潘汉典译，商务印书馆 1985 年版。

［36］［英］A. J. M. 米尔恩：《人的权利与人的多样性——人权哲学》，夏勇、张志铭译，中国大百科全书出版社 1995 年版。

［37］［英］阿克顿：《自由与权力》，侯健、范亚峰译，商务印

书馆 2001 年版。

　　［38］［美］约翰·克莱顿·托马斯：《公共决策中的公民参与》，孙柏谟等译，中国人民大学出版社 2005 年版。

　　［39］［英］弗里德利希·冯·哈耶克：《自由秩序原理》，邓正来译，生活·读书·新知三联书店 1997 年版。

　　［40］［美］戴维·H. 罗森布鲁姆、罗伯特·S. 克拉夫丘克：《公共行政学：管理、政治和法律的途径》，张成福等译，中国人民大学出版社 2002 年版。

　　［41］［美］杰弗里·庞顿、彼得·吉尔：《政治学导论》，张定淮等译，社会科学文献出版社 2003 年版。

　　［42］［美］科恩：《论民主》，聂崇信、朱秀贤译，商务印书馆 1988 年版。

　　［43］张厚安、徐勇主笔：《中国农村政治稳定与发展》，武汉出版社 1995 年版。

　　［44］俞可平：《增量民主与善治》，社会科学文献出版社 2003 年版。

　　［45］胡绩伟、常大林：《民主论》，中外文化出版公司 1988 年版。

　　［46］邓正来：《市民社会理论的研究》，中国政法大学出版社 2002 年版。

　　［47］陈家刚：《协商民主与当代中国政治》，中国人民大学出版社 2009 年版。

　　［48］陈锡文主编：《中国农村公共财政制度：理论·政策·实证研究》，中国发展出版社 2005 年版。

　　［49］陈晓莉：《政治文明视域中的农民政治参与》，中国社会科学出版社 2007 年版。

　　［50］陈振明主编：《政治学——概念、理论和方法》，中国社会科学出版社 2004 年版。

　　［51］马长山：《国家、市民社会与法治》，商务印书馆 2002 年版。

［52］陆学艺：《"三农论"——当代中国农业、农村、农民研究》，社会科学文献出版社 2002 年版。

［53］金太军、张劲松：《乡村改革与发展》，广东人民出版社 2008 年版。

［54］金太军：《当代中国政府与政治论稿》，广东人民出版社 2009 年版。

［55］陆学艺主编：《当代中国社会阶层研究报告》，社会科学文献出版社 2002 年版。

［56］费孝通：《乡土中国》，上海人民出版社 2007 年版。

［57］王人博、程燎原：《法治论》，山东人民出版社 1998 年版。

［58］何增科主编：《公民社会与第三部门》，社会科学文献出版社 2000 年版。

［59］何增科主编：《中国社会管理体制改革路线图》，国家行政学院出版社 2009 年版。

［60］关玲永：《我国城市治理中公民参与研究》，吉林大学出版社 2010 年版。

［61］梁治平：《寻求自然秩序中的和谐》，中国政法大学出版社 2002 年版。

［62］卓泽渊：《法治泛论》，法律出版社 2001 年版。

［63］贾西津主编：《中国公民参与：案例与模式》，社会科学文献出版社 2008 年版。

［64］李良栋：《当代中国民主问题研究》，当代世界出版社 2001 年版。

［65］孙哲：《全国人大制度研究（1979—2000）》，法律出版社 2004 年版。

［66］李图强：《现代公共行政中的公民参与》，经济管理出版社 2004 年版。

［67］刘作翔：《迈向民主与法治的国度》，山东人民出版社 1999 年版。

［68］王寿林：《社会主义国家权力制约论》，东北财经大学出版

社 1993 年版。

　　[69] 石路:《政府公共决策与公民参与》,社会科学文献出版社
2009 年版。

　　[70] 唐铁汉:《行政管理体制改革的前沿问题》,国家行政学院
出版社 2008 年版。

　　[71] 陶东明、陈明明:《当代中国政治参与》,浙江人民出版社
1998 年版。

　　[72] 魏星河等:《当代中国公民有序政治参与研究》,人民出版
社 2007 年版。

　　[73] 吴爱明、刘文杰:《政府改革:中国行政改革模式与经
验》,新华出版社 2010 年版。

　　[74] 吴理财:《从"管治"到"服务":乡镇政府职能转变研
究》,中国社会科学出版社 2009 年版。

　　[75] 徐勇等:《中国农村与农民问题前沿研究》,经济科学出版
社 2009 年版。

　　[76] 荣敬本等:《从压力型体制向民主合作体制的转变:县乡
两级政治体制改革》,中央编译出版社 1998 年版。

　　[77] 章荣君:《财政困境与乡镇治理》,中国社会科学出版社
2012 年版。

　　[78] 马得勇:《中国乡镇治理创新——10 省市 24 乡镇的比较研
究》,南开大学出版社 2014 年版。

　　[79] 贺小慧:《沿革与变革:政治权力运作体系下的中国乡镇
治理》,中国农业科学技术出版社 2013 年版。

　　[80] 祁勇、赵德兴:《中国乡村治理模式研究》,山东人民出版
社 2014 年版。

　　[81] 王燕燕主编:《三农问题与乡村治理》,中央编译出版社
2015 年版。

　　[82] 施从美:《文件政治与乡村治理》,广东人民出版社 2014
年版。

　　[83] 阎占定:《新型农民合作经济组织参与乡村治理研究》,世

界图书出版广东有限公司 2013 年版。

　　［84］杨嵘均：《乡村治理结构调适与转型》，南京师范大学出版社 2014 年版。

　　［85］沈宗灵、黄枬森主编：《西方人权学说》（下），四川人民出版社 1994 年版。

　　［86］高建、佟德志主编：《党内民主》，天津人民出版社 2010 年版。

二　中文文章

　　［1］［美］苏珊·斯格罗：《实践党内民主》，吴帅译，《经济社会体制比较》2008 年第 6 期。

　　［2］包国宪、潘旭：《"新三元结构"与公民社会发展——以政府体制改革的视角分析》，《湘潭大学学报》（哲学社会科学版）2007 年第 6 期。

　　［3］陈东平、蒋晓亮：《乡镇财政困难现状及成因分析——对江苏省 A 市的调查》，《农村经济》2006 年第 9 期。

　　［4］唐鸣：《关于完善村民自治法律体系的两个基本问题》，《法商研究》2006 年第 2 期。

　　［5］吴海峰：《建设社会主义新农村的十个结合》，《中国农村经济》2006 年第 1 期。

　　［6］陈俊：《公民有效参与政府管理及实现途径》，《传承》2010 年第 3 期。

　　［7］赖海榕：《乡村治理的国际比较——德国、匈牙利和印度经验对中国的启示》，《经济社会体制比较》2006 年第 1 期。

　　［8］陈剩勇、孟军：《20 世纪以来中国乡镇体制的变革与启示》，《浙江社会科学》2006 年第 4 期。

　　［9］张晓山：《乡村治理结构的改革》，《科学决策》2006 年第 1 期。

　　［10］程同顺：《当前中国农民的政治参与——一个比较政治学分析》，《江海学刊》1995 年第 1 期。

［11］崔智友：《中国村民自治的法学思考》，《中国社会科学》2001 年第 3 期。

［12］刘建荣、邱正文：《村民自治背景下的村两委关系》，《湘潭师范学院学报》（社会科学版）2006 年第 1 期。

［13］陈家刚：《多元主义、公民社会与理性：协商民主要素分析》，《天津行政学院学报》2008 年第 4 期。

［14］邱新有、邱国良、曹捷生：《村民自治政策实施过程中的悖论分析》，《国家行政学院学报》2006 年第 1 期。

［15］董江爱：《公共政策、政治参与和政治发展——中国农村基层民主的发展逻辑》，《经济社会体制比较》2009 年第 5 期。

［16］彭兰红：《中国基层民主发展概述》，《民主与科学》2005 年第 6 期。

［17］董红：《当代中国村民自治问题研究》，博士学位论文，西北农林科技大学，2012 年。

［18］高新民：《让基层党内民主与人民民主良性互动》，《人民论坛》2005 年第 9 期。

［19］管前程：《村民自治 30 年的回顾和启示》，《毛泽东邓小平理论研究》2008 年第 9 期。

［20］王海胜：《当代中国村民自治问题研究》，博士学位论文，吉林大学，2011 年。

［21］何增科：《公民社会与第三部门研究引论》，《马克思主义与现实》2000 年第 1 期。

［22］黄辉祥：《村民自治的生长：国家建构与社会发育》，博士学位论文，华中师范大学，2007 年。

［23］戴玉琴：《村民自治中的政治文化资源开发》，博士学位论文，苏州大学，2006 年。

［24］贺雪峰：《新农村建设要强调村社本位》，《调研世界》2007 年第 1 期。

［25］何晓杰：《"后农业税时代"中国乡村治理问题研究》，博士学位论文，吉林大学，2011 年。

［26］庞超：《和谐社会构建视野下农民政治参与问题研究》，博士学位论文，华东理工大学，2011 年。

［27］胡洪彬：《当前我国公民有序政治参与面临的挑战与应对——基于转型社会风险递增背景的探讨》，《重庆社会主义学院学报》2010 年第 2 期。

［28］黄方：《乡村治理场域中农村新型社会组织参与困境与发展路径研究》，博士学位论文，安徽大学，2015 年。

［29］王海员：《村庄民主化治理与农村公共品供给研究》，博士学位论文，南京农业大学，2012 年。

［30］于建波：《农村基层民主政治建设问题研究》，博士学位论文，沈阳农业大学，2012 年。

［31］黄国满：《当前我国公民政治参与问题分析》，《社会科学战线》2004 年第 3 期。

［32］宋仁登：《城市化进程中的村民市民化问题研究》，博士学位论文，中国海洋大学，2012 年。

［33］王金荣：《中国农村社区新型管理模式研究》，博士学位论文，中国海洋大学，2012 年。

［34］焦方红：《关于扩大有序政治参与的思考》，《社会科学战线》2004 年第 6 期。

［35］金太军、董磊明：《村民自治背景下乡村关系的冲突及其对策》，《中国行政管理》2000 年第 10 期。

［36］侯晓露：《青岛市农村社区建设问题研究》，博士学位论文，中国海洋大学，2011 年。

［37］杨爱杰、李强：《包容性发展理念下社会基层治理机制的创新》，《学校党建与思想教育》2012 年第 21 期。

［38］孙立平：《信任的缺失与以不信任为基础的结构》，《社会学月刊》2002 年第 8 期。

［39］刘玉芝：《关于发展农村基层党内民主的思考》，《理论与改革》2005 年第 2 期。

［40］刘媛媛、莫中菊：《中国农民现代化问题述略》，《山东农

业大学学报》（社会科学版）2006 年第 2 期。

［41］娄章胜、李勤：《社会转型与农民现代化》，《湖北民族学院学报》（社会科学版）1998 年第 1 期。

［42］楼鲜丽：《村民自治下的乡镇政府与村委会关系研究》，《理论参考》2009 年第 4 期。

［43］卢剑峰：《参与式民主的地方实践及战略意义——浙江温岭"民主恳谈"十年回顾》，《政治与法律》2009 年第 11 期。

［44］周小亮：《重大利益协调视角下包容性发展的理论与实践问题研究》，《当代经济研究》2012 年第 1 期。

［45］邱耕田、张荣洁：《论包容性发展》，《学习与探索》2011 年第 1 期。

［46］鄯爱红：《我国公民社会的兴起与公民意识的培育》，《中国特色社会主义研究》2004 年第 6 期。

［47］上官酒瑞：《农民组织化与乡村政治发展》，《理论探索》2006 年第 3 期。

［48］高传胜：《论公共服务供给与中国实现包容性发展》，《东岳论丛》2011 年第 12 期。

［49］张洪萍、杨健：《略论中国共产党的政治容纳性》，《山西师范大学学报》（社会科学版）2005 年第 2 期。

［50］孙永怡：《我国公民参与公共政策过程的十大困境》，《中国行政管理》2006 年第 1 期。

［51］张衍前：《执政党与意识形态的包容性》，《党政论坛》2006 年第 2 期。

［52］涂小雨：《社会转型与执政党意识形态包容性的提升》，《长白学刊》2010 年第 5 期。

［53］王乐夫：《中国基层纵横涵义与基层管理制度类型浅析》，《中山大学学报》（社会科学版）2002 年第 1 期。

［54］胡志平：《农村公共服务非均衡供给的微观基础：利益博弈》，《湖北社会科学》2011 年第 7 期。

［55］唐清利：《当代中国村社治理结构及其理论回应》，《管理

世界》2010 年第 4 期。

[56] 陈文兴：《乡村治理环境的变化、问题及对策》，《云南行政学院学报》2012 年第 1 期。

[57] 黄成亮：《后税费时代基层干部行政能力提升困境与出路》，《边疆经济与文化》2011 年第 8 期。

[58] 郭正林：《中国农村权力结构的制度化调整》，《开放时代》2001 年第 7 期。

[59] 郭正林：《当代中国农村政治研究的理论视界》，《中共福建省委党校学报》2003 年第 7 期。

[60] 贺雪峰：《为什么村委会或农民协会不能维护农民利益》，《江苏社会科学》2004 年第 4 期。

[61] 郭正林：《农村权力结构的民主转型：动力与阻力》，《中山大学学报》（社会科学版）2004 年第 1 期。

[62] 吴理财：《乡镇机构改革：可否跳出精简—膨胀的怪圈》，《贵州师范大学学报》（社会科学版）2006 年第 6 期。

[63] 吴理财：《乡镇政府：撤销抑或自治?》，《安徽决策咨询》2003 年第 5 期。

[64] 严圣明：《我国乡镇治理模式的演变及启示》，《福建行政学院福建经济管理干部学院学报》2007 年第 4 期。

[65] 杨顺湘：《我国乡镇行政管理体制改革研究》，《人文杂志》2009 年第 6 期。

[66] 张娜：《试论基层人大选举制度的改革》，《中北大学学报》（社会科学版）2008 年第 6 期。

[67] 张新光：《中国乡镇行政管理体制的历史沿革及其启示》，《南京师范大学学报》（社会科学版）2007 年第 1 期。

[68] 周作翰、张英洪：《新农村建设与公民权建设》，《深圳大学学报》（人文社会科学版）2009 年第 5 期。

[69] 吕侠、周东明：《论公民参与预算的民主政治——基于中国乡镇预算民主模式分析》，《中南民族大学学报》（人文社会科学版）2013 年第 2 期。

[70] 汤玉权：《回应公民参与：政治学视角下地方政府决策合法性探究》，《广西社会科学》2012 年第 6 期。

[71] 吴兴智：《公民参与、协商民主与乡村公共秩序的重构——基于浙江温岭协商式治理模式的研究》，博士学位论文，浙江大学，2008 年。

[72] 李卫华：《行政参与主体研究》，博士学位论文，山东大学，2008 年。

[73] 谭德宇：《当代中国民主发展中的公民政治参与问题研究》，博士学位论文，华中师范大学，2007 年。

[74] 李祖佩：《项目进村与乡村治理重构——一项基于村庄本位的考察》，《中国农村观察》2013 年第 4 期。

[75] 谢小芹、简小鹰：《从"内向型治理"到"外向型治理"：资源变迁背景下的村庄治理——基于村庄主位视角的考察》，《广东社会科学》2014 年第 3 期。

[76] 曾红萍：《去公共化的乡村治理及其后果——以利益密集型村庄为例》，《学习与实践》2013 年第 2 期。

[77] 李祖佩：《"资源消解自治"——项目下乡背景下的村治困境及其逻辑》，《学习与实践》2012 年第 11 期。

[78] 李里峰：《群众运动与乡村治理——1945—1976 年中国基层政治的一个解释框架》，《江苏社会科学》2014 年第 1 期。

[79] 肖唐镖：《近十年我国乡村治理的观察与反思》，《华中师范大学学报》（人文社会科学版）2014 年第 6 期。

[80] 陈锋：《分利秩序与基层治理内卷化 资源输入背景下的乡村治理逻辑》，《社会》2015 年第 3 期。

[81] 郭彩云：《农村民间组织与乡村治理研究》，博士学位论文，中央民族大学，2012 年。

[82] 宁慧、宋明爽：《"善治"视角下农村社会稳定问题研究——基于山东省 D 县的调查分析》，《青岛农业大学学报》（社会科学版）2015 年第 4 期。

[83] 周英姿：《利益表达视角下乡村治理的困境与对策》，硕士

学位论文，湘潭大学，2013 年。

［84］杨生利：《协商民主与中国乡村治理的路径探析》，硕士学位论文，西南财经大学，2013 年。

［85］丛松刚：《乡村治理模式初探》，硕士学位论文，山东大学，2013 年。

［86］马欣荣：《中国近现代乡村治理结构研究》，博士学位论文，西北农林科技大学，2012 年。

［87］杨文芬：《农村人口流动对乡村治理的影响研究》，硕士学位论文，西南财经大学，2012 年。

［88］求佳英：《新农村建设背景下我国乡村治理问题研究》，硕士学位论文，江西财经大学，2014 年。

［89］尤琳：《中国乡村关系》，博士学位论文，华中师范大学，2013 年。

［90］周同：《社会主义新农村背景下乡村治理制度化研究》，硕士学位论文，南京师范大学，2013 年。

［91］佘建卿：《基层法治文化建设是推进基层治理法治化的基础》，《决策导刊》2015 年第 5 期。

［92］欧阳开盛：《乡镇治理与村民自治对接问题研究》，《农村经济与科技》2014 年第 10 期。

［93］杨慧：《结构之困与制度之伤——乡镇治理中国家与民众在政治层面互动失灵的原因探析》，《云南行政学院学报》2015 年第 1 期。

［94］任宝玉：《乡镇治理转型与服务型乡镇政府建设》，《政治学研究》2014 年第 6 期。

［95］肖勇、张紫琳：《"参与式"乡镇治理模式探析》，《四川警察学院学报》2015 年第 1 期。

［96］马思远：《整合与回应：乡镇治理现代化改革的路径选择——基于浙江省嵊州市乡镇治理创新实践》，《哈尔滨市委党校学报》2015 年第 3 期。

［97］胡萧力：《乡镇治理的结构、功能及法治化研究》，《东方

法学》2015 年第 4 期。

[98] 董礼胜、潘吉强、孙峰：《乡镇治理水平与农民政治态度和行为的关系初探——基于 S 省 Y 市两个乡的调查与分析》，《福建行政学院学报》2015 年第 5 期。

[99] 汪玮：《中国乡镇治理的变迁逻辑和发展路径》，《中共宁波市委党校学报》2015 年第 6 期。

[100] 马得勇：《测量乡镇治理——基于 10 省市 20 个乡镇的实证分析》，《中国行政管理》2013 年第 1 期。

[101] 贺小慧：《现有政府体制下的乡镇治理探究》，《人民论坛》2013 年第 5 期。

[102] 庄飞能：《"乡财县管"后乡镇基层政权合法性与乡村治理》，《湛江师范学院学报》2014 年第 1 期。

[103] 刘伟：《村落解体与中国乡镇治理的路径选择》，《中国行政管理》2014 年第 5 期。

[104] 赵鲲鹏：《公民参与乡镇治理机制研究》，博士学位论文，华中师范大学，2011 年。

[105] 吴茜琴：《转型中的乡镇治理研究》，硕士学位论文，华中师范大学，2014 年。

[106] 吴金群：《乡镇治理的制度化及其提升策略——基于全国 30 个乡镇规程的比较研究》，《南京社会科学》2013 年第 11 期。

[107] 张良：《从"汲取式整合"到"服务式整合"：乡镇治理体制的转型与建构——基于国家政权建设的视角》，《中共浙江省委党校学报》2010 年第 2 期。

[108] 周志旺：《城乡发展一体化进程中乡镇政府治理发展》，博士学位论文，苏州大学，2014 年。

[109] 丁祥艳：《试论乡镇治理体制改革的路径选择》，《创新》2012 年第 3 期。

[110] 何玲玲、李亚彪、商意盈：《天大的责任 巴掌大的权力》，《新农村商报》2014 年 8 月 6 日第 B10 版。

[111] 东林镇、黄建丰：《依法行政在乡镇治理中的实践与思

考》,《湖州日报》2014 年 11 月 17 日第 A07 版。

[112] 胡伟:《狠抓源头治理 创新乡镇信访维稳工作机制——余干县建立乡镇信访维稳"三合一"工作机制的实践》,《中国经济时报》2015 年 12 月 21 日第 A08 版。

三 英文文献

[1] Rose, A.M., *The Power Structure*: *Political Process in American Society*, New York: Oxford University Press, 1967.

[2] Polsby, N.W., *Community Power and Political Theory*, New Haven: Yale University Press, 1963.

[3] Paul, E., Paul, C., and Michels, R., *Political Parties*: *A Sociological Study of the Oligarchical Tendencies of Modern Democracy*, Charleston: Nabu Press, 2010.

[4] Schlesinger, A.M., *History of U.S.Political Parties*, New York: Chelsea House Publishers, 1973.

[5] Pateman C., *Participation and Democratic Theory*, Cambridge: Cambridge University Press, 1970.

[6] Vivienne, S., "The Reach of the State: Sketches of the Chinese Body Politic", *Pacific Affairs*, Vol.61, No.4, May 1988.

[7] Kevin, J. and O'Brien, "Implementing Political Reform in China's Villages", *The Australian Journal of Chinese Affairs*, No. 32, July 1994.

[8] Harding, H., "The Study of Chinese Politics: Toward a Third Generation of Scholarship," *World Politics*, Vol.36, No.2, January 1984.

[9] Somjee, A.H., *Parallels and Actuals of Political Development*, London: Palgrave Macmillan, 1986.

[10] McCarthy, J.D. and Zald M.N., "Resource Mobilization and Social Movement: A Political Theory", *American Journal of Sociology*, Vol.6, 1979.

[11] Miliband, R., *The State in Capitalist Society*, London: Merlin

Press, 2009.

[12] Easton, D.A., *A Framework for Political Analysis*, Upper Saddle River: Prentice-Hall, 1965.

[13] Fung, A. and Wright, E.O., *Deepening Democracy: Institutional Innovations in Em Powered Participatory Governance*, New York: Verso, 2003.

[14] Grote, J. R. and Gbikpi, B., *Participatory Governance: Political and Societal Implications*, Opladen: Leske and Budrich, 2002.

附　　录

附录1：农民问卷调查

尊敬的乡亲您好：此问卷只做研究使用，与您和您所在的村无关，请您如实填写，谢谢合作。

您所在的村：＿＿＿＿省＿＿＿＿县＿＿＿＿乡（镇）＿＿＿＿村，您的年龄＿＿＿＿

1. 您对乡镇政府与村委会的关系认识是什么？

A. 领导与被领导

B. 指导与被指导

C. 不清楚

D. 没有直接关系

2. 您怎样看待村党支部和村委会的关系？

A. 村党支部是领导核心，村委会在村党支部的领导下开展工作

B. 村党支部是领导核心，村委会不管用

C. 村委会是村民选出的，能代表全体村民；而党支部只管几个党员，对村里其他事不做主

D. 不知道两者是什么关系

3. 您认为乡镇政府服务群众的水平怎么样？

A. 大小事都能办，服务质量高、效果好

B. 小事能办，大事不好办，服务面窄

C. 小事能办，但有时不给好好办，存在推诿扯皮现象

D. 不好办事，服务水平低，还存在腐败现象

4. 您认为在农村事务管理中，谁的影响力最大？

A. 乡镇政府

B. 村党支部

C. 村委会

D. 宗族

5. 假如出现了邻里矛盾，您愿意找谁解决？

A. 乡镇干部

B. 村干部

C. 宗族家长

D. 其他有威望的村民

6. 您认识县乡人大代表吗？他们是否经常下来征求意见建议？

A. 认识，经常下来

B. 认识，不经常下来

C. 认识，没有见过他们下来征求意见建议

D. 不认识县乡人大代表

7. 您对基层群众自治的看法是什么？

A. 农民自己当家做主

B. 走过场，还是几个村干部做主

C. 乡镇政府对群众自治干预较多，群众自治水平不高

D. 不好说

8. 您对乡镇纪委作用发挥有什么看法？

A. 作用发挥很好

B. 作用发挥一般

C. 作用发挥不好

D. 不清楚

9. 对于乡村"小官贪腐"的问题，您的态度是：

A. 发现贪腐问题，会通过各种途径举报，希望纪委严惩

B. 知道有贪腐问题，但是不知道怎么办

C. 知道贪腐问题严重性，但是不愿意去管

D. 没有发现"小官贪腐"的问题

10. 您认为乡镇便民服务中心服务质量怎么样？

A. 很好

B. 有的窗口好，有的窗口不好

C. 不好

D. 没听过有便民服务中心

E. 我们乡镇没有便民服务中心

11. 您村党务、村务、财务"三公开"情况怎么样？

A. 经常公开

B. 公开，但是不经常公开

C. 从来没有见公开过

D. 不关心是不是公开

12. 您有利益诉求或利益被侵犯时，到乡镇政府上访吗？效果怎么样？

A. 到乡镇上过访，一般乡镇能解决

B. 不到乡镇上访，乡镇不能解决，也不会解决

C. 到乡镇上过访，乡镇解决不好，我不满意

D. 没有上过访

13. 您对乡镇信访工作的建议是：（可多选）

A. 乡镇主要领导直接接访解决问题

B. 不要把群众上访当成无理取闹，不要予以打击和压制

C. 接访人员对上访人态度要好

D. 乡镇不要推诿扯皮、将问题上交

14. 假如您因纠纷需要打场官司，您会首先去找谁？

A. 村"两委"

B. 乡镇司法所

C. 基层法庭

D. 律师事务所

E. 其他

15. 您对本村村干部的工作满意吗？

A. 十分满意

B. 一般满意

C. 不满意

D. 十分不满意

16. 您到乡镇办事，乡镇干部有吃拿卡要行为吗？

A. 有

B. 没有

C. 以前有，现在没有

D. 我最近没到乡镇办过事，不清楚

17. 您认为您能监督乡镇干部的行为吗？

A. 能

B. 不能

C. 不确定

18. 您参加过村干部民主评议吗？

A. 每年都参加

B. 参加过，不是每年参加

C. 没有参加过

D. 不知道什么是村干部民主评议

19. 您知道近三年来，您所在的村发展的党员都有谁吗？

A. 知道

B. 不全知道

C. 不知道

D. 村里近三年没有发展过党员

20. 您村党支部战斗堡垒作用发挥得怎样？

A. 很好

B. 一般

C. 不好

D. 不清楚

21. 您村党员先锋模范作用发挥得怎样？

A. 很好

B. 一般

C. 不好

D. 不清楚

22. 您所在村除了党支部、村委会、村民小组、村民代表大会还有哪些影响大的组织形式？（可多选）

A. 宗教组织

B. 家族祠堂组织

C. 经济合作组织

D. 其他组织

23. 您认为村里开展工作的难点是什么？

A. 乡镇派的任务多，乡镇政府干预多

B. 村干部人心不齐、不团结

C. 村民参与度不高

D. 家族势力、宗教势力等影响村里事务

E. 其他

24. 您认为乡镇政府在乡村治理中应着重在哪一方面加强努力？

A. 壮大农村经济

B. 调解民间纠纷

C. 发展社会保障事业

D. 建设"美丽乡村"

E. 其他

25. 您所在的村，村"两委"及"两委"班子成员之间的关系如何？

A. 相互不合作，派性和权力争斗严重

B. 由于个人之间的原因出现不合作的现象，但没有派性

C. 相互之间联系不紧密，没有派性和权力争斗

D. 相互之间合作较好，没有派性

E. 相互合作很好，分工明确，团结奋进

26. 您所在的村，村民代表大会能否按照规定举行，并切实履行职责？

A. 能如期举行，能履行职责

B. 能如期举行，不能履行职责

C. 不能如期举行，也不能履行职责

D. 村"两委"班子代替村民代表大会履行职责

E. 不太清楚

27. 您认为宗教势力对乡村治理有无影响？

A. 几乎没有影响

B. 有一些影响

C. 影响很大

D. 不太清楚

28. 您觉得家族或宗族势力对乡村治理的整个过程影响程度如何？

A. 几乎没有影响

B. 有一些影响

C. 影响很大

D. 不太清楚

29. 在公共事务上，您所在村是否有号召力，能否能将村民组织起来？

A. 有号召力，能较好地组织起来

B. 有一定号召力，涉及切身利益的公共事务，能组织起来

C. 没有号召力，完全不可能组织起来

D. 不清楚

30. 您所在的村庄，重大集体经济事项由谁决定？

A. 村党支部书记

B. 村委会主任

C. 村民代表大会

D. 村务监督委员会

E. 村民理财小组

31. 您认为在发展农村经济中，谁的作用最大？

A. 乡镇政府

B. 村"两委"

C. 农民专业合作社

D. 县直涉农部门

32. 您对土地流转有什么看法？

A. 这是国家土地改革的好政策，土地流转对农业发展有好处

B. 这是乡镇干部、农村干部的政绩工程，存在强制土地流转现象

C. 我不愿意土地流转，不愿意把土地使用权交给他人

D. 对土地流转政策没有看法

33. 您对农民专业合作社有什么看法？

A. 农民专业合作社很好，帮助农民搞农业生产和农产品销售，农民受益多

B. 农民专业合作社一般，只是挂个名，对老百姓没有实质帮助

C. 农民专业合作社不好，一些人借此发了财，老百姓没有得到好处

D. 农民专业合作社是骗人的，搞非法集资，坑害老百姓

34. 乡镇政府要扶持农业发展，您认为最需要做的是什么？

A. 发展区域特色农业

B. 扶持农产品深加工企业

C. 拓宽农产品销售渠道

D. 打响特色农产品品牌

35. 您认为乡镇政府在支持农民工返乡创业上，最需要解决的问题是什么？

A. 资金支持

B. 项目支持

C. 技术支持

D. 人才支持

36. 您怎么看待职业农民？

A. 职业农民好，农民可以靠农业来增收，靠农业来发家致富

B. 职业农民只是换了一个提法，对广大农民的身份转变没有实质意义

C. 职业农民是新的提法，是否适合本地实情，还需要逐步探索

D. 没有听过职业农民

37. 您认为农民种粮效益怎么样？

A. 比较高

B. 一般

C. 比较低

D. 十分低

E. 种粮没有效益，还赔本

38. 您认为制约农业发展的最大因素是什么？

A. 农民种粮积极性不高，面临无人种地的困境

B. 耕地日益减少，耕地质量下降

C. 科学种田技术跟不上

D. 水资源等自然资源条件限制

39. 就您所在的村，您认为哪项惠农政策让农民收益较大？

A. 财政补贴

B. 信贷政策

C. 技术培训

D. 信息服务

40. 就您所在的村来看，您认为未来促进农民增收的关键是什么？

A. 加快农村特色产业发展，促进农民增收

B. 加大农业补贴力度，显著提高农产品收购价格

C. 加快小城镇建设，带动农民就业

D. 深化农村产权制度改革，提高农民财产性收入

41. 您认为在农村社会和谐稳定中，谁起的作用最大？

A. 乡镇政府

B. 派出所

C. 村"两委"

D. 农村民兵组织

42. 您参与村里的义务劳动吗？

A. 经常参与

B. 偶尔参与

C. 很少参与

D. 不参与

43. 您村大部分老人都是怎样养老的？

A. 家庭养老

B. 在养老院养老

C. 在村互助养老

D. 很多老人没有条件养老，还要经常劳动，靠自己吃饭穿衣

44. 您对自己的养老问题有什么期望？

A. 愿意在家靠子女养老

B. 希望村里建养老院养老

C. 到镇上养老院养老

D. 希望到大城市养老院养老

E. 没有想过这个问题

45. 您的子女都是在哪里上幼儿园的？

A. 在本村上幼儿园

B. 到其他村上幼儿园

C. 到乡镇上幼儿园

D. 到城市上幼儿园

E. 没有子女或子女尚小未上幼儿园

46. 您认为乡镇政府该怎么解决农村学前儿童入园难的问题？

A. 在乡镇建设幼儿园

B. 有选择地在重点村建设幼儿园

C. 支持几个村联合建设幼儿园

D. 支持每个村都建设幼儿园

47. 您村留守儿童、留守老人数量情况是：

A. 比较多

B. 不多

C. 较少

D. 很少，几乎没有

48. 乡镇政府针对留守儿童、留守老人有什么帮扶措施？

A. 有，经常下来慰问，开展心理辅导

B. 有，但不经常下来

C. 听说有过，没有亲眼见过

D. 没有

49. 您对实行多年的新型农村合作医疗制度有什么看法？

A. 很好，解决了农民看病难、看病贵的问题

B. 解决了百姓不愿看病问题，但是没有解决百姓看好病的问题

C. 大医院报销比例不高

D. 参保费贵，参保费逐年上涨

E. 没有看法

50. 您对城乡居民养老保险政策有什么看法？

A. 很好，农民也可以拿到养老金

B. 还行，农民在养老上获得了国家资助

C. 一般，养老金数额低，不能满足最低生活需求

D. 青年、中年人参保费不低

E. 没有看法

51. 假如有条件，您愿意搬到小城镇生活吗？

A. 十分愿意

B. 不太愿意

C. 不愿意

D. 说不清楚

52. 假如让您搬到小城镇生活，您最大的顾虑是什么？

A. 房价高，负担重

B. 没有好的生计

C. 家里的地没人种

D. 父母不能一起搬到小城镇，他们无人照顾

53. 假如您能到小城镇就业，您愿意从事什么行业？

A. 农业相关行业

B. 工业

C. 商贸服务业

D. 其他

54. 您个人或家庭得到过哪种社会救助？

A. 特困户生活补助

B. 低保、五保

C. 大病救助

D. 其他救助

E. 没有得到过救助

55. 您村"农家书屋"作用发挥得怎么样？

A. 很好

B. 一般

C. 很差

D. 我村没有"农家书屋"

56. 您看过县乡文化下乡文艺演出吗？

A. 经常看

B. 偶尔

C. 有这样的活动，但是我不看

D. 没听过有文艺下乡活动

57. 乡镇政府支持农村文化事业发展吗？

A. 支持力度大

B. 支持力度一般

C. 不清楚

D. 不支持

58. 您村有文艺宣传队吗？

A. 有

B. 没有

C. 前几年有，这几年没有

D. 不清楚

59. 您村村规民约执行情况怎么样？

A. 很好

B. 一般

C. 不好

D. 不清楚

E. 村里没有村规民约

60. 您村红白理事会作用发挥得怎样？

A. 很好

B. 一般

C. 不好

D. 不清楚

E. 村里没有红白理事会

61. 您村有没有婚丧嫁娶大操大办、攀比之风？

A. 有，十分严重

B. 有，不太严重

C. 没有

D. 不清楚

62. 您村信仰宗教的人多吗？

A. 很多

B. 不多

C. 很少

D. 不清楚

63. 您村村民活动中心有村民去参加活动吗？

A. 很多人去

B. 很少人去

C. 没有人去

D. 不清楚

E. 我村没有村民活动中心

64. 您怎么看待农村环境卫生整治活动？

A. 很有必要，能有效整治农村环境脏乱差

B. 有必要，但是推进措施不力，效果一般

C. 有必要，但是农村垃圾面临清运难、处理难的问题

D. 没有必要，搞一阵风，沿路街道干净，村内还是垃圾遍地

65. 您村的生活垃圾都是怎么处理的？

A. 随意堆放

B. 定点堆放，但无人清理

C. 定点堆放，村里定期清理

D. 农户基本上每家每户一个垃圾堆放点，有的清理，有的不清理

66. 您村大街有人清扫吗？

A. 有，村里保洁员清扫

B. 有，党员干部清扫

C. 有，沿街农户自己清扫

D. 没有人清扫

67. 您村有整体发展规划吗？

A. 有

B. 没有

C. 不清楚

68. 您村存在村庄空心化的问题吗？

A. 存在，十分严重

B. 存在，不太严重

C. 不存在

D. 不清楚

69. 您认为建设"美丽乡村"的重点是什么？

A. 村容村貌改善

B. 村民居住生活条件改善

C. 村民精神面貌改变

D. 村民良好生活习惯形成

70. 您认为当前"美丽乡村"建设的内容主要有哪些？（可多选）

A. 村庄环境整治工程

B. 农村改厨改厕等卫生工程

C. 房屋统一建设工程

D. 农村水电路等基础设施建设工程

71. 您晚饭后一般干什么？

A. 看《新闻联播》

B. 打麻将

C. 上网聊天

D. 其他文艺活动，如广场舞等

附录2：乡级工作人员问卷调查

尊敬的乡级工作人员您好：此问卷只做研究使用，与您和您所在的乡镇无关，请您如实填写，谢谢合作。

您所在的村：_____省_____县_____乡（镇）_____，您的年龄_____

1. 您认为乡镇政府和村民委员会是什么关系？

A. 服务与被服务

B. 管理与被管理

C. 指导与被指导

D. 领导与被领导

E. 监督与被监督

2. 您认为乡镇政府和村委会关系处理得怎么样？

A. 很好，村委会能够听从乡镇的指导和安排

B. 一般，乡镇政府对村委会干预较多

C. 一般，有些村委会不听从乡镇政府指挥

D. 很差，乡镇政府和村委会关系比较紧张

3. 在转变政府职能的背景下，您认为乡镇政府职能最需要怎么转变？

A. 由管理型转为服务型

B. 强化对农村的管理

C. 重视发展经济

D. 精兵简政，纯化职能

4. 您认为乡镇党委、人大、政府的关系顺畅吗？

A. 十分顺畅，各司其职

B. 不顺畅，人员、职能划分不清

C. 不顺畅，党委实际权力过大，政府主动性差，人大监督作用不明显

D. 十分不顺畅，存在争权、扯皮现象

5. 您认为乡镇党委、政府的职能应如何划分？

A. 应划分清楚，各负其责

B. 乡镇工作主要是抓落实，党委、政府工作不宜划得太清

C. 党委、政府工作不宜交叉

D. 可大体划分，但不宜太细

6. 您对乡镇政府承担招商引资任务这一情况怎么看？

A. 很好，可以增加乡镇税收来源

B. 这是上级安排的任务，不是乡镇职责范围内的必要工作

C. 这是乡镇政府能出业绩的地方

D. 我们这里没有这种情况，所以对此无看法

7. 您认为乡镇工作繁重吗？

A. 十分繁重

B. 还行

C. 比较轻松

D. 十分轻松

8. 您认为乡镇机构需要精简吗？

A. 需要，机构臃肿，人浮于事

B. 不需要，正好

C. 需要合并站所，但是人员需要增加

D. 不仅不能减少，还要增加机构和人员

9. 您认为乡镇党委在基层组织建设中投入的精力如何？

A. 很多

B. 较多

C. 一般

D. 很少

10. 您认为对乡镇政府工作进行监督的有效方式是什么？

A. 上级政府监督

B. 同级党委监督

C. 群众监督

D. 党代表、人大代表、政协委员监督

11. 在您所在乡镇，乡镇政府乡村治理遇到的最突出问题是什么？

A. 村党支部和村委会不配合乡镇政府工作

B. 宗族、宗教或其他力量分割村党支部和村委会权威

C. 农村党支部软弱涣散

D. 村民不支持乡镇政府工作

12. 您认为乡镇政府的工作重点是什么？

A. 发展地方经济

B. 提供公共服务

C. 贯彻政策法规

D. 维护地方稳定

E. 其他

13. 您认为乡镇政府在权力和责任方面存在什么问题？

A. 乡镇政府权小事多

B. 乡镇政府自主性低

C. 乡镇政府任务重，但是财力不足，面临无钱办事困境

D. 党政不分，以党代政现象突出

E. 没有问题

14. 您认为谁在乡村治理中的作用最大？

A. 乡镇党委、政府

B. 村党支部、村委会

C. 村民代表大会

D. 宗族势力

E. 其他

15. 您对乡镇主要领导干部的领导能力和水平是否满意？

A. 十分满意

B. 满意

C. 不满意

D. 十分不满意

16. 您对"村民直选乡镇长"这一提法有什么看法？

A. 不切合实际

B. 提法很好，可以尝试

C. 提法很好，但是缺乏法律依据

D. 对此没有看法

17. 您认为乡镇工作对县政府负责重要，还是对群众负责重要？

A. 县政府

B. 群众

C. 都重要

D. 不好说

18. 您认为农村基层群众自治情况怎么样？

A. 很好

B. 一般

C. 不好

D. 很差

19. 您认为农村议事决策机制实行得怎么样？

A. 很好，能科学决策、民主决策、依法决策

B. 一般，能民主决策

C. 较差，一些村干部搞"一言堂"

D. 很差，很多村干部都是自己说了算，既不开会研究，也不公开公示

20. 您认为该如何激发村干部的工作积极性？

A. 提高经济待遇

B. 提高政治待遇

C. 提高养老待遇

D. 靠个人自觉

21. 您认为农村干部依法治村能力怎么样？

A. 很高

B. 一般

C. 不高

D. 不清楚

22. 您认为制约农村法治化进程的最主要因素是什么？

A. 乡镇政府依法治村意识没有形成

B. 村干部依法治村能力不足

C. 村民不懂法、不守法、不用法

D. 农村缺乏法律专业人才

23. 您认为村支书和村主任"一人兼"是否有利于农村治理？

A. 有利于

B. 不利于

C. 不清楚

D. 根据各村实际情况区别来看

24. 您乡镇党员志愿服务活动开展得怎么样？

A. 很好

B. 一般

C. 不好

D. 没有开展党员志愿服务活动

25. 您与农村干部开展过谈心谈话活动吗？

A. 经常与村干部谈心谈话

B. 谈过，次数不算多

C. 谈过，次数很少

D. 没有谈过

26. 您在工作中遇到问题，向普通村民问计问策吗？

A. 经常

B. 有过，次数不多

C. 很少

D. 没有

27. 您认为乡镇政府该如何支持农民工返乡创业？（可多选）

A. 技术支持

B. 资金支持

C. 项目支持

D. 人才支持

28. 您认为怎样培育职业农民？

A. 政府给予资金补助

B. 政府给予技术支持

C. 政府在土地政策上予以倾斜

D. 大力开展农民技能培训

29. 您乡镇有特色优势产业吗？

A. 有

B. 没有

C. 不清楚

D. 有特色，但优势不足

30. 您所在乡镇的支柱产业是什么？

A. 农业

B. 工业

C. 商贸业

D. 旅游业

E. 其他

31. 您认为乡镇推进农村一、二、三产业融合发展的重点应是什么？

A. 发展特色农业种植业

B. 发展农产品深加工业

C. 发展农村旅游业

D. 发展农产品物流业

E. 其他

32. 您乡镇农业龙头企业的示范带动作用怎么样?

A. 很好

B. 一般

C. 不好

D. 不清楚

33. 您所在乡镇近几年来农业产业结构有变化吗?

A. 有，变化很大

B. 有，变化不太大

C. 没有

D. 不清楚

34. 您所在乡镇有小城镇发展整体规划吗?

A. 有

B. 没有

C. 不清楚

35. 您认为当前影响小城镇建设的最重要因素是什么?

A. 合理的规划

B. 政策资金支持

C. 经济发展水平

D. 群众意愿

E. 其他

36. 您认为小城镇建设的重点应是什么?

A. 基础设施建设

B. 生态环境保护

C. 基本公共服务

D. 居民居住条件

37. 您认为小城镇公共服务的最大短板是什么?

A. 卫生医疗

B. 教育

C. 养老

D. 娱乐

E. 其他

38. 您认为"三农"事业发展最重要的一点是什么？

A. 农业强

B. 农村美

C. 农民富

D. 其他

39. 您认为农村和谐安定吗？

A. 十分和谐

B. 一般

C. 不和谐

D. 一些村和谐，一些村不和谐

40. 您认为农村居民养老问题应该主要由谁来解决？

A. 政府解决

B. 社会资金解决

C. 农民自己解决

D. 其他方式解决

41. 您对城乡居民养老保险制度的整体评价是什么？

A. 能从根本上解决农民养老问题

B. 基本上能解决农民养老问题

C. 能解决部分问题，但不能从根本上解决农民养老问题

D. 完全不能解决农民养老问题

42. 您认为农村最容易引起农民群体性事件的原因是什么？

A. 基层政府、基层干部侵害群众利益问题

B. 土地权属问题，尤其是征地过程中的问题

C. 变相收费和农民负担过重问题

D. 黑社会组织问题

E. 其他问题

43. 您这里有乡镇文艺宣传队吗？

A. 有

B. 没有

C. 以前有，现在没有

D. 不清楚

44. 您乡镇对传统村落保护情况怎么样？

A. 很好

B. 一般

C. 不好

D. 不清楚

E. 乡镇内没有传统村落

45. 您乡镇"法律进农村"活动开展得怎么样？

A. 很好

B. 一般

C. 不好

D. 没有开展此项活动

46. 您认为有必要建设乡镇图书馆吗？

A. 有必要

B. 建不建都可以

C. 没有必要

D. 不清楚

47. 您参加过村里的环境卫生整治义务劳动吗？

A. 经常参加

B. 参加，不多

C. 不经常参加

D. 从来没有参加过

48. 您认为乡镇政府治理农村"垃圾围村"问题，应重点做哪一项工作？

A. 搞一场轰轰烈烈的卫生清扫运动

B. 在农村建设垃圾集中倾倒点和填埋点

C. 建立完善的垃圾收集、清运、处理制度

D. 改变农民乱扔垃圾的习惯

49. 您所在乡镇生活垃圾是怎么处理的？

A. 露天焚烧

B. 掩埋

C. 焚烧发电

D. 没有处理措施

E. 其他方式处理

50. 您所在乡镇有污水处理厂吗？

A. 有

B. 没有

C. 正在建设

D. 不清楚

附录3：乡级干部访谈提纲

您好：此次访谈内容，只做研究使用，有以下问题，请您回答，非常感谢您的支持！

一　您所在乡镇的基本情况：

二　您认为乡镇政府在以下几个方面做得怎样？如何改进？

（一）乡镇干部队伍整体素质如何？包括学历、能力、年龄等方面。

（二）乡镇干部的农村经济发展能力如何？具体做了些什么工作？

（三）您认为农村文化状况如何？乡镇政府在发展农村文化方面有没有做工作？乡镇文化站在乡镇起作用吗？

（四）乡镇政府在农村道路、养老、医保、低保等农村公共服务方面做得怎样？在低保发放过程中优亲厚友的现象多吗？

（五）乡镇政府在维护农村社会秩序方面做得怎样？

（六）农村空气、水、土壤污染严重吗？乡镇政府在保护农村生态环境方面采取过什么措施吗？

（七）乡镇党政领导干部实际是上级任命，还是党代会和人代会选举产生？党代会和人代会在乡镇重大事件决策中能否起到作用？

（八）对乡镇领导的考核机制如何？群众是否有发言权？

（九）乡村政府政务公开情况如何？如何才能使其常态化？

（十）农民的利益诉求如何表达？有群众参加集体上访吗？

（十一）乡政府和村委会的关系是指导与被指导，还是领导与被领导？

（十二）您所在的乡镇农民外出打工的多吗？土地在规模经营方面情况怎样？乡镇在促进农村规模经营方面采取过什么措施吗？

（十三）您认为乡镇政府目前存在的主要问题是什么？如何更好地开展工作？

附录4：乡级干部访谈录

您好：此次访谈内容，只做研究使用，有以下问题，请您回答，非常感谢您的支持！

一　您所在乡镇的基本情况：H乡镇，地处太行山脉东侧浅山丘陵区，距市区21公里，交通较为不便，处于公交车不通、长途车不停的交通断带区。总面积65平方公里，土壤以褐土为主，土地瘠薄，十年九旱，水源奇缺，是典型的干旱区。农作物主要有小麦、玉米、谷子、绿豆、薯类，果树主要有核桃、大枣、酸枣、黑枣、柿子等。境内石灰岩和白云岩资源储量丰富、品质优良，曾以石子、灰粉为支柱产业，但均为粗放型石材加工企业，目前已全部关停，处于转型升级过渡期。辖15个行政村，常住人口13000余人，农民人均纯收入3900余元，是富裕县的穷乡镇。

二　您认为乡镇政府在以下几个方面做得怎样？如何改进？

（一）乡镇干部队伍整体素质如何？包括学历、能力、年龄等方面。

乡政府和各基层站所，共有职工49人，其中行政编制15人，事业编制22人，村干部7人，公益性岗位1人，临时工4人。

学历上，在乡镇干部队伍中，有研究生学历者2人（其中乡党委书记为研究生学历），本科学历9人，其余均为大专及以下学历。年龄上，35岁以下15人，35—45岁28人，45岁以上6人。能力上，乡镇干部思想务实、生活朴实、作风扎实，注重贴近群众，在解决实际问题能力上较为突出，在经济发展、社会稳定、组织建设、安全生产、计划生育、民生工作等方面能够较好地完成上级交派的各项任务。但在理论水平、创新能力、主动作为方面还有待提高，个别干部还存在懒政怠政、吃拿卡要等行为。

（二）乡镇干部的农村经济发展能力如何？具体做了些什么工作？

在发展观念上，乡镇干部经过几次解放思想大讨论活动等教育洗礼，平稳度过了关停小石子、小灰粉厂的"阵痛"，已初步摆脱资源依赖的传统发展思维模式，开始在传统产业转型升级、新兴产业培育壮大上进行探索，并深入学习新的发展理念，走到田间地头向群众宣讲。

在经济工作上，一方面，对传统产业进行转型升级。将原有的粗放型小石子厂、小灰粉厂关停后，对其进行整合，统一进驻工业园区，并引进先进的生产线，开始加工经济效益好、资源消耗少、产生污染少的地砖。同时，延伸产业链条，对石材进行精细化加工，生产出新的工业原料，真正做到把石材"榨干、吃净"。目前，此项工作正在推进中，由于涉及多方利益，实施起来困难重重，但乡镇干部一直持续进行各方协调，总体目标非常清晰。

另一方面，培育壮大新兴产业。精准利用国家政策，进行光伏电站一期建设，并在此基础上探索光伏电站养老模式，为本乡镇经济发展培育新的增长点。积极推动农业产业化经营，邀请专家进行"互联网+"授课和技术指导，发展电子商务，把本乡镇的小米、核桃、酸枣等优质农产品注册商标后，通过互联网进行销售，目前该项工作已初见成效。积极发展第三产业，利用距市区较近的区位优势，开展月嫂培训班，增强农村妇女外出务工技能，鼓励留守妇女改变"围着锅台转"的现状，积极走出家门干事创业。同时，借势造势，利用近期报纸上对本乡镇一处景点的宣传，开始谋划建设农家乐等旅游项目。

但是，本乡镇的经济发展依然不够乐观，在全县排名并不靠前。客观原因是本乡镇发展依然处于转型升级过渡期，旧产业已关停，新兴产业还未成熟壮大，发挥作用非常有限。并且，长期以来，小石子厂、小灰粉厂造成的污染非常严重，生态恢复需要一个较长的过程。主观原因是，该乡镇干部发展经济的理念转变稍显滞后，思路还不够精准，农产品、旅游业的特色不够鲜明，再加上起步较晚，在市场中的竞争优势不强。

（三）您认为农村文化状况如何？乡镇政府在发展农村文化方面有没有做工作？乡镇文化站在乡镇起作用吗？

农村文化总体上有所发展，但还远远不够。说"有所发展"，是因为农村文化活动越来越健康，越来越丰富了。乡民从原来的打麻将、赌博等不文明不合法的业余生活中走出来，建立了乡镇农民艺术团和腰鼓队，各村也都成立了广场舞舞蹈队，不定期进行文艺会演和广场舞比赛。每年开展一次道德评比，评出"五好家庭""最美儿媳"等道德榜样，并给予一定物质奖励，通过树立道德榜样，激励群众提高道德水平。同时，派专人对各村村规民约的制定和推行进行组织指导，为建立公序良俗、倡导乡风文明夯实基础。

说"远远不够"，是因为本乡镇农村文化各方面发展没有"齐头并进"，娱乐活动逐渐丰富，但是读书学习没有形成风气，"农家书屋"除了应付检查之外，几乎形同虚设，书籍残缺、陈旧，平时也没有人去借阅书籍，农民在学习方面被动接受多、主动学习少。另外，封建迷信思想依然存在，各种封建迷信思想在农村交织并存，除了鬼神之说外，有些别有用心的人将一些"教会"组织穿上传统文化、基督教的"外衣"，对村民进行"洗脑"式思想灌输，通过对其思想的控制，实现圈占土地、挖石采矿等利益，有些村甚至全村都陷入这种"思想陷阱"，遇到事情只听从"教会"安排，不听乡、村党委政府的安排。甚至在个别村，"法轮功""东方闪电"等邪教组织还有所活动。更重要的是，农民普遍缺乏关注公共事务的积极性，缺乏参与公共事务的主人翁精神。比如，在农村环境卫生综合治理时，乡镇和村委党员干部带头在村里义务打扫卫生，相当一部分群众并没有因此感动并参与进来，而是认为有免费的劳动力打扫卫生，不扔白不扔，从此更加不注重打扫、保持环境卫生整洁。

不可否认，乡镇文化站在引领方向、组织活动等方面的确起到一定作用，但是作用发挥十分有限。在人员配备上，乡镇文化站专职人员一般只有宣传委员一人，其他人员都是根据活动需要临时调配，开展活动时人力、财力都很紧张。乡镇对农村文化建设的重视程度不够，把主要精力都投入到了发展经济上。干部考核在农村文化建设中的"指挥棒"作用失灵，只能对硬件设施配备进行考核，难以对农村文化建设成效进行量化考核。

（四）乡镇政府在农村道路、养老、医保、低保等农村公共服务方面做得怎样？在低保发放过程中优亲厚友的现象多吗？

农村公共服务，一般是乡镇下派任务，由包村干部和各村具体落实。道路修建基本上已经较为完善。养老方面，虽然各村都建立起"农村幸福院"，但是大多数都只是空壳子，基础设施和管理非常落后，群众思想上也不接受，认为让老人住养老院就是"不孝"，农村养老目前还是以居家养老为主。医保方面，新农村合作医疗覆盖率达95%以上，大病保险、大病救助等也逐步完善，只是有些群众对参保的认识还存在误区。低保方面，"阳光听证"之前，优亲厚友的现象十分普遍，甚至有人说，"一届村干部，一届低保户"。现在，农村对办理低保实行"阳光听证"制度，绝大多数低保户都是通过村民大会听证表决而办理的，优亲厚友现象已经大大减少。但是，出现的新问题是，一些家境贫穷但是人缘较差的人，由于在"阳光听证"中得不到村民支持，难以成功办理低保。

但是，群众的获得感并不强。一方面，有些村干部在开展民生工作中假公济私，比如整修村里道路时，专门修建一条宽路直通自家门口，影响非常恶劣。另一方面，对实事好事的宣传不到位，群众对这些工作不理解、不支持。比如，新农村合作医疗本来是减轻农民看病压力的好事，但是由于宣传不到位，许多群众认为这是政府的乱摊派，从而存在抵触心理，拒不参加新农合。另外，一些实事好事虽然列入年度发展计划，但是真正实施时，却由于资金、部门配合、利益协调等多方面原因，难以成功兑现，群众只能"望洋兴叹"。

（五）乡镇政府在维护农村社会秩序方面做得怎样？

总体上，乡镇政府在维护农村社会秩序方面是有所作为的，全乡社会秩序能够大体上保持稳定，过去五年来，进京赴省上访的次数均为零，信访工作在全县名列前茅。乡镇指导各村建立起巡逻队，对全村安全生产、生活进行24小时不间断巡逻，及时为群众帮困解难、保卫平安。乡镇领导班子成员每天坚持轮流接访，对于群众反映的事项，能解决的当场解决，不能当场解决的协调解决，确实解决不了的，移交司法机关协同解决，群众满意率较高。一般来说，乡镇领导、包村干部和村干部都能够对村民进行耐心细致的讲解和劝说，从而使矛盾隐患化解在基层。

不足之处是，乡镇在普法宣传方面还很欠缺，村民法治意识不强，遇到问题只会找政府，增大了信访工作压力。另外，在敏感时期确保社会稳定时，仍旧采用"定点蹲守""围追堵截"等老办法，耗费了大量人力物力，而对新方法的探索还亟须加强。对"法轮功"分子等邪教组织成员的教育感化工作还需要坚持不懈地继续努力。

（六）农村空气、水、土壤污染严重吗？乡镇政府在保护农村生态环境方面采取过什么措施吗？

由于小石子厂、小灰粉厂长期粗放型的生产，本地农村空气、水、土壤污染十分严重。以前没有关停小石子厂的时候，经过厂区附近，白色的灰粉能有好几公分厚，山体遭到严重破坏，厂区周围寸草不生。每当车辆驶过，白色的粉尘就到处飞扬，很久都难以散去。

这里是有名的干旱区，群众饮水一直是个难题，到现在仍然没有通上自来水，就连乡镇政府机关里的水，都需要定期用拖拉机从十几公里以外拉回来，20块钱一罐。许多群众到现在，仍然把雨水、雪水接下来，放置一段时间待杂质沉淀以后饮用。近两年，据相关部门检测，当地水质不达标，根本谈不上饮水安全。

由于水资源缺乏，粉尘污染严重，山体破坏严重，这里的山基本上都是秃山。耕地数量稀缺，仅有的一些地方也酸碱化程度严重，只能种植谷子等耐旱作物。

近年来，政府对保护农村生态环境方面作出了一些努力。第一，关停了小石子厂、小灰粉厂等重污染小企业，并对原厂区进行生态修复，彻底断了粉尘污染源头，成效较为显著。第二，投入专项资金对各村水利设施进行整修，但是此项工作仍然任重而道远。第三，近两年，开始聘请专业植树队绿化荒山，采用新的植树法涵养水源、固定树木，树木成活率达到了95%以上，绿化断带问题得以彻底解决。

（七）乡镇党政领导干部实际是上级任命，还是党代会和人代会选举产生？党代会和人代会在乡镇重大事件决策中能否起到作用？

乡镇党政领导干部实际上是县主要领导和乡镇主要领导研究决定后，再经过党代会和人代会"任命"，党代会和人代会实际上只是走走程序，起不到决定性作用。

在乡镇重大事件决策中，一般由乡镇领导班子"班子会议"研究决定，特别重大的，一方面会请示县级领导，另一方面有时会召集相关人员进行专题讨论，然后再经过"班子会议"集体研究决定。乡镇"一把手"的主观判断对于决策具有决定性作用。党代会和人代会在重大事件决策中实际上发挥的作用微乎其微。

（八）对乡镇领导的考核机制如何？群众是否有发言权？

对乡镇领导的考核，一般是由县组织部牵头成立考核小组，到各乡镇进行考核。考核分为三个步骤，第一是听取乡镇主要领导的述职述廉报告，第二是由乡镇全体职工划票进行民主评议，第三是随机抽取一定数量的机关干部进行单独谈话，请其对领导班子成员的工作进行评价。

一般而言，机关普通干部在考核乡镇领导干部时有一定的发言权，但是普通群众在目前的考核机制中仍然不能参与进来。事实上，在考核中，乡镇主要领导与考核小组的干部都是熟识的，会请考核小组干部在统计票数和撰写考察报告时"高抬贵手"，以致许多普通干部提出的意见建议都被忽略，最后呈交给上级领导的考察报告中，都呈现出一番团结友爱、欣欣向荣之景。

（九）乡村政府政务公开情况如何？如何才能使其常态化？

政务公开通常采用展板、电子屏幕、通告张贴和喇叭广播等方式，向群众告知各部门工作内容、工作流程和全乡重特大事件等，通常群众对政务公开关注程度较低，监督较弱。

要想使政务公开真正常态化，发挥其应有作用，一是要真公开，在醒目地点制作专门的政务公开栏，并做到公开内容真实详细、公开语言通俗易懂，使群众看得懂；二是要真督查，"两办"督查室、县纪委要不定期对各乡镇政务公开情况进行抽查，并对抽查结果进行通报；三是要严考核，把督查结果纳入年终考核范围，并与干部任用直接挂钩。

（十）农民的利益诉求如何表达？有群众参加集体上访吗？

农民利益诉求一般通过信访、司法和舆论的途径表达。信访就是到乡镇、县、省市甚至中央的信访部门反映问题，也有部分群众通过闹访、缠访等过激形式表达。司法就是通过走法律程序，经过法院调解、判决、强制执行来解决问题。舆论就是邀请新闻媒体对事件进行追踪报道，通过媒体给政府施压，督促问题尽快解决。

目前，本乡镇没有群众参加集体上访，但是有的乡镇，涉及政府征地补偿、企业拖欠工资等集体利益较多，群众集体上访时有发生。一般来说，国家重大活动举办时期、村"两委"班子换届时期、"双违"拆迁（违章建筑、违法用地）时期是集体上访的敏感期。

（十一）乡政府和村委会的关系是指导与被指导，还是领导与被领导？

表面上看，乡镇政府与村委会是指导与被指导关系，在经济社会发展方面，一般各村每三年制定一次三年发展规划，提交给乡镇进行研究指导。但事实上，各村情况不同，乡政府与村委会的关系现在较为模糊。有的村村委会干部有想法、有思路，主动谋划致富项目和实事好事，乡镇政府只是在争取项目、争取资金方面，帮助村委会与县直部门进行协调，对于这样的村来说，是指导被指导关系。但是也有的村，村委会干部主动谋事或者热情不高，或者能力不足，村委会不主动作为，在巨大的考核压力面前，乡镇政府只能强势介入，代替村委会作决策，村委会只是负责落实执行，对于这样的村来说，是领导与被领导关系。

（十二）您所在的乡镇农民外出打工的多吗？土地在规模经营方面情况怎样？乡镇在促进农村规模经营方面采取过什么措施吗？

本乡镇距离市区较近，车程只有半个小时，乡镇经济不发达，没有极具劳动力吸附能力的产业和企业，农民外出打工的很多，几乎占到劳动力人口的 85% 以上。很多村民像候鸟一样，早晨坐车到市里打工，晚上再坐车回家。

本乡是土地确权试点乡镇，此项工作开展很顺利，也受到了上级领导和群众的肯定。但是在土地规模经营上，不是以合作社为主，而是将分散的山场、耕地都流转给少数手中掌握资本的人，这样做实际上对吸收闲散劳动力非常不利。

在促进农村规模化经营方面，本乡主要是率先搞好了土地确权工作，正在谋划建设一个千亩核桃园，并且跟县农业局争取到了项目资金支持。另外，还从廊坊购进了功能先进的楼，免费出借给各村，方便规模化种植时使用。

（十三）您认为乡镇政府目前存在的主要问题是什么？如何更好地开展工作？

我认为乡镇政府目前存在的问题主要有三个。第一，有限权力承担无限责任。乡镇是一级权力构造残缺的政府，体制赋予乡镇能够调动的权力资源非常贫乏，垂直单位又掏空了乡镇管理的实质内容。然而，乡镇所要承担的责任却很重大，上级部门的行政命令、工作任务、考核指标最终都要层层下压落到乡镇头上。政治、经济、文化、教育、卫生、司法、招商、交通、税收等多项任务要保质保量按时完成之外，诸如计生、维稳、安全、信访等名目繁多的"一票否决制"和"第一责任书"更是常常让乡镇干部叫苦不迭。"属地管理"下的权责不对称成为影响乡镇工作的一大难题。第二，干部队伍结构失衡、人员老化。由于乡镇条件艰苦，待遇低下，许多新考录的公务员都想方设法调走，造成乡镇干部队伍结构失衡、人员老化、青黄不接、断层严重，干部队伍整体缺乏创新意识和进取精神，慵懒散漫现象普遍存在，不仅使得年轻干部无法脱颖而出、干事创业，更贻误了发展良机，造成了工作被动。第三，高度集权的一元化权力体系。主要表现为党委书记负责制，即无论人财物，还是党政经，最高决策权和指挥权都直接归于乡镇党委书记，乡镇党委书记对乡镇事务负有最高责任，享有县委的最高信任，但是受到的监督十分薄弱，导致工作中容易出现人治大于法治的现象。

后　记

本书是在我的博士学位论文基础上修改而成的。

衷心地感谢我的导师张继良教授的指导、鼓励和支持，从博士论文的选题到框架结构，从初稿撰写到最终成稿，张老师都给予了深入细致的帮助和指导，使本书能够得以顺利完成。张老师支持我立足实际，从细微之处入手，以小见大，在方法上给予指导，在观点上帮助反复斟酌，在语言上帮助锤炼，在逻辑上帮助推敲，在理论上帮助提升，正是张老师的谆谆教诲、耐心指导才使我顺利完成了博士学位论文的撰写。

博士学位论文撰写期间，张老师又将我的博士学位论文，作为河北省高等学校人文社会科学重点研究基地河北师范大学基层治理研究中心资助项目给予资助，这为我的研究提供了一个广阔平台和强有力的支持。博士学位论文完成后，张老师鼓励我将博士论文修改出版，并且继续指导我对博士论文进行反复修改，直至书稿完成。导师生活上的关心、事业上的支持，令我终生难忘。河北师范大学基层治理研究中心在论文的调研、书稿出版资金上给予了大力支持，研究中心的其他专家学者也给予了我指导、支持，在此深表感谢。

张老师高尚的师德师风、严谨求实的治学态度、博大宽广的胸怀、儒雅稳重的风格令我敬佩，深深地感染着我，影响着我。在今后的学习和工作中，我将牢记导师的教诲，踏踏实实、认认真真做事，不辜负张老师的培育。感谢李素霞、任广浩、王凤鸣、张骥、王玉萍、王军等导师在博士学位论文写作中的指导和帮助！感谢2012级所有博士同学的相互鼓励、相互帮助！

感谢邢台学院社会科学教学部领导和同人的大力支持！

　　最后，向百忙之中抽出宝贵时间审阅拙作的出版社各位专家致以崇高的敬意和衷心的感谢！

　　书稿完成之后，心情依然十分沉重。一是由于时间仓促以及自己的才疏学浅，担心书稿的一些观点是否准确，是否经得起推敲，是否能够对乡村治理产生一定的作用。二是在农耕文明源远流长的中国，农村问题始终关系着中国革命、建设、改革的成败，农村、农民、农业始终是党的工作重心，需要全社会关注、关心和支持。让我们共同为我们"面朝黄土背朝天"的衣食父母们能够过上幸福生活而贡献绵薄之力！

范拥军

2017. 10. 26